中国经济文库
应用经济学精品系列

中国经济文库·应用经济学精品系列（二）

U0961997

王筱萍◎著

破解中小企业融资困境的推进路径探索与内在逻辑研究

Pojie Zhongxiaoqiye Rongzi Kunjing De Tuijin Lujing Tansuo Yu Neizai Luoji Yanjiu

中国经济出版社
CHINA ECONOMIC PUBLISHING HOUSE
北 京

图书在版编目（CIP）数据

破解中小企业融资困境的推进路径探索与内在逻辑研究／王筱萍著．--北京：中国经济出版社，2020.11

ISBN 978-7-5136-6378-6

Ⅰ.①破… Ⅱ.①王… Ⅲ.①中小企业-企业融资-研究-中国 Ⅳ.①F279.243

中国版本图书馆 CIP 数据核字（2020）第 201144 号

责任编辑　孙晓霞
责任印制　马小宾
封面设计　华子设计

出版发行　中国经济出版社
印 刷 者　北京建宏印刷有限公司
经 销 者　各地新华书店
开　　本　710mm×1000mm　1/16
印　　张　17
字　　数　264 千字
版　　次　2020 年 11 月第 1 版
印　　次　2020 年 11 月第 1 次
定　　价　69.00 元
广告经营许可证　京西工商广字第 8179 号

中国经济出版社　**网址** www.economyph.com　**社址** 北京市东城区安定门外大街 58 号　**邮编** 100011

前言

中小企业融资难的问题长期困扰企业的健康发展。中小企业转型升级的发展过程中资金需求更为紧迫,发端于民间信用的非正规金融支持虽然对中小企业的发展起到了功不可没的作用,但其利率一直居高不下,实体经济产生的利润难以承担高额融资成本,违约事件频发。因此,需要从理论和实践两方面探索破解中小企业融资问题的路径与办法,切实支持中小企业实现成功转型。本著作着眼点在探索破解中小企业融资困境的路径,并挖掘其中蕴含的机理,提出相应的风险控制机制和制度保障建议,分为两篇:“履行社会责任助力中小企业缓解融资约束篇”“供应链金融与中小企业集群融资推进对接篇”。

一、履行社会责任助力中小企业缓解融资约束篇

近年来,随着互联网的蓬勃应用,电子商务发展如火如荼,中小企业已成为电商中的主力军,基于互联网的跨界经营已经成为普遍经济现象。这种全新的经营环境,使得中小企业必须重视社会责任(Corporate Social Responsibility, CSR)的履行,更好地吸引客户,获得各利益相关者的认可,实现企业价值最大化,从而缓解企业融资约束。然而,基于互联网跨界经营的中小企业负面信息却不断爆出,假冒伪劣产品层出不穷,许多中小企业还普遍存在“高消耗、低产出、高污染”的现象,严重损害了企业形象,加剧了融资约束。因此需要正视在新的经营模式下中小企业履行CSR与融资约束的传导路径,需要构建制约中小企业履行社会责任的风险控制机制,以帮助中小企业发掘缓解融资难题的又一途径，为中小企业的可持续发展助一臂之力。

本研究基于中小企业互联网跨界经营环境，从基本概念梳理入手，首先系统识别CSR、融资约束内涵，界定基于网络情境跨界经营范围。其次，构建直接和间接效应的结构方程模型，基于调查数据对中小企业CSR履行与降低代理成本的传导路径进行测度，发现“中小企业CSR履行→CSR业绩→降低代理成本”路径系数显著。再次，采集具有网络经营背景的上市中小企业面板数据，利用OLS、固定效应模型，估计结果均显示中小企业CSR履行业绩与代理成本显著负相关。复次，基于调查数据，构建双中介变量的结构方程模型，实证发现基于互联网跨界经营中小企业CSR履行绩效能够显著缓解融资约束。最后，以防止基于互联网跨界经营中小企业CSR履行不当加剧融资约束的风险治理为突破点，从企业微观层面、制度环境层面构建了风险控制机制。

本篇主要取得了以下几个方面的成果：

（一）CSR、融资约束测度及网络情境跨界经营相关概念界定

从中小企业CSR构成内容、衡量指标，融资约束测度的经验公式，网络情境跨界经营范围界定三方面进行了分析和梳理。辨识融资约束源于存在代理成本和信息不对称，为后续中小企业CSR履行与缓解融资约束的传导路径奠定了理论基础。

（二）基于互联网跨界经营中小企业CSR履行业绩驱动代理成本联动的理论与实证研究

（1）基于调查数据测度。①构建中小企业CSR履行与降低代理成本的直接和间接效应的结构方程模型，在对调查数据进行信度和效度测度的基础上，对理论模型进行实证检验，发现“中小企业CSR履行→CSR业绩→降低代理成本”影响显著。②利用系数差异法、Z值法、系数乘积法及置信区间法验证显示，存在“客户关系”“环境保护”通过“CSR业绩”影响“降低代理成本”的中介效果。（2）稳健性检验。搜集具有网络经营背景的上市中小企业相关数据，选择资产利用率、营业成本率衡量代理成本，运用最小二乘法、固定效应面板模型进行系数估计，发现社会责任业绩显著负向影响代理成本,中小企业员工、市场、环境及社区责任业绩均与代理成本显著负相关。

(三)中小企业履行社会责任与缓解融资约束传导路径测度

构建双中介变量的结构方程模型,利用调查数据进行实证检验,在信度和效度一致通过的基础上,发现基于互联网跨界经营中小企业 CSR 履行绩效能够显著缓解融资约束。

(四)中小企业履行 CSR 与融资约束传导过程中的风险控制机制研究

将防止基于互联网跨界经营中小企业 CSR 履行不当加剧融资约束的风险治理作为突破点,从以下两个层面研究了风险控制机制:(1)企业微观层面。①优化公司治理结构以增加社会责任履行过程中风险的可预测性。②加强中小企业内部控制机制以提升应对风险的能力。③构建中小企业社会责任履行机制以提高危机公关能力。(2)制度环境层面。①政府制定的正式约束以抑制社会责任危机事件的发生。②民间自发形成的非正式约束以监督企业社会责任履行过程中的不规范行为。③刚柔相济的两种约束的结合以约束企业社会责任履行的尽职尽力。

二、供应链金融与中小企业集群融资推进对接篇

金融机构创新与中小企业相匹配的金融产品对破解其融资困境至关重要。供应链金融借助产业链中核心企业信用,以供应链整体信用为保障,可以解决中小企业资金困境,稳定供应链健康运行,增加物流企业盈利机会,降低金融机构的信贷风险。中小企业集群发展过程中亲缘、地缘关系紧密,研究中小企业集群供应链融资的运作模式、收益分配及风险管控问题,不仅对解决中小企业融资问题具有指导意义,也是对具有中国特色中小企业集群融资理论的有益补充。

本篇首先构建了供应链金融与中小企业集群融资对接的概念模型,识别中小企业集群融资与供应链金融对接的关键诱因和约束。其次,根据"条状"联系、"块状"分布、"商圈"性质的不同类型中小企业集群,创新对接运作模式,并对以循环经济体集聚的农村中小企业分层融资模式进行了案例分析。再次,基于供应链下游企业动产质押融资和供应链上游企业权利质押融资设计协同利益均衡框架。构建协同效应转移模型,讨论对接各方均能获得合理收益的条件，使各成员有动力参与合作，达到共赢。复次，搭建了风险管理系统架构。批量授信契约风险控制涉及事前风险预警机制、事中风险分担机制和事后风险补偿机制，验证了治理机制与治理效应的关系，也证实了事前甄别通过过程控制影响内部正式治理效应存在部分中介效果。最后，提出中小企业集群融资与供应链金融对接的制度框架和配套保障措施。

本篇主要取得了以下几方面的成果：

（一）供应链金融与中小企业集群融资对接的机理及现状分析

从成功实现规模经济效应、内生的供应链金融风险防范体系减缓风险传染，以及社会资本约束机制降低供应链融资风险三方面分析了供应链金融与中小企业集群融资对接的机理。构建对接概念模型，挖掘对接的关键诱因和约束，为中小企业融资难题寻求新的解决途径。对大数据信息环境下国内外中小企业集群融资与供应链金融对接的实践进行了追溯分析。

（二）不同类型中小企业集群与供应链金融对接的运作模式研究

(1)“条状”联系的中小企业集群与供应链金融对接模式创新研究。①企业集群内与核心企业有交易关系的中小企业的供应链融资模式，包括“条状”联系的中小企业集群集合订单融资模式、“条状”联系的中小企业集群保理池融资、存货动态集中质押模式、退款承诺项下经销商链式融资模式的运作流程构建。②企业集群内与核心企业没有交易关系的中小企业的供应链融资模式。主要研究为了达到最大限度的商业折扣，企业集群中多个中小企业合并资金，由银行牵线搭桥，集中与核心企业签订购销合同的集中采购融信模式。

(2)“块状”分布的中小企业集群与供应链金融对接模式研究。①“块状”中小企业集群“双池”联保联控融资模式的增信逻辑、运作机理研究，以及如何实现地方政府、金融机构，以及“块状”中小企业集群三方风险分担和多方共赢的内在机理探索。②借助保险公司作为核心企业的“块状”中小企业集群供应链融资模式，由商业银行、“块状”中小企业集群、保险公司三方建立的合作模式，分析了多方风险共担的运作流程。

(3)"商圈"性质的中小企业集群与供应链金融对接模式创新研究。研究聚集在一定地域或产业内的商贸业经营群体与供应链金融批量对接模式:商铺使用权集合质押、商圈集体担保融资模式。

(三)以循环经济体集聚的农村中小企业分层融资模式案例分析

基于农业循环经济体运行机制视角,以浙江省宁海县"金—海—绿"农业循环经济体为例,分析了循环经济体中,不同层级参与主体适用的差异化绿色融资模式,并选取典型案例,验证了各融资模式运行原理及蕴含的风险。在此基础上,提出了保障分层绿色融资模式成功运用的建议。

(四)中小企业集群融资与供应链金融对接协同收益研究

(1)动产质押供应链融资协同收益研究。在提出相关假设的基础上,构建了动产质押供应链金融参与主体收益模型,推导了各方收益均衡条件,进行了经销商破产边际分析。(2)权利质押供应链融资协同收益研究。构建了权利质押供应链金融各参与方协同收益模型,分析了核心企业、中小企业与金融机构利率和收入均衡分配的节点。

(五)中小企业集群融资与供应链金融对接的风险控制机制研究

将防止合作伙伴非正式社会资本关系断裂作为内部治理的突破点,构建中小企业集群供应链融资的内部风险治理机制及效应模型,根据调查采集的数据,实证检验了事前甄别机制对内部风险治理效应具有显著的直接和间接正向关系,间接效果分析显示过程控制机制是连接事前甄别机制和内部治理效应的中介变量。此外,构建了不同类型中小企业集群融资与供应链金融对接的运作模式的风险控制机制。

(六)中小企业集群融资与供应链金融对接的制度设计

提出中小企业集群融资与供应链金融对接的制度框架和配套保障措施。包括政府层面引导推进,制度支持和法律约束保驾护航;金融层面多头并举,产品创新与风险控制与时俱进;企业层面严防共管,正式激励与契约治理防微杜渐等。

本书由嘉兴学院商学院的王筱萍撰写。教育部人文社会科学研究规划基金(项目编号:14YJA630062)、浙江省自然科学基金(项目编号:

LY16G020021）及浙江省哲学社会科学规划课题（项目编号：18NDJC076YB）对本书的相关研究工作给予了资助，在此表示最诚挚的谢意！同时也感谢嘉兴学院商学院及中国经济出版社的大力支持！书中不当和疏漏之处，恳请读者与专家指正。

作者

2020 年 6 月

目录

履行社会责任助力中小企业缓解融资约束篇

供应链金融与中小企业集群融资推进对接篇

履行社会责任
助力中小企业缓解融资约束篇

第1章

绪论

1.1 研究意义

互联网已经深入渗透到中小企业经营过程,中小企业跨行业跨区域从事经济业务也已成为常态。在网络情境下,中小企业的这种跨区域和跨行业经营,不但提高了资本配置效率,而且关注到必须重视社会责任(Corporate Social Responsibility, CSR)的履行,目的是更好地吸引客户,使利益相关者都能自愿与其优势资源互补,实现企业价值最大化,而社会责任的履行对缓解融资约束又能起到殊途同归的作用。然而,现实情况是,中小企业基于互联网跨界经营过程中,因为履行社会责任的缺失使得其遭遇到种种困境,从而加剧融资约束。因此需要正视在新的经营模式下,中小企业履行社会责任的范畴和融资约束的传导路径,以及由于社会责任履行不当导致融资约束加剧的内在机理;需要构建制约这种不当行为的风险控制机制。这些都成为大势所趋。

1.1.1 缓解基于互联网跨界经营的中小企业融资困境:需要厘清社会责任信息传导路径

基于互联网跨界经营的中小企业为社会创造了巨大经济效益,但依然面临融资困境。履行社会责任对缓解其融资约束究竟具有怎样的作用,需要运用心理学、管理学、行为科学等方面的理论方法,从信息传导影响行为导向的角度,对中小企业履行社会责任从而缓解融资约束的信息传导路径进行系统研究,为中小企业与资金提供者之间营造一个良好的沟通渠道和氛围,促进信任关系的发展，提高融资有效性，最终更好地实现中小企业健康发展。

1.1.2 规避中小企业不当行为加剧融资约束：需要挖掘"大数据"蕴含的影响机理

互联网普及电子商务常态的背景下，"大数据"不仅留有电商平台商户交易信息、消费者评价信息，还包括纳税情况、进出口记录。公众会关注这些信息影响中小企业的商业运作，因此要求其履行社会责任的呼声越来越高。中小企业履行并披露 CSR 改造情况成为必需，信息呈现的多样化使利益相关者能够较为准确地辨别出优质与劣质，结果是信息不对称程度降低，代理成本也得到有效抑制，企业融资约束得到有效缓解。同时，由于互联网时代中小企业 CSR 履行不当产生的风险引发的连锁危机更为严重，这种风险加剧的融资约束内在机理也需要挖掘，也为风险管理机制的创新补充了新的血液，增添了新的理论内容。

1.1.3 基于互联网跨界经营的中小企业履行社会责任缓解融资约束：需要系统理论研究

中小企业基于互联网跨界经营，CSR 履行是新生事物，在经营过程中因为履行社会责任的缺失使得其遭遇到种种困境，因此需要正视在新的经营模式下，社会责任的范畴及对缓解融资约束的殊途同归的作用。积极承担社会责任的目的是更好地吸引客户，在使得各利益相关者满意的基础上，集聚和重新配置资源，从而规避风险。然而这种组织结构又会由于忽视履行社会责任将风险扩大化。对如何规避中小企业基于互联网跨界经营履行社会责任不当加剧融资约束的研究几乎没有。

应该看到，为社会创造巨大经济效益而没有取得上市公司资格的中小企业在面临融资困难的情况下，积极承担社会责任对解决融资困境具有巨大的推动作用。CSR 履行对解决融资问题的影响，对上市中小企业和非上市中小企业同样重要。

经济环境的日益复杂，难以单纯用某一学科的知识来解决问题。学科之间的交叉往往会产生新的研究视角，这种现象在未来将更为普遍。基于互联网跨界经营的中小企业社会责任实质上是企业与社会利益相关者之间联系的隐性契约，而且契约的内容更趋宽泛和约束有力，包括为社会创造经济财富，遵守社会规范，不违背政策法律，注重环境保护等。中小企业不仅受显性契约的制约，还受来自新的经营模式下隐性契约约束的重要影响。因此，组织行为学、心理学的交叉融合已应用于本研究领域，地理学与哲学有渗透到本领域研究的趋势。同时，各类研究内容间的交叉也将更加普遍。因此，需要运用心理学、管理学、行为科学等方面的理论方法，对中小企业通过履行社会责任获得投资者及债权人的信任，进而解决融资难题的内在机理进行研究。

1.2 文献综述

1.2.1 国外研究现状

(1)企业社会责任的起源及概念

企业经营的主要目标是追求股东权益最大化，但与此同时还要承担社会责任(张在旭等，2015)[1]。20 世纪 20 年代出现了企业社会责任的概念，20 世纪 50 年代，企业社会责任主要与环境公害事件的爆发有关，强调企业要承担治理环境污染的责任[2]。Bowen(1953)认为，CSR 是商人必须履行的义务，商人的所有决策和行为要符合社会价值与目标[3]。Davis(1960)也强调了商人拥有社会权利，因此也要相应地承担社会责任[4]。20 世纪 60 年代，利益相关者理论的出现，为企业承担社会责任提供了理论依据，它指出企业应改为由利益相关者负责，包括股东、企业员工、客户、社区、社会公众、债权人、政府等(Freeman，2006) [5]。Johnson(1971)也认为，企业社会责任不仅指对股东负责，更要平衡各方面利益相关者的权益[6]。Carroll(1991)认为，社会公众寄希望于企业要承担向股东负责的资产保值增值的责任，遵纪守法的责任，诚实经营的责任，以及从事慈善活动的责任等[7]。基于以上观点，他构建了"金字塔模型"(Carroll，1999)[8]。欧盟委员会(2001)则将保护环境与社会贡献义务都融入企业社会责任内涵中，并强调这一系列的行为都建立在企业自愿的基础上[9]。Xuan Bai 和 Jeanine Chang(2015)基于利益相关者理论，实证发现市场竞争强度削弱了企业社会责任(CRS)对员工营销能力的积极影响，市场动荡强化了 CSR 对客户和企业营销能力的积极关系[10]。

为什么有些公司会自愿将稀缺资源用于履行社会责任，而其他公司没有？

这是因为不同企业在获得社会认可和提高知名度、吸引和留住高素质的员工，需要更好地推销产品和服务等方面的认知不同（Ansong，2017；Hawn 等，2011）[11-12]。中小企业所有者认为，企业承担社会责任是一种负担，会增加财务成本。他们认为，中小企业实施 CSR 将面临各种各样的限制，如财务和人力资源的短缺、缺乏问责机制和环境问题意识（Indartono 等，2017）[13]。而有些学者则认为，中小企业的企业社会责任实践能够改善组织文化、形象和声誉，提高客户忠诚度、利益相关者满意度，进而提高其绩效（Pastrana 和 Sriramesh，2014；Turyakira，2014）[14-15]。

（2）企业融资约束的衡量及影响因素

融资约束主要指企业无法及时获得投资所需的资金。对于没有良好盈利基础而发展前景又不明朗的初创公司，因为信用评级较低，贷款成本就会较高。这类公司也无法依靠成熟产品的销售获得稳定的自有资金积累，因此其融资约束会更严重（Gompers 和 Lerner，1999；Ritter，1991）[16-17]。Almeida 等（2004）分析了融资受约束和融资不受约束的公司对预防性储蓄的需求，发现存在融资约束的公司对现金流量的现金（储备）具有较高的敏感性，导致投资对现金流的敏感性降低[18]。Fazzari 等（1988 年）利用计量经济学知识研究比较不同类型的公司的财务约束。一方面，对于不存在融资约束的公司，能够为任何投资活动筹得资金。这些公司内部资金通过不同现金流量指标来衡量。另一方面，存在融资约束的公司，投资和可用的现金流之间呈现出正相关关系，投资对内部可用资金较敏感[19]。Kaplan 和 Zingales（2000）认为，单纯用现金流敏感性衡量融资约束有失偏颇[20]。他们以微软为例，发现该公司对投资具有很高的敏感性，同时又具有很高的现金流动性，并没有出现融资约束。因此，他们认为，使用现金流量投资敏感性方法无法区分：①具有较高水平盈利，持有现金较多的公司；②不发放现金股利而保持较高现金流量的公司；③为了减少管理支出，而持有较低现金流的公司；④实现利润较少因此持有较低现金流的公司。

当金融机构组织机构层级较多，针对信息欠透明的公司，银行提供贷款的意愿较低，因为逐层上传地方分支机构收集的信息需要成本，高度层级化的金融机构不愿为了搜集大量中小企业信息而分配资源给分支机构（Alessandrini 等，2010）[21]。Hauswald 和 Marquez（2000）及 Cole 等（2004）将银行规模和借贷双方的“信息距离”作为代理变量来研究银行授信影响因素的复杂性[22-23]。收集有关借款公司的发展前景、信誉等相关信息也会影响银行是否(以及在什么条件下)提供信贷的决定。企业的长期承诺会减少公司的信贷成本(Diamond,1991)[24]和银行要求的抵押物数量(Degryse 和 Van Cayseele,2000)[25],反过来,降低了公司面临的融资约束(Petersen 和 Rajan, 1994)[26],提高了银行对授信对象未来收益的期望及支持借款人的意愿。

(3)企业社会责任和融资约束

研究 CSR 对公司融资约束的影响是重要的,因为融资约束在企业战略性投资决策中具有关键的影响作用(Stein,2003)[27]。企业投资与社会责任相关的活动,会增加获得外部融资的机会,如银行贷款、发行债券和股权投资(Cheng 等,2014;Goss 和 Roberts,2011)[28-29]。社会责任投资是通过综合考虑财务和非财务因素(包括个人价值观、社会需求、环境问题和公司治理问题)而做出的战略投资决策(Cheah 等, 2011)[30]。解决这些非财务问题的便捷工具是通过履行企业社会责任(CSR)来完成。对社会负责的投资者更有可能投资于倾向于解决环境和社会问题的公司(Sparkes,2002)[31]。

Freeman 等(2010)提出的利益相关者理论认为,注重利益相关者需求的同时[32],可以吸引具有社会责任感的投资者的加入(Kapstein,2001)[33]。Cheng 等(2014)认为,良好的社会责任绩效可以加快公司进入金融市场的进程,从而使通常面临信贷约束的小公司被金融市场接纳[28]。因此,社会责任绩效与融资约束之间的负相关关系可归因于利益相关者对公司青睐程度的提高,管理者在经营决策中通过与利益相关者建立长期稳定的合作关系,实现潜在代理成本最小化(Choi 和 Wang,2009;Jo 和 Harjoto,2012)[34-35]。

Cheng 等(2014)研究了利益相关者如何影响企业社会责任业绩与公司融资之间的关系。他们认为,卓越的企业社会责任绩效与更好地致力于利益相关者关系有关[28],这会限制企业短期机会主义行为(Benabou 和 Tirole,2010;Eccles 等,2012)[36-37],吸引更多的外部资金。企业社会责任业绩源于企业与主要利益相关者的关系管理,这种关系的创建和培育有助于企业获取外部资源(Freeman 等,2010)[32]。Dhaliwal 等(2012)研究了分析师盈余预测误差和上市公司披露 CSR 信息的关系,发现显著负相关,显示 CSR 信息披露显著增加了信息的透明度[38]。

公司的股东认为,企业价值最大化应该是企业经营者承担的最大责任。因此,履行社会责任倡议被视为对企业稀缺资源的浪费。然而,利益相关者理论研究者试图将股东利益与其他主体如客户、员工、社区等的利益相协调,认为关注多维度相关者利益可以提高企业的财务绩效,因为这会吸引更愿意投资于负责任企业的潜在利益相关者加入(Waddock 和 Graves,1997)[39]。而且,对社会负责任的公司也被视为经营波动性较小,面临的风险也会更小(Di Giulio 等,2007)[40]。因为它们通常能够更好地避免负面财务负担,如违规费用、损害赔偿,以及由于不良社会行为而产生的罚款。企业履行社会责任,能够获得较低运营和财务风险,从而能够更容易地获得外部资金支持(Orlitzky 和 Benjamin,2001;Spicer,1978)[41-42]。

致力于利益相关者关系的公司更容易获得融资,因为他们能够在相互信任和合作的基础上降低代理成本和交易成本(如监控成本、违约成本、搜寻成本、保修成本和剩余损失),以及与企业产品生产相关的其他成本(Andriof 和 Waddock,2002)[43]。此外,与利益相关者如客户、商业伙伴和雇员之间密切的关系可以提高公司获得融资的机会,限制短期机会主义行为的发生(Ansong,2017)[11]。

一些学者提出,新兴经济体严重依赖与利益相关者的独特关系(Bandeira - de - Mello 等,2011)[44],可以在较高的交易成本环境中应对市场失灵(Guillen,2000;Khanna 和 Palepu,2000)[45-46]。而且,借助非市场因素的力量,能够获得稀缺和有价值的金融资源(Wan,2005)[47]。Cheng 等(2014)实证研究结论支持了更好的利益相关者关系对缓解企业融资约束的重要性[28]。

此外,具有社会责任感的公司倾向于披露其可持续发展报告(Dhaliwal 等,2011)[48],有第三方的审验,提高了此类报告的可信度(Simnett 等,2009)[49]。因此,利益相关者的参与可能导致企业内部控制系统的优化,使企业进一步遵守相关法规,改善财务报告的信息披露,从而减少信息不对称、获得融资(Hassett 和 Hubbard,1998)[50]。因为公司信息透明度是吸引外部投资者,增加投资者信心的关键决定因素(Ansong,2017)[11]。

1.2.2 国内研究现状

(1)关于企业 CSR 履行和融资约束

对于融资约束,吴宗法和张英丽(2011)研究表明,资金筹集越有困难的公司,越会减少投资活动,包括存货投资和科研支出等,随着时间的推移,企业的能力会受到制约[51]。王芳等(2011)研究发现,股利支付、公司规模显著负向影响融资约束[52]。田原(2013)研究表明,上市公司的投资与现金流存在显著的正相关关系,即上市公司融资约束越严重,投资活动越不活跃[53]。

那么,融资约束是否会因为企业履行社会责任而得到减轻呢?冯筱旸等(2012)研究发现,融资约束会随着企业承担 CSR 而缓解,由此导致企业价值的提升[54]。戴小洋(2012)认为,相对于国有控股企业,企业披露 CSR 的详细程度对非国有控股公司的融资约束的影响较为明显[55]。姚玥(2014)通过研究发现,家族制企业、国有控股企业 CSR 绩效会明显影响债务期限,CSR 履行良好的企业,能够得到更长期限的债务融资[56]。于丽丽(2014)实证检验了企业 CSR 履行与融资约束的关系,发现两者显著负相关。除此之外,公司外部环境和企业所有权性质干扰了 CSR 与企业融资困境间的关系[57]。

我国经济转轨时期,要解决民营企业融资约束问题,可以寻求替代性机制。民营企业 CSR 履行度越好,越有利于帮助企业建立政治联系,从而使企业容易从金融机构获得贷款(李姝等,2014)[58]。高帆等(2014)基于对私营企业慈善捐赠的调查发现,民营企业,尤其是上规模的、有政治关联的,获得的银行贷款更多[59]。费文颖(2016)基于实物期权理论和将民营企业作为研究对象,揭示了慈善捐赠给民营企业带来的实物期权越多,融资约束越小,所以现实中才会出现民营企业虽然资金短缺,但仍然慷慨捐赠的事件[60]。不过民营企业具有更强的慈善捐赠偏好受代理成本的影响,企业代理成本越大,慈善捐赠水平越高,而融资约束会弱化这种效应,对民营企业代理成本导致的捐赠行为具有更强的约束作用(翟淑萍和顾群,2014)[61]。之后,翟淑萍等(2015)以股权再融资上市公司为样本,经过实证检验发现,慈善捐赠的规模与企业融资约束正相关,可以促进企业股权再融资的行为,并且在非国有企业的表现尤为显著[62]。同样,彭镇和戴亦一(2015)也提出企业慈善捐赠能够改善企业信息环境,有利于帮助其获得长期贷款[63]。企业所处行业不同，坚持传承性的 CSR 战略对解决融资困难的作用也有差异。例如，对“环境约束型”企业的影响就较大。而公司与非政府组织关系越紧密，外部利益相关者对企业信息知晓越多，解决融资问题就越顺畅（冉戎等，2016）[64]。黄荷暑和许启发（2017）认为，企业承担社会责任能够提高企业投资效率。因此，社会信贷资源的有效配置，也受到企业 CSR 履行行为的影响[65]，企业良好地履行社会责任，并对未来履行社会责任有积极展望时，会显著提升其融资效率（曹亚勇等，2013）[66]。CSR 履行的程度会影响缓解融资约束的程度，同时会干扰社会责任对企业绩效的促进作用（朱永明等，2016）[67]。李长青和毛翔飞（2016）研究了所有权集中度与企业社会责任表现显著正相关，所有权集中度与融资约束共同作用于企业社会责任业绩[68]。韩金红和曾晓（2015）考察了产权性质与碳信息披露影响筹资问题的关系，发现非国有企业的碳信息披露水平越高，融资约束越小，且较为显著[69]。这个结论在资源型上市企业同样适用，碳信息披露数量和质量对公司融资约束有显著影响，呈负相关关系（袁建辉和张灵灵，2017）[70]。而有学者得出与之相反的结论，如赵红建等（2016）基于信息不对称理论，采用现金—现金流敏感度模型对 A 股上市民营企业进行实证检验，结果显示，企业融资约束并没有因为慈善捐赠得到缓解，而企业自身绩效的提升才可以有效缓解融资约束问题[71]。

（2）关于 CSR 的信息披露与企业融资约束

国内关注企业承担社会责任始于 21 世纪初。无论是学术界，还是政府部门，都开始展开广泛调研和系统研究并随着经济和社会环境的变化，不断推出相关制度、标准来督促企业履行社会责任，披露社会责任承担信息，如表 1.1 所示。企业从单纯为股东负责的经济责任承担主体逐步向承担经济、环境、社会责任角色转变（肖红军，2018）[72]。

表 1.1　国内企业社会责任提出及演变过程

年份	部门（会议）	内容	意义
2002	中国证监会	发布《上市公司治理准则》	要求上市公司履行社会责任
2003	十六届三中全会	提出科学发展观	指导思想

续表

年份	部门(会议)	内容	意义
2005	中国企业改革与发展研究会	制定《中国企业社会责任标准》	为企业指明方向
2006	全国人民代表大会常务委员会	施行《中华人民共和国公司法》	要求公司承担社会责任
2006	深圳证券交易所	颁布《上市公司社会责任指引》	规定社会责任内容
2007	阳光发展	公布首家上市公司社会责任报告书	当年共计20多家自愿发布报告
2008	国资委	《关于中央企业履行社会责任的指导意见》	敦促中央企业履行社会责任
2009	深圳证券交易所、上海证券交易所	社会责任指数	为投资者提供参考,助推社会责任理念
2010	国务院国有资产监督管理委员会		要求中央企业公开发布社会责任报告
2012	中国社会科学院	《企业社会责任蓝皮书》	企业社会责任管理元年
2013	中小企业合作发展促进中心、中小企业全国理事会	《中国中小企业社会责任指南》	2014年在全国中小企业推广实施
2016	国务院国有资产监督管理委员会	《关于国有企业更好履行社会责任的指导意见》	遵循可持续发展核心,履行社会责任与企业运营、改革发展融合
2017	中国外交部和国务院	《中国落实2030年可持续发展议程进展报告》	回顾2015年可持续发展的进展与收获
2018	中国证监会	《上市公司治理准则》	明确上市公司ESC信息披露的基本框架

在相关制度的引导下,企业尤其是上市公司社会责任披露信息从无到有,由简至细逐步规范。学术界对公司社会责任信息披露的作用研究也逐步进入鼎盛时期。马军丽(2013)探讨了解决企业融资难的路径,发现企业社会责任信息披露能够逐步缓解这种难题[73]。苏强(2013)通过回归结果分析得出,企业对外信息透明度的增强,有企业披露社会责任信息的功劳,从而使融资约束得以有效降低[74]。何贤杰等(2012)认为,强制信息披露的制度的实施能够促使

企业改善公司与信息使用者的关系。披露了 CSR 信息的企业,比没有披露相关信息企业的融资困难程度要小,信息披露越详细、具体、完整,融资难的问题就越能得到有效缓解[75]。倪恒旺等(2015)又有了新的发现,即现代媒体对企业关注程度越高,企业越愿意自愿披露社会责任水平,由此又能显著降低企业融资约束[76]。反过来,融资越困难的企业,更应该自愿提高 CSR 披露的质量。例如,民营企业在成立初期,融资难题较为显著,为了解决资金困境,更顺利地筹到资金,更有可能在之后积极承担社会责任并对外界呈现相关信息。而且,首次披露 CSR 信息的作用最为明显(钱明等,2017)[77]。企业财务报告中呈现的相关环境信息的质量能有效地降低融资约束,因此存在融资约束的公司应该积极披露环境相关信息(杨雪,2016)[78]。企业保护环境、积极治理污染的信息能得到投资者认同,尤其对于东部地区和企业产品市场竞争较低的企业影响尤为明显(彭镇和戴亦一,2015)[79]。管亚梅和王嘉歆(2013)同样也发现,企业所有者性质不同、企业所处区域不同,CSR 相关情况披露影响融资的程度也不同[80]。莫勇(2017)增加独立董事比例、外部审计意见两个变量,利用创新的现金—现金流模型,基于不同所有制企业、不同金融发展水平,从股权融资和债权融资两个方面,考察了 CSR 对其的影响,发现两者显著负相关[81]。冯丽艳等(2016)提出,仅仅是 CSR 披露行为不会改善企业的融资状况,而真正起作用的是 CSR 信息披露的质量[82]。而 CSR 信息质量提高以后,审计师选择因素缓解融资约束的功能会弱化(罗珊梅和李明辉,2015)[83]。

然而,陈玉清等(2005)根据市场对上市公司 CSR 信息披露反映,得出了股票价格反映并不敏感的结论[84]。宋献中等(2007)也依据调查数据检验得出,CSR 信息披露对财务报告使用者没有有用性[85]。李正等(2007)通过指数评分法对上海证券交易所 624 家公司进行打分,发现企业对环境污染问题、节能减排问题、社区问题披露较少,对产品质量问题、员工和公益责任披露较多[86]。刘冬荣等(2009)在采集了上市公司企业价值和 CSR 披露相关数据后,对其经过检验发现 CSR 并没有影响企业价值[87]。这种信息披露也会带来两种效应,一方面,向外传递了企业负责任的良好形象,可以使信息不对称不再严重;另一方面,过度挤占公司资源,给非股东利益相关者带来了压力。因此,在投资不足和高融资约束情境下,CSR 信息的对外呈现,仍无法有效使企业走出融资困境

(徐光华等,2017)[88]。

与上述文献结论不同的是,张铁铸和金豪(2017)将增值税转型试点作为外生变量,发现事件前后出现了企业 CSR 信息质量下滑的情况下降,且与融资约束正相关。筹资问题严重的公司在事件前后对披露的 CSR 信息有较大调整。说明企业从控制融资成本和信息披露成本角度,也会决定相关信息披露的详细完整程度。当融资约束程度较低,企业就会选择较少、有意回避一些信息的披露[89]。

1.2.3 研究现状述评

纵观国内外以企业社会责任与融资约束为主题的文献,在研究视角上多从 CSR 信息披露的影响因素和经济后果两个方面进行实证研究,主要存在以下几个方面的不足。

第一,现有研究缺乏对中小企业 CSR 信息的系统研究。现有文献大多数集中在大企业 CSR 的信息披露有利于提高企业财务绩效、降低资本成本,以及为企业创造价值等方面,针对中小企业,特别是基于互联网跨界经营的中小企业 CSR 的比较少。

第二,中小企业基于互联网跨界经营,CSR 履行是新生事物,需要有相应的系统理论指导。中小企业基于互联网跨界经营经营过程中,因为履行社会责任的缺失使得其遭遇到种种困境,因此需要正视在新的经营模式下,社会责任的范畴及其对缓解融资约束的、殊途同归的作用。然而如何规避中小企业基于互联网跨界经营履行社会责任不当加剧融资约束的研究较为缺失。

第三,缺少清晰地界定能够缓解融资约束的相配套 CSR 履行机制的层次与内容体系。企业履行社会责任和对外融资均是一个开放的复杂系统,但较少有从系统角度去认识协调管理两个方面的本质。还没有清晰地界定如何更好地履行 CSR,才能最大程度有利于融资问题解决的相配套机制的层次与内容体系,而在履行社会责任对增加经济利益、增强价值创造方面的研究居多。实际上,应该建立综合性的履行社会责任协调机制。现有研究对解决这类复杂性问题及对系统整体把握不够。

1.3 研究内容

第一,CSR、融资约束测度及基于互联网跨界经营中小企业范围界定。包括:①构建 CSR 测度模型;②融资约束测度;③基于互联网跨界经营中小企业范围界定。

第二,基于互联网跨界经营中小企业 CSR 履行与缓解融资约束传导路径测度。①对于非上市中小企业,就以下几个方面进行中小企业 CSR 履行与降低代理成本直接效应理论论证与实证检验:保障员工权益能够降低代理成本;提高客户忠诚度可以降低代理成本;提高社会商誉能够降低代理成本;注重环境保护可以降低代理成本。同时,就以下几个方面进行中小企业 CSR 履行与降低代理成本间接效应理论论证与实证检验:履行 CSR 改善了企业绩效,降低了代理成本;履行 CSR 提高了员工忠诚度,降低了代理成本;履行 CSR 提升了顾客满意度,降低了代理成本;履行 CSR 使企业信用等级上升,降低了代理成本。②稳健性检验。针对上市中小企业在 2009—2015 年的面板数据,研究中小企业履行社会责任业绩能否降低代理成本。选择资产利用率、营业成本率衡量代理成本,运用最小二乘法、固定效应面板模型进行系数估计,发现社会责任业绩显著负向影响代理成本,中小企业员工、市场、环境及社区责任业绩均与代理成本显著负相关。实证结果同时显示,自由现金流量显著负向影响代理成本,说明管理层有效地利用资金降低了代理成本。

第三,基于互联网跨界经营中小企业 CSR 履行缓解融资约束的影响机理研究。中小企业关注并实施有利于利益相关者的活动可以增强公司信息透明度,能够提高 CSR 业绩、降低代理成本,从而吸引债权人和投资者资金流入,缓解融资约束。

第四,基于互联网跨界经营中小企业 CSR 履行缓解融资约束传导过程中的风险控制机制研究。①企业微观层面:优化公司治理结构以增加社会责任履行过程中风险的可预测性;加强中小企业内部控制机制以提升应对风险的能力;构建中小企业社会责任履行机制以提高危机公关能力。②制度环境层面:政府机构、行业协会制定的正式约束有利于抑制社会责任危机事件的发生;民间自发形成的非正式约束有利于监督企业社会责任履行过程中的不规范行为；刚柔相济的两种约束的结合，有利于约束企业社会责任履行的尽职尽力。

1.4 研究技术路线

研究技术路线如图 1.1 所示。

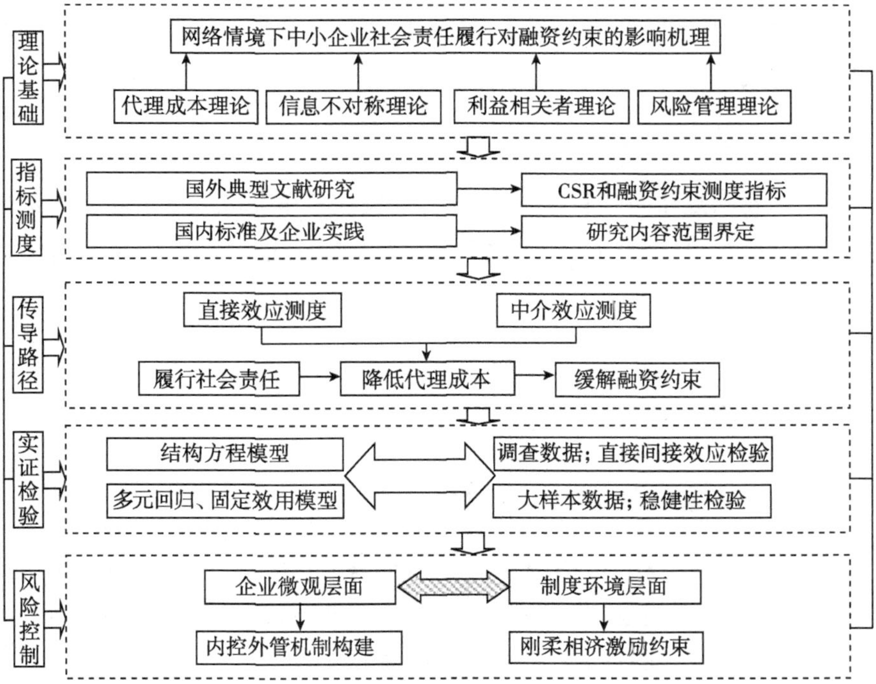

图 1.1 研究技术路线

1.5 研究方法

1.5.1 理论研究方法

本研究采用新制度经济学中的利益相关者理论、代理成本理论、信息不对称理论，管理学中的风险管理理论及心理学等相关理论，分析基于互联网跨界经营的中小企业履行社会责任与融资约束传导路径，采用结构方程模型和多元回归方程对影响机理进行实证研究，在检验模型中引进多个变量，验证相关假设。

1.5.2 实证研究方法

实证研究方法为:依据理论论证提出假设→小样本检验(通过调查获得的数据指标检验)→大样本测试(来自基于互联网跨界经营上市中小企业统计数据)→实证结果与分析。项目调查访谈、搜集整理非上市中小企业互联网显示的与社会责任、融资约束有关联的指标数据,选取上市中小企业社会责任评价得分和融资约束的相关数据。

1.5.3 调查访谈方法

采用问卷调查和面对面访谈的方式,对长江三角洲区域基于互联网跨界经营的中小企业员工、管理人员及周边公众进行调查和访谈,获得研究所需要的相关数据。

1.6 创新之处

1.6.1 丰富了社会契约理论

基于互联网跨界经营的中小企业履行社会责任的内容,涉及为股东创造更多的利润、遵守社会规范、遵纪守法等。中小企业不仅受显性契约的制约,更有来自新的经营模式下隐性社会契约约束的重要影响。

1.6.2 延展了融资约束理论

从理论上讲,中小企业履行社会责任能够降低代理成本,从而缓解融资约束。①CSR 致力于利益相关者关系,能够间接降低基于互联网经营的中小企业的代理成本。CSR 使得中小企业对利益相关者的承诺和约定建立在相互信任和合作基础上,将会降低代理成本、交易成本,以及与利益相关者合作的成本(包括搜寻成本、调控成本、保证成本)。②大数据时代能够提供基于互联网跨界经营的中小企业履行 CSR 的可靠信息,增加了社会环境影响和治理结构的透明度,促进了中小企业内部控制变革,进一步提高了外部监管与 CSR 信息可靠性的相容度,信息透明度提高,融资问题也会得到缓解。

1.6.3 赋予了风险管理崭新的内涵

基于互联网跨界经营的中小企业 CSR 的履行过程中会发生意想不到的危机和争端,会间接影响企业的对外筹资能力。设计基于互联网跨界经营中小企业 CSR 履行、融资约束传导过程中的风险控制机制,弥补了长期以来单纯从创新融资渠道、加强公司治理等方面解决中小企业融资困的不足,即没有及时关注基于互联网跨界经营这一新生的商业模式中,中小企业社会责任信息自发公开给缓解融资约束带来的机遇和挑战,忽视了“大数据”时代履行社会责任对降低中小企业融资过程中的代理成本和信息不对称的重大意义。本研究可以为根治中小企业融资约束问题提供新的理论指导,为风险管理理论注入新的内容。

1.7 本章小结

本章分析了基于互联网跨界经营的中小企业通过履行 CSR 缓解融资约束的意义,系统地梳理了国内外相关文献研究现状,设计了研究内容和技术路线,介绍了研究中采用的方法,并对创新点进行了提炼和归纳。

第 2 章

CSR、融资约束测度及基于互联网跨界经营中小企业范围界定

2.1 中小企业 CSR 测度

中小企业具有自身特点，一般根植于特定区域，与社区联系密切。其良好的社会形象能够使企业积累丰厚的社会资本。中小企业规模小，非正式组织管理较为明显，更关心与自身核心利益相关的员工、客户建立良好关系（Fitzgerald 等，2010）[90]。欧洲联盟将总资产不超过 4300 万欧元或者年营业额在 5000 万欧元以下、员工人数低于 250 人的企业界定为中小企业，并且强调中小企业要主动把环境和社会问题整合到自身的经营活动中，要与利益相关者保持互动（肖丽萍和孙艳玲，2015）[91]。

对于不同的行业，CSR 侧重的活动不同。例如，制造业企业 CSR 战略的主要目标是减少对周边环境的污染，节能降耗。基于互联网跨界经营的中小企业更多地关注与客户、消费者的关系，注重售后服务和保障产品质量。科技型中小企业更多地关注对科技优秀人才的吸引，关心员工健康和薪酬提升，提高员工认同感。对中小企业社会责任目标的阐释，比较有代表性的如表 2.1 所示。

表 2.1　中小企业履行 CSR 的目标

文献	中小企业履行 CSR 的目标
Castka 等[92]	实现商业利益，树立诚实守信的经营形象
Spence 等[93]	获得社区支持，实现长期生存，提高企业信誉，获得市场信息；树立企业主乐善好施的形象，提高企业声誉，实现长期生存
Murillo 和 Lozano[94]	提升所有者的价值观、经理人社会形象和经济诉求；竞争和创新需要、立法约束、公司使命和文化使然

续表

文献	中小企业履行 CSR 的目标
Williamson 等[95]	遵纪守法、商业利益
Jenkins[96]	慈善活动影响竞争力，获得资源（吸引雇员）；道德和伦理；商业形象；鼓舞员工士气
Russo 和 Perrini[97]	增加信任；提高商业信誉；与上下游企业、顾客、员工及社区建立良好的关系；文化、制度和政治等外部因素的影响

对于中小企业社会责任内涵的界定，包括内容分析法和指标分析法两种。①在内容分析方面，张兆国等（2013）采用内容分析法，归纳了包括企业社会责任战略、员工战略、社会投资、环境及顾客和供应商 5 个维度 38 个指标的企业社会责任内容[98]。Sen 等（2013）认为，社会资本理论更适合解释中小企业承担的社会责任的特征。由于中小企业的政策影响力较低，组织结构缺少现代企业特征，市场影响力小但对市场变化反应又较快，因此中小企业更应该加强与社区的联系，关注员工福利与技能培训，与上下游企业保持良好的合作关系。这些社会责任有利于增强社区对企业的信任，提升员工忠诚度，获得长远客户，有利于积累企业社会资本[99]。项喧和熊伟（2017）则提出，企业社会责任应该不仅定位于实现投资者期待的股东权益最大化，遵纪守法、注重产品质量、足额纳税，还要致力于保障员工权益、保护生态环境、投身公共事业、维护客户权益等，要为员工营造安全健康的工作生活环境，避免对社区造成负面影响[100]。②在指标分析方面，基于可持续发展理论视角，Torugsa 等（2012）从经济、环境及社会三个一级指标，27 个二级指标阐释了中小企业应该承担的社会责任[101]。依据利益相关者理论，Battaglia 等（2014）认为，中小企业社会责任应该涵盖 5 个维度：责任管理、工作场所维护、与客户相关的市场责任、社区责任、环境责任。并在此基础上，设计了包含 16 个题项的测量量表[102]。陈承等（2015）基于中小企业的独特性，认为中小企业社会责任是在自愿的基础上，为了实现经济和社会双赢，承担包括与核心利益相关者责任、管理过程责任及社会公众责任 3 个维度相关的一系列政策及实践过程[103]的责任。

高凡雅等（2017）根据和讯网对社会责任的信息披露，整理了一、二、三级共 55 个指标，如表 2. 2 所示[104]为主要的 37 个指标。

表 2.2　和讯网企业社会责任指标整理

①股东责任(一级指标)		②员工责任(一级指标)	
盈利能力	净资产收益率	绩效	职工人均收入
	总资产收益率		员工培训
	主营业务利润率	安全	安全检查
	每股收益		安全培训
	每股未分配利润	关爱员工	慰问意识
	成本费用利润率		慰问人
偿债能力	速动比率		慰问金
	流动比率	③供应商、客户和消费者权益责任(一级指标)	
	现金比率		
	股东权益比率	产品质量	质量管理意识
	资产负债率		质量管理体系证书
股东回报	分红融资比	售后服务	客户满意度调查
	股息率	诚信互惠	供应商公平竞争
	分红占可分配利润比		反商业贿赂培训
信批	交易所对公司和相关责任人处罚次数	④环境责任(一级指标)	
创新	产品开发支出		
	技术创新理念	环境治理	环保意识
	技术创新项目数		环境管理体系认证
⑤社会责任(一级指标)			环保投入金额
贡献价值	所得税占利润总额比		排污种类数
	公益捐赠金额		节约能源种类数

注：来源于文献[104]。

2013 年年底，我国首次出台《中国中小企业社会责任指南》，主要内容如表 2.3所示。中小企业与大型企业相比，能够将资源集中于核心事项，因此在处理与员工、顾客的关系，遵守和维护市场秩序，保护环境，促进社区发展等方面更易于有效推进。

《香港中小企业——企业社会责任指引》规定，中小企业应该承担的社会责任包括：企业管治、环境保护、人力资源管理、负责任的采购、关注消费者的关注、社区参与及发展六个方面。

表 2.3　我国中小企业 CSR 的内涵

项目	内涵
员工责任	保护员工权益（首要责任）
环境责任	在经营活动、产品和服务的所有环节减少对环境的负面影响
市场责任	改善客户、消费者关系，促进合作的市场环境，鼓励平等竞争
社区责任	结合自身优势和员工专长，运用内外部资源参与社区活动，实现自身与社区的协同发展

第三方机构的综合评价结果更为可靠，因此本研究按照《中国中小企业社会责任指南》中衡量中小企业 CSR 的四个指标，采集和讯网各上市中小企业各指标得分及综合得分，反映上市中小企业社会责任的履行情况。

2.2　融资约束测度

2.2.1　KZ 指数

Kaplan 和 Zingales（1997）采用五个财务指标构造了线性组合的 KZ 指数，如式（2.1）所示[105]，来反映企业的融资约束程度，一般 KZ 值越大，则说明企业融资约束程度越大。

$$KZ_{i,t} = -1.002CF_{i,t}/Size_{i,t-1} - 39.368DIV_{i,t}/Size_{i,t-1} - 1.315C_{i,t}/Size_{i,t-1} + 3.139Lev_{i,t} + 0.283Q_{i,t} \tag{2.1}$$

其中，前三项为 i 企业在第 t 年经营活动现金流、现金股利、货币资金余额与上一期总资产的比值；Lev 为 i 企业在第 t 年的资产负债率；Q 为 i 企业在第 t 年的股票市场价值。

2.2.2　现金—现金流敏感度

Almeida（2004）提出用现金—现金流敏感度来测度企业的融资约束[106]。他认为，存在融资约束的企业，为保证后续的投资需求，会保留更多的现金及现金等价物。而不存在融资约束的公司，则不会刻意留足日常的现金流。因此，现金—现金流敏感度较高的公司，其融资约束越严重，测度模型如式（2.2）所示。

$$\Delta Cash_{it} = \beta_0 + \beta_1 CF_{it} + \alpha X + \gamma_t + \varepsilon_{it} \tag{2.2}$$

其中,$\Delta Cash$ 反映企业现金持有量的变动,是 i 企业在第 t 年的现金及现金等价物增加额除以期初总资产的结果;β_0 为截距;β_1、α 为相关系数;CF 测度企业现金流状况,为 i 企业在第 t 年经营活动现金流量净额与期初总资产之比;X 为控制变量,包括企业规模、营运资本变动、企业成长机会、短期负债变动、资本支出等指标;γ 为年份控制变量;ε 为扰动项。

2.2.3 WW 指数

Whited 和 Wu(2006)构造了 WW 指数[107],用来测度企业融资约束程度,如式(2.3)所示:

$$WW_{i,t} = -00091^*(CF_{i,t}/Size_{i,t}) - 0.062^*IFDIV_{i,t} + 0.021(Ldebt_{i,t}/Size_{i,t}) - 0.044^*lnsize_{i,t} - 0.035^*Sale\ Growth_{i,t} \quad (2.3)$$

其中,式(2.3)中 cf 为现金流, $size$ 为总资产;$ifdiv$ 的取值取决于当公司年度是否发放了现金股利,如果是取值为"1",否取值为"0";$ldebt$ 为长期负债;$lnsize$ 为总资产的自然对数;$Sale\ Growth$ 为销售增长率。

2.2.4 SA 指数

Charles(2010)构造了 SA 指数来衡量企业的融资约束,如式(2.4)所示[108]。与 KZ 指数不同的是,SA 值越低,反映企业融资约束程度越严重。

$$SA_{it} = -0.737 \times Size_{it} + 0.043 \times Size_{it}^2 - 0.04 \times Age_{it} \quad (2.4)$$

其中,$Size$ 为 i 企业在第 t 年的总资产;Age 为 i 企业在第 t 年公司成立的期限。

2.2.5 Logit 模型

张金鑫和王逸(2013)构建 Logit 模型来测度企业是否存在融资约束[109],如式(2.5)所示。

$$pr(FC = 1 \text{ 或者 } 0/Z_{it}) = \frac{1}{1 + e^{-Z_{it}}}$$

$$Z_{it} = \beta_0 + \beta_1(DIV/Size)_{it} + \beta_2 MB_{it} + \beta_3(NWC/Size)_{it} + \beta_4(EBIT/Size)_{it} \quad (2.5)$$

其中,FC 为融资约束;β_0 为截距;β_x($x = 1$、2、3、4)为相关系数;$DIV/Size$ 为 i 企业在第 t 年股利分配比率;MB 为 i 企业在第 t 年市值账面比;$NWC/Size$ 为 i

企业在第 t 年净营运资金总资产比；$EBIT/Size$ 为 i 企业在第 t 年息税前利润总资产比。

本研究借鉴 Jo 和 Harjoto（2012）提出的 CSR 减少利益相关者冲突，降低代理成本，从而缓解融资约束的思路[35]，问卷设计中的代理成本下降以"供应商给予企业信用额度提高""资产利用率提高""整体费用率下降""与债权人、投资人关系改善"四个题项来反映。稳健性检验中，上市中小企业代理成本参考 Pouraghajan 等（2013）[110]，采用资产利用率（年度营业收入/年末总资产）、营业成本率（年度营业成本/年度营业收入）。调查问卷中缓解融资约束从"企业较容易从银行或其他金融机构取得贷款""较容易获得低成本民间借贷""许多投资者愿意将资金投给企业""贷款容易获得担保公司认可"四个题项来考量。

2.3 基于互联网跨界经营中小企业范围界定

2.3.1 中小企业界定

虽然 2017 年 12 月国家统计局印发的《统计上大中小微型企业划分办法（2017）》明确了中小企业确认标准，但由于本研究立项在 2016 年年初，因此把什么样的企业界定为中小企业依然以《关于印发中小企业划型标准规定的通知》（工信部联企业〔2011〕300 号文件）为标准，从从业人员和营业收入两个方面来认定。

2.3.2 基于互联网跨界经营中小企业的界定范围

问卷调查中，以设定的"您所在公司电子商务业务较为繁荣""您所在公司跨地区业务和交易较多""您所在公司注重开拓跨行业的业务和交易"来判断，选择"不同意""非常不同意"的问卷一律剔除，以保证研究结论的可靠性。

对于中小板中小企业，以公司是否设有公开网站（官网），并显示有网上广告业务，或者开通微信公众号作为界定为"基于互联网经营"企业的判定标准。"跨界"经营从两个方面判断：跨行业经营或者跨区域经营，以上市中小企业各自官网相关内容涉及"经营范围跨行业""与国内外行业企业建立了合作关系"为判断标准。

2.4 本章小结

本章介绍了 CSR 相关内容,确定了中小企业 CSR 履行业绩的测度方法,梳理了融资约束的衡量指标及计算公式,对本研究中关键的基于互联网跨界经营的中小企业研究范围进行了界定,明确了研究内容的边界。

第3章

基于互联网跨界经营中小企业CSR履行与缓解融资约束传导路径测度

改革开放以来,中小企业在推动我国经济发展,创造就业机会及推动技术创新方面功不可没,但曾是被忽略的企业社会责任主体。随着电子商务的蓬勃兴起,大批中小企业加入几大电商,与此同时负面信息不断爆出,假冒伪劣产品层出不穷,许多中小企业还普遍存在“高消耗、低产出、高污染”的现象[111],严重损害了企业形象。

公司社会责任的履行能够密切中小企业与中小股东、员工、客户、社区、债权人等利益相关者关系,能够增强企业凝聚力。企业需要从长远利益考虑,平衡财务收益和社会福利之间的关系。

中小企业的管理结构一般较为简单、灵活和高度集中,受少数股东控制,决策较少基于长远和理性规划,常被诟以“战略短视”(Mazzarol,2004)[112]。中小企业常常面临现金流短缺的问题,而履行CSR被认为是付出成本昂贵的战略,带来的正面效应往往要经历较长的时间,因此,在中小企业所有者兼经营者眼中,长期投资CSR并不是一件容易的事情。

中小企业所在社区文化影响企业主的价值观。社会力量对中小企业商业网络具有较强的约束作用。企业主更多地基于关系机制,以社会认可实现个人满意,而不是为了实现诸如激励员工和实现利益相关者预期。所以与履行CSR相比,他们更倾向于在增强社会资本上投资。许多中小企业忽视和组织外部利益相关者建立长期合作关系,如制假售假,忽视消费者的忠诚度,交易做成一笔是一笔,只看眼前利益,不关注是否有回头客,不考虑长远可持续发展。

但是，随着互联网的蓬勃发展，中小企业一方面面临资金困境，另一方面履行 CSR 阳光化，外部投资者和债权人在关注企业财务信息质量的同时，更加重视企业非财务信息，如 CSR 方面的良好业绩，能否遵守市场规则，能否处理好利益相关者的关系从而实现可持续发展。那么 CSR 的良好业绩在提高企业信誉度、诚信度，密切与利益相关者关系的同时，对降低经理人和外部债权人、投资人之间的代理成本能起作用，缓解融资约束吗？

本研究通过对基于互联网跨界经营背景的企业员工、管理者及企业所在社区居民的调查，根据调查数据研究中小企业履行社会责任和降低代理成本之间的关系。为了检验结论的稳健性，收集了 550 家上市中小企业 2010 ~ 2015 年的相关数据，对中小企业社会责任履行业绩和代理成本之间的关系进行实证检验；最后通过对检验结果的解读，提出了中小企业重视并强化社会责任履行实践的相关建议[113]。

3.1 理论分析和研究假设

3.1.1 关于社会责任履行和降低中小企业代理成本

基于第 2 章对中小企业 CSR 的内容的界定，本内容主要从四个方面，包括客户关系、员工责任、环境保护、社会公益测度中小企业履行社会责任的情况。但受到所在行业影响，企业履行 CSR 的内容又有所侧重。例如，建筑和运输部门的大多数公司关注当地社区和环境保护，制造业公司经常处理与环境相关的问题，员工责任则常见于金融行业或其他服务业，而零售和批发行业更为重视客户关系，医疗保健行业对利益相关者的界定更广泛（Cooper 等，2001；Sweeney 和 Coughlan，2008）[114-115]。

（1）在履行客户关系方面

一方面，在基于互联网经营环境下，中小企业跨界包括跨区域和跨产品经营越来越普遍，面临越来越多的来自供应链合作伙伴尤其是大公司的压力，要求它们以更具社会责任感的方式开展业务（Hopkins，2003）[116]，因为供应链中一家公司的声誉会影响整个供应链及其所有成员（Kinnie 等，1999）[117]。在现代市场经济背景下，没有哪家企业可以独立自给自足，自己生产所有产品并直接销售给最终用户。企业社会责任正成为一个供应链问题,中小企业正被鼓励承担更多的社会责任,以使其标准达到大公司合作伙伴要求的水平。中小企业处于供应链中,需要遵守行业竞争规则,为了实现可持续发展,需要履行对客户的社会责任,并将这些责任与日常经营活动融为一体(Maloni 和 Brown,2006)[118]。另一方面,近年来,在电子商务蓬勃发展的背景下,客户定制需求不断涌现,网上购物成为常态。漠视消费者权益,将会失去市场。

(2)在保障员工权益方面

中小企业的组织结构一般较为简单,员工的去留具有灵活性。企业需要能够快速适应岗位需求的具有一定技能的员工,不愿为年轻的员工提供培训机会,也不会为员工的长远发展制定相应的管理策略,因此不能吸引外部潜在雇员的加入,包括本社区的和素质较高的优秀人才加盟。相反,如果中小企业能够改变这些错误的做法,不仅不会增加人力成本,还会因为优秀人才的加盟与长期留在企业,降低企业每年为招募员工而发生的交易成本,以及由于人员短缺带来的误工成本。

(3)在环境保护方面

中小企业的环境保护行为向社会传递了一种信号,即公司未来盈利能力增强,因为通常认为只有业绩较好的公司才有能力致力于CSR(Lev 等,2010)[119]。绿色行为是与公众利益相联系的战略,消费者从保护环境角度更倾向于购买绿色产品(Lev 等,2010;McGuire 等,1988)[119-120]。企业的绿色行为还会吸引潜在雇员的加入(Balakrishnan 等,2011)[121]。企业可以通过环境绩效降低成本,减少浪费,使生产过程更加生态和经济。虽然中小企业看似不太可能从承担环境责任投资中获益,但中小企业在争取贷款时可以以此获得好处,因为金融机构越来越多地将发放绿色信贷的目标定位在履行环境责任的企业上(Jenkins,2004)[122],而且企业绿色行为从长期来讲会降低企业成本,例如,节能设施的构建从长期来讲可以降低能源消耗。

(4)在社会公益方面

通常,中小企业与当地社区有很大的直接相关度,所在社区对其认可度直接影响其经济利益的实现,所以中小企业要在所在社区提高信誉度、诚信度,诚实守法会使其享有良好的口碑(Vyakarnam 等,1997)[123]。中小企业处理与利益相关者之间的关系，更多基于关系机制，依赖社会资本，包括相互间的信任、良好的声誉。他们所处的网络中成员之间的相关度决定了他们的行为方式，所以与履行 CSR 相比，他们更倾向于在增强社会资本上投资（Murillo 和 Lozano，2006）[94]。

在实践中，中小企业管理者会对面临的现实困境做出响应，如注意减少排污、改善与社区关系、提高员工待遇等，但很少会考虑不负责任的行为可能带来的沉没成本增加而给企业造成的巨大损失（Russo 和 Tencati，2009）[124]。而中小企业勇于承担 CSR 能够密切与周边社区大众的关系，增强社会资本，降低信用风险，从而减少负债成本（Izzo 和 Magnanelli，2012）[125]。

致力于利益相关者关系的公司更容易获得融资，是因为他们能够在相互信任和合作的基础上降低代理成本和交易成本（如监控成本、违约成本、搜寻成本、保修成本和剩余损失），限制短期机会主义行为的发生（Ansong，2017）[11]。

实践中，利益相关者对中小企业的满意程度较低，中小企业只能依赖于内源融资（唐鹏程和杨树旺，2015）[126]。从解决融资难题角度来讲，中小企业与利益相关者在相互信任的基础上保持更好的合作，更有助于管理者降低潜在的代理成本，从而更容易通过吸引更多的投资来增加企业的发展潜力和价值（肖翔等，2013）[127]。执行 CSR 战略能够持续不间断，那么降低代理成本的作用就较为显著，企业能够积极投身于 CSR，对“环境约束型”企业解决融资难题就越能起到推动作用（冉戎等，2016）[64]。

因此，提出以下几个假设。

假设 3. 1：基于互联网跨界经营的中小企业注重客户关系能够降低代理成本。

假设 3. 2：基于互联网跨界经营的中小企业履行员工责任能够降低代理成本。

假设 3. 3：基于互联网跨界经营的中小企业致力环境保护能够降低代理成本。

假设 3. 4：基于互联网跨界经营的中小企业从事社会公益能够降低代理成本。

3.1.2 关于社会责任履行和中小企业 CSR 业绩

中小企业在基于互联网经营环境下，保障产品质量，密切与消费者沟通交流，以客户需求为己任，积极处理售后事宜，才能赢得更好的口碑。而良好的 CSR 口碑可以帮助小公司吸引和留住客户。一项针对欧洲关于客户对企业社会责任态度的调查显示，大约 25% 的被调查者认为，企业的社会形象是决定客户是否购买产品的一个非常重要的影响因素（Edmondson, 2020）[128]。因此，中小企业通过保障产品质量、提高服务水平、关注环境保护，与利益相关者互动（Fox,2005）[129]，增强企业形象（Enderle,2004）[130]、提高顾客忠诚度（Murillo 和 Lozano,2006）[94]。

对于中小企业来说，与其发展更贴近的问题更容易引起他们的注意，如员工的激励和保留。很多中小企业表示"伦理道德原因""回馈社会"是承担社会责任重要的激励因素。Vives（2006）发现，中小企业之所以被激励承担社会责任，不是因为它相信会带来商业利益，而是因为它相信这是完全正确的事情[131]。

激励企业承担企业社会责任，有很多因素可以发挥作用。"保持或提高公司的声誉"是一个重要的激励因素（Curran,2005）[132]，即与 CSR 相关的良好表现可以建立公司的声誉，而糟糕的表现会损害企业品牌价值。主动承担 CSR 责任能够提高企业价值（Serafeim 等,2014）[133]。履行 CSR 受财务利益的驱动，即"为善者诸事顺"（Karnani,2010）[134]，如会增强客户的忠诚度，使销售收入攀升，提高产品市场竞争力。企业履行 CSR 可以提高公司声誉，增加对客户的吸引力，吸引新员工加入，激励和留住老员工，激发员工积极性（Balakrisnan 等,2011）[135]，能够降低股权融资成本和政府调控风险，提升公司财务绩效（Dhaliwal 等,2011）[48]。

因此提出以下几个假设。

假设 3.5：基于互联网跨界经营的中小企业注重客户关系能够提升 CSR 业绩。

假设 3.6：基于互联网跨界经营的中小企业履行员工责任能够提升 CSR 业绩。

假设3.7:基于互联网跨界经营的中小企业致力环境保护能够提升CSR业绩。

假设3.8:基于互联网跨界经营的中小企业从事社会公益能够提升CSR业绩。

3.1.3 关于CSR业绩和降低中小企业代理成本

越来越多的投资者选择将资金投入展示高水平CSR的组织中(Baron,2008)[136]。企业对社会责任的投资可以通过各个方面,如增加公司的信誉和声誉,降低风险和债务成本,以及改善公司的经济绩效,为公司带来价值(Izzo和Magnanelli,2012年)[137]。企业履行社会责任,这些对社会负责的行为可以降低财务风险,银行和其他债权人因此会为这些公司提供优惠的贷款条件(Hajiha和Sarfaraz,2014)[138],无形中降低了金融机构和企业之间的代理成本。Izzo和Magnanelli(2012)提出,有效的市场必须承认承担社会责任的公司具有"高级金融道德",如果将债权人视为所有利益相关者群体之间的代理,它将提供给这类公司较低债务成本的贷款[137]。而投资者面临的所有风险中,信息风险是需要重点关注的。公司提供的信息的准确性和质量越高,从投资者的角度来看,公司的风险就越低(Hajiha和Sarfaraz,2014)[138]。因此,企业承担的社会责任信息的高度透明,会减少公司与投资者之间的信息不对称,增强投资者对企业的信任度(Serafeim等,2014)[139],从而降低所有者和经营者之间的代理成本。Mishra等(2011)经过研究也发现,披露投资社会责任信息的公司与未披露此类信息的公司相比,资本成本较低[140]。

Sharfman和Fernando(2008)发现,良好的CSR业绩能够使企业更容易获得债务融资[141]。Diamond(1991)提出企业按时履行偿债义务可以建立良好的声誉,密切企业和金融机构之间的关系[24]。金融机构衡量这种良好关系的标准之一就是企业履行社会责任的业绩情况,社会责任履行好的公司,得到的负债资金就高于履行社会责任差的公司,所以社会责任履行好的公司能够降低代理成本。对于中小企业来讲,履行社会责任的程度影响CSR业绩,社会责任履行好的公司,得到的负债资金高于履行社会责任差的公司,社会责任履行好的公司能够降低代理成本,这说明中小企业履行社会责任的行为通过CSR业绩这个中介变量来影响代理成本的降低情况。

因此,提出以下几个假设。

假设 3.9:基于互联网跨界经营的中小企业良好的 CSR 业绩能够降低代理成本。

假设 3.10:中小企业注重客户关系能够提升 CSR 业绩从而降低代理成本。

假设 3.11:中小企业履行员工责任能够提升 CSR 业绩从而降低代理成本。

假设 3.12:中小企业致力环境保护能够提升 CSR 业绩从而降低代理成本。

假设 3.13:中小企业从事社会公益能够提升 CSR 业绩从而降低代理成本。

3.2 变量设计和模型构建

3.2.1 潜变量和观察变量的设定

基于上述假设,本研究在参考相关文献的基础上,设计的模型包含六个潜变量。其中,非上市中小企业 CSR 从“客户关系”“员工责任”“环境保护”“社会公益”四个维度来衡量。具体观察变量参考相关文献,结合中小企业基于互联网跨界经营的实践环境,并经过前测调查进行修正和删补,最后保留了 17 个观察变量。对于中小企业基于互联网跨界经营背景下履行 CSR 的绩效,则从“提高客户满意度”“增强员工忠诚度”“提升社会信誉度”“增加财务绩效”四个维度八个项目层面来反映。对于“降低代理成本”,企业资产利用率越高,反映公司管理层利用公司资产产生收入的有效性越强,代理成本越低;企业资产利用率越低,反映资产利用率越低,管理层可能存在过度消费和投资决策失误,代理成本越高。费用支出与资产利用率正好相反,费用支出越小,代理成本越低;反之亦然[142]。所以本研究从“供应商给予企业信用额度提高”“企业资产利用率提高”“企业整体费用率下降”“企业与债权人、投资人关系改善”四个层面来考量。具体变量设置如表 3.1 所示。

表 3.1　具体变量设置

潜变量	观察变量
客户关系 A1	A11 企业严格按产品质量标准生产产品； A12 企业及时解决顾客网上购物过程中产生的问题，并反馈顾客信息； A13 企业选择与资质和信誉较高的物流公司合作（而不是成本至上）； A14 企业与供应链伙伴保持良好、长期、稳定的合作关系
员工责任 A2	A21 保障员工工资不低于当地平均水平，并且有相应的奖励惩罚机制； A22 企业注重员工的持续新技能培训和职业升迁； A23 企业有制度保障不同岗位员工公平对待，没有歧视存在； A24 企业重视和保障员工的身体健康和工作安全； A25 企业有制度保障员工工作和生活的平衡
环境保护 A3	A31 减少废弃物排放； A32 减少资源浪费； A33 发展循环经济； A34 招募发展循环经济的专业人才
社会公益 A4	A41 管理层基于公司利益的考虑，有自愿从事社会公益活动的意识； A42 企业致力于社区公益项目和慈善活动； A43 企业采购计划事先考虑就地取材以支持地方公益事业； A44 企业有优先招募当地员工以解决当地就业问题
CSR 绩效 B	提高客户满意度 B1； B11 网站店铺不但能留住老顾客，还能吸引新顾客不断增多； B12 与供应链伙伴保持稳定良好的合作关系
	增强员工忠诚度 B2； B21 雇员离职率下降，吸引了更多的新员工加入； B22 激励了员工的工作积极性
	提升社会信誉度 B3； B31 提高了社会对企业的认可度； B32 增强了公司对外形象，企业知名度提高
	增加财务绩效 B4； B41 增加了销售额，降低了成本，利润率不断提高； B42 企业价值（股票市价）提高
代理成本降低 C	C1 供应商给予企业信用额度提高； C2 企业资产利用率提高； C3 企业整体费用率下降； C4 企业与债权人、投资人关系改善

3.2.2 模型构建

遵循 Freeman (1984)利益相关者理论,借鉴 Jo 和 Harjoto(2012)的 CSR 减少利益相关者冲突从而降低代理成本的思路[143][35],构建 CSR 降低代理成本直接效应测度模型如图 3.1 所示,中介效应测度模型如图 3.2 所示。

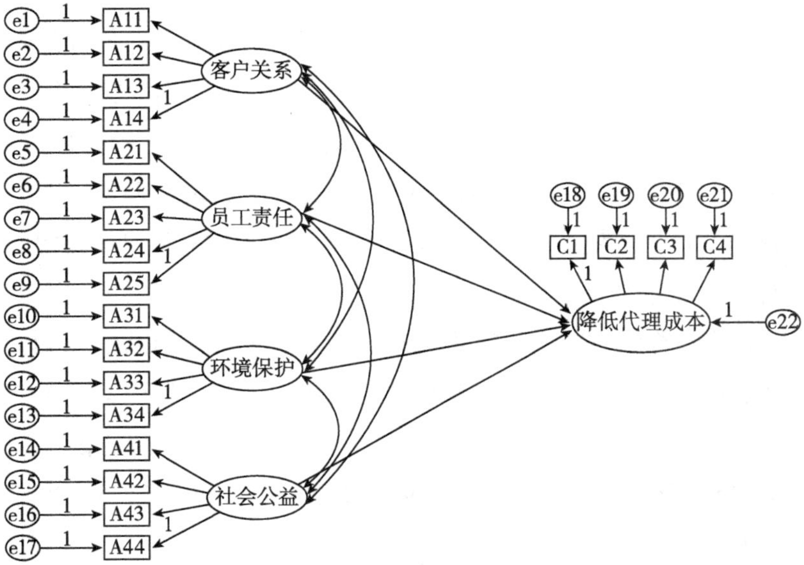

图 3.1 直接效应测度模型

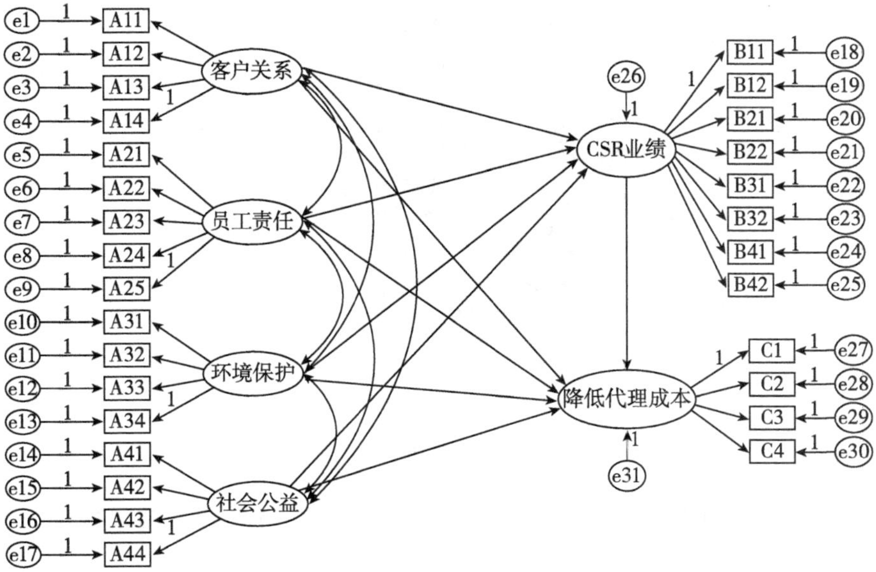

图 3.2 中介效应测度模型

3.3 数据来源、统计分析信度和效度检验

3.3.1 数据来源

基于电子商务的兴起给中小企业带来经营环境的变革,本次问卷调研的设定区域为电子商务较为发达的长江三角洲地区。调查对象有各行各业中小企业的普通员工、管理人员,中小企业周边的社区居民及有网上交易行为的个体商户。调查问卷采用李克特七点量表法,在第一次设计好问卷题目的基础上,征集了相关专家和企业管理者、部分企业员工的建议,之后调整了部分相关题目,采用问卷调查和实地访谈的方式进行调研,调研模式有面对面询问受访对象并填写问卷,线下联系调查对象、线上填写问卷,联系企业管理人员进行实地访谈等。一共发放问卷500份,回收问卷480份。问卷在以下分析基础上予以剔除。

受访者所在企业基于互联网跨界经营情况。大部分受访者所在公司的电子商务发展较为繁荣,有些同意及以上占54%;发展情况一般的占21.5%。对于受访者"所在公司跨地区业务和交易较多"的问题,仅有15.5%达到不同意及以下,如图3.3所示。

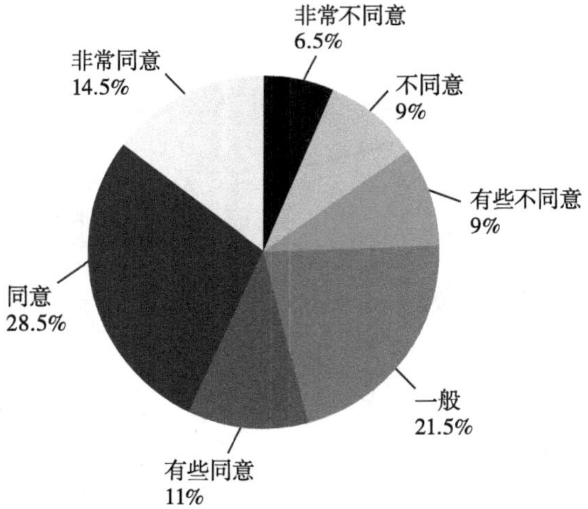

图3.3 跨地区业务统计结果

对于"您所在公司注重开拓跨行业的业务和交易",统计结果如图3.4所示,也仅有16%达到不同意及以下。

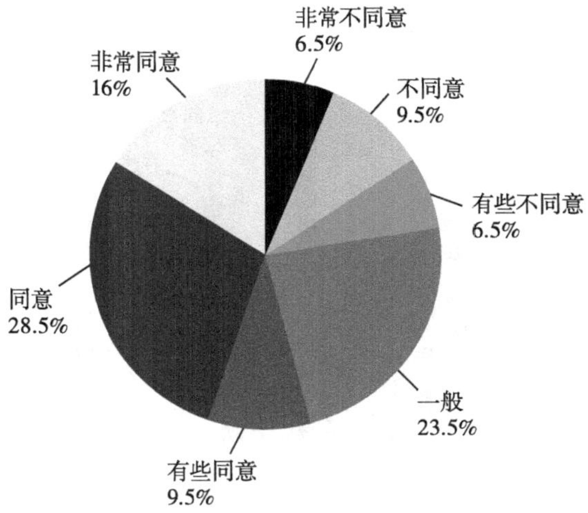

图 3.4 跨行业业务统计结果

因此以上三个问题达到不同意及以下的 16% 先予以剔除，对于数据不全缺失的无效问卷再次进行剔除，最终有效问卷保留有 391 份。

3.3.2 基础数据统计分析

(1) 受访者基本情况分析

受访者大多受过高等教育，其中具有大专以上学历的占 82%，本科学历的占 62%，硕士、博士占 6%。从受访者职位分布来看，普通职员占比接近 40%，管理人员占比 26%。受访者所在公司的主营业务涉及服务业、制造业、农业、批发零售业、物流等。最高占比的是制造业，达到 22% 以上。受访者所在企业成立时间大多数在 3 年以上，新兴企业(3 年以下)所占比例为 28. 5%。

(2) 受访者所在企业社会责任履行基本情况分析

关于“对企业社会责任较熟悉”这个问题，只有 14% 的人不太熟悉，大多数受访者对企业社会责任有认知。对于“社会责任应该包括的内容”，选择“对供应商、客户和消费者的责任”“保护环境的责任”的均占到 80%，仅有一半多(55. 5%)的受访者认为企业应当做慈善和帮助社区的公益活动。对员工的责任受访大多定位于薪资待遇。

企业注重履行社会责任统计结果如图 3. 5 所示。大多数受访者所在企业重视社会责任，也仅有 7% 不同意和非常不同意。而有超过五成的企业对履行社会责任较为重视(有些同意及以上)。

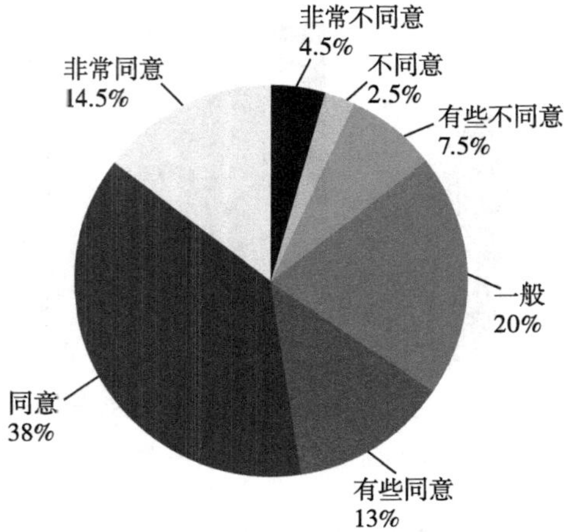

图 3.5　企业注重履行社会责任统计结果

对于“影响中小企业履行社会责任”选项中,占比最大的是领导不重视(有些同意及以上占 65.5%)、缺乏资金(有些同意及以上占 64.5%)。而占比最小的是没有时间(有些同意及以上占 22%),除此之外,有 7% 的人认为与公司经营无关,表明了中小企业的生存环境较为不佳,导致无法有效履行社会责任。

3.3.3　数据的信度检验

(1)数据的一致性检验

数据的信度(Reliability)反映了调查数据的稳定性和一致性。稳定性是指同一问卷在不同时间针对同一调查对象重复测量的可靠性。一致性反映问卷中各个题目之间的关系,测度所有题目是否考察了相同内容的问题。由于本研究没有进行多次重复调查,因此数据的信度主要通过一致性相关指标来反映。Cronbach 在 1951 年提出了用 Cronbach's Alpha 系数来测度量表内部一致性,该系数越大,信度越好[144]。本研究采用 SPSS 20.0 来计算 Cronbach's Alpha 系数,结果如表 3.2 所示。

表 3.2 显示的“客户关系”潜变量的 Cronbach's Alpha 系数为 0.935,“员工责任”潜变量的 Cronbach's Alpha 系数为 0.906,“环境保护”潜变量的 Cronbach's Alpha 系数为 0.869,“社会公益”潜变量的 Cronbach's Alpha 系数为 0.880,“CSR 业绩”潜变量的 Cronbach's Alpha 系数为 0.947,“降低代理成本”

潜变量的 Cronbach's Alpha 系数为 0.939，29 个观察变量总体的 Cronbach's Alpha 系数为 0.959，均在 0.8 以上，说明调查所获得的数据具有较好的信度。

表 3.2　数据的信度检验

潜变量	观察变量个数	Cronbach's Alpha 系数
客户关系	4	0.935
员工责任	5	0.906
环境保护	4	0.869
社会公益	4	0.880
CSR 业绩	8	0.947
降低代理成本	4	0.939
总体	29	0.959

（2）组成信度和平均方差提取检验

Bollen（1989）认为，Cronbach's Alpha 系数假设所有项目对可靠性的贡献相同，具有一定的局限性[145]。Fornell 和 Larcker（1981）提出了用组成信度和平均方差提取（AVE）两个指标来评估数据的一致性[146]。其中，组成信度利用了每个项目的标准化载荷和测量误差，AVE 捕获的与由于测量误差引起的相关的方差量。组成信度一般大于 0.6（Bagozzi 和 Yi，1988）[147]，AVE 的结果应该超过 0.5（Diamantopoulos 和 Siguaw，2000）[148]。本研究的计算结果如表 3.3 所示。

表 3.3　组成信度检验

项目	非标准化系数	标准差	*T* 值	*P*	标准化系数	SMC	1 - SMC	组成信度	AVE
A11←客户关系	1.000	—	—	—	0.917	0.841	0.159	0.936	0.786
A12←客户关系	0.990	0.034	29.015	***	0.906	0.821	0.179		
A13←客户关系	0.985	0.033	30.283	***	0.921	0.848	0.152		
A14←客户关系	0.793	0.037	21.541	***	0.795	0.632	0.368		
A21←员工责任	1.000	—	—	—	0.776	0.602	0.398	0.908	0.664
A22←员工责任	0.950	0.056	17.083	***	0.816	0.666	0.334		
A23←员工责任	0.955	0.058	16.439	***	0.790	0.624	0.376		
A24←员工责任	0.962	0.053	18.166	***	0.860	0.740	0.260		
A25←员工责任	0.987	0.057	17.407	***	0.829	0.687	0.313		

续表

项目	非标准化系数	标准差	T 值	P	标准化系数	SMC	1 - SMC	组成信度	AVE
A31←环境保护	1.000	—	—	—	0.758	0.575	0.425	0.871	0.630
A32←环境保护	1.293	0.078	16.502	***	0.860	0.740	0.260		
A33←环境保护	1.212	0.078	15.504	***	0.798	0.637	0.363		
A34←环境保护	1.182	0.081	14.575	***	0.752	0.566	0.434		
A41←社会公益	1.000	—	—	—	0.813	0.661	0.339	0.883	0.655
A42←社会公益	1.024	0.053	19.299	***	0.883	0.780	0.220		
A43←社会公益	1.003	0.056	17.783	***	0.816	0.666	0.334		
A44←社会公益	0.689	0.046	15.094	***	0.717	0.514	0.486		
B11←CSR 业绩	1.000	—	—	—	0.720	0.518	0.482	0.948	0.697
B12←CSR 业绩	1.256	0.072	17.568	***	0.889	0.790	0.210		
B21←CSR 业绩	1.299	0.076	17.052	***	0.864	0.746	0.254		
B22←CSR 业绩	1.272	0.073	17.409	***	0.882	0.778	0.222		
B31←CSR 业绩	1.260	0.075	16.720	***	0.848	0.719	0.281		
B32←CSR 业绩	1.257	0.083	15.195	***	0.774	0.599	0.401		
B41←CSR 业绩	1.209	0.074	16.242	***	0.825	0.681	0.319		
B42←CSR 业绩	1.334	0.078	17.014	***	0.862	0.743	0.257		
C1←降低代理成本	1.000	—	—	—	0.932	0.869	0.131	0.940	0.798
C2←降低代理成本	0.953	0.04	23.64	***	0.820	0.672	0.328		
C3←降低代理成本	1.005	0.033	30.440	***	0.906	0.821	0.179		
C4←降低代理成本	0.999	0.032	30.934	***	0.911	0.830	0.170		

注：smc 为多元相关系数平方(Squared multiple correlations) *** 表示 $P<0.01$。

从表 3.3 可以看出，各观察变量与潜变量标准化系数都在 0.6 以上，各潜变量的组成信度都在 0.8 以上，各构面 AVE 的计算结果都大于 0.5。说明调查问卷的可靠性良好。

3.3.4 数据的效度检验

效度(Validity)是指调查结果能够测量出所要研究问题特质的程度,包括内容效度、区别效度及结构效度。

(1)内容效度评估

内容效度是指问卷项目与研究问题的适合性和对应性,指问卷中各项目与所研究问题的相关和代表的程度(Netemeyer 等,2003)[149]。本研究调查问卷经过前测和征求相关专家及企业管理者、部分企业员工的建议,符合问题研究的目的和要求。

(2)区别效度评估

区别效度是指各潜变量从不同维度度量问题的独特性的程度(Sethi 和 King,1994)[150],如果提取的平均方差(AVE)开根号大于两个潜在变量之间的相关性系数,则具有区别效度(Fornell 和 Larcker,1981)[146]。计算结果如表 3.4 所示。

表 3.4 AVE 与潜变量相关系数比较法

AVE	降低代理成本	CSR 业绩	社会公益	环境保护	员工责任	客户关系
0.798	0.893	—	—	—	—	—
0.697	0.819	0.835	—	—	—	—
0.655	0.545	0.484	0.809	—	—	—
0.630	0.518	0.554	0.694	0.794	—	—
0.664	0.545	0.480	0.890	0.681	0.815	—
0.786	0.590	0.522	0.513	0.506	0.503	0.887

表 3.4 中从第二列之后对角线的值为 AVE 开跟号的值,从中可以看出,大于大部分的构面之间的相关系数。虽然发现有一个值 0.815 <0.890 不符合,但是二者差异不大,仍在可接受的范围,说明区别效度仍存在。

区别效度还可以采用 Boostrapping 自助法(MacKinnon, Lockwood 和 Williams,2004)[151],即对样本重复抽样 1000 次,计算相关的标准误差。如果相关系数加减两倍的相关标准误差组成的区间结果不包含 1,就认为区别效度可以接受。计算结果如表 3.5 所示。

表 3.5　Boostrapping 自助法抽样检验

变量	相关系数	点估计值	重复抽样 1000;95% 置信水平					
			bias-correct(偏误)			percentile(百分位数)		
			下限	上限	P 值	下限	上限	P 值
客户关系⟷员工责任	0.503	0.055	0.394	0.605	0.002	0.395	0.606	0.002
客户关系⟷环境保护	0.506	0.061	0.371	0.618	0.004	0.38	0.626	0.002
客户关系⟷社会公益	0.513	0.055	0.395	0.618	0.002	0.395	0.617	0.002
客户关系⟷CSR 业绩	0.522	0.059	0.407	0.633	0.002	0.401	0.631	0.002
客户关系⟷降低代理成本	0.590	0.056	0.477	0.697	0.002	0.477	0.697	0.002
员工责任⟷环境保护	0.681	0.042	0.592	0.758	0.002	0.594	0.759	0.002
员工责任⟷社会公益	0.890	0.021	0.842	0.928	0.002	0.845	0.929	0.002
员工责任⟷CSR 业绩	0.480	0.050	0.376	0.569	0.003	0.383	0.579	0.002
员工责任⟷降低代理成本	0.545	0.046	0.444	0.632	0.002	0.444	0.633	0.002
环境保护⟷社会公益	0.694	0.043	0.607	0.776	0.002	0.607	0.778	0.002
环境保护⟷CSR 业绩	0.554	0.047	0.457	0.642	0.003	0.462	0.644	0.002
环境保护⟷降低代理成本	0.518	0.045	0.426	0.603	0.002	0.427	0.604	0.002
社会公益⟷CSR 业绩	0.484	0.050	0.380	0.580	0.002	0.382	0.584	0.002
社会公益⟷降低代理成本	0.545	0.046	0.451	0.635	0.002	0.451	0.635	0.002
CSR 业绩⟷降低代理成本	0.819	0.038	0.739	0.897	0.002	0.738	0.896	0.002

从表 3.5 可以看出，所有两两潜变量相关系数加减两倍的相关标准误差组成的区间结果均不包含 1，进一步说明区别效度存在。

(3)结构效度评估

结构效度也称建构效度，是指调查结果反映研究问题各理论假设的内部结构合理的程度，即通过对调查数据检验能够反映研究问题的特征，说明结构效度就较好。一般基于构建的理论模型，通过数据测算变量之间的路径系数，非标准化系数具有显著的统计意义，则认为结构效度良好。从表 3.3 可以看出，在 99% 的置信度下所有非标准化系数具有统计显著性，这说明模型的整体结构效度较好。

3.4　验证性因子分析

验证性因子分析反映了各潜变量与对应观察变量结构的合理性，包括：因素负荷系数，显示潜变量随观察变量的变化而变化的程度；标准误差，表示估计参数值的精确程度,标准误差越小,估计结果越好[148];T 值,用于确定特定参数在群体中是否与零显著不同。-1.96 和 +1.96 之间的 T 值表示相应参数与零(在 5% 显著性水平)没有显著差异;R 平方(R^2),表示由等式中的自变量计算的因变量的拟合水平。

模型适配度需要通过模型拟合指标来考量。模型拟合指标反映了所构建的理论模型对数据拟合程度的统计指标。Amos 提供的部分模型拟合指数如表 3.6 所示。该表各模型拟合指标仅为评价参考指标,实际判断中要根据样本规模、问题复杂性等因素综合衡量。例如,RMSEA(近似均方根误差)值为 0.05 或更小表示良好的拟合。在 0.05 和 0.08 之间的值被认为是合理的,0.08 和 0.1 之间的值被认为是平庸的,而大于 0.1 的值表示不合适[148]。

表 3.6 模型拟合指数

拟合名称		评价标准
绝对指标	Chi Square	越小越好
	GFI	大于 0.9
	AGFI	大于 0.8
	RMSEA	小于 0.08
相对指标	Chi Square/DF	小于 3
	NFI	大于 0.9,越接近 1 越好
	CFI	大于 0.9,越接近 1 越好
信息指标	AIC	越小越好
	CAIC	越小越好

注:GFI 为拟合优度指数;AGFI 为调整的拟合优度指数;RMSEA 为近似误差均方根;NFI 为规范适配度指标;CFI 为比较适配度指标;AIC 为赤池信息效标;CAIC 为调整的赤池信息效标。

3.4.1 客户关系因子分析

用于衡量公司与客户关系的 4 个观察变量的分析结果如表 3.7 所示。

表 3.7 客户关系因子分析结果

观察变量	标准化载荷系数	方差	T 值	R^2
A11	0.92	0.23		0.84
A12	0.91	0.26	29.015	0.82

续表

观察变量	标准化载荷系数	方差	*T* 值	R^2
A13	0.92	0.21	30.283	0.85
A14	0.79	0.44	21.541	0.63
适配度指标：*Chi Square* =4.471（*DF* =2），*RMSEA* =0.056，*NFI* =0.997，*GFI* =0.994				

注：Chi Square 为卡方值；DF 为自由度。

大多数受访者表示中小企业对客户活动有很大参与，而且很大比例的受访者表示在很大程度上“严格按产品质量标准生产产品”“及时解决顾客网上购物过程中产生的问题并反馈顾客信息”“选择与资质和信誉较高的物流公司合作”“与供应链伙伴保持良好、长期、稳定的合作关系”，均有显著的相关性。适配度RMSEA 为0.056、Chi Square 为4.471、DF 为2，均达到理想水平。

3.4.2 员工责任因子分析

由表3.8所示提供了与用于测量公司员工责任的5个观测变量有关的数据。

表3.8 员工责任因子分析结果

观察变量	标准化载荷系数	方差	*T* 值	R^2
A21	0.78	0.69	—	0.60
A22	0.82	0.47	17.083	0.67
A23	0.79	0.57	16.439	0.62
A24	0.86	0.34	18.166	0.74
A25	0.83	0.46	17.407	0.69
适配度指标：*Chi Square* =14.069（*DF* =5），*RMSEA* =0.068，*NFI* =0.988，*GFI* =0.985				

从表3.8可以看出，对员工绩效的初步衡量显示较好。标准化载荷系数均为0.7以上，R^2 均为0.6以上，都可接受。相当多的受访者表示，在“企业注重员工的持续新技能培训和职业升迁”“企业重视和保障员工的身体健康和工作安全”“企业有制度保障员工工作和生活的平衡”方面参与程度较大。适配度指标也均在可接受的水平上。

3.4.3 环境保护因子分析

用于衡量公司环境保护的4个观察变量的分析结果如表3.9所示。

表 3.9　环境保护因子分析结果

观察变量	标准化载荷系数	方差	*T* 值	R^2
A31	0.76	0.31	—	0.58
A32	0.86	0.25	16.502	0.74
A33	0.80	0.36	15.504	0.64
A34	0.75	0.46	14.575	0.57
适配度指标：*Chi Square* = 1.442（*DF* = 2），*RMSEA* = 0.000，*NFI* = 0.998，*GFI* = 0.998				

从表 3.9 可以看出，4 个变量验证性因子分析结果较好。其中“减少资源浪费”“发展循环经济”标准化载荷系数较高，为 0.86 和 0.80。最低的 R^2 为 0.57，均在可接受范围。适配度指标在良好水平上。环境保护指标验证结果表明，企业改进措施对环境绩效都有显著影响。

3.4.4　社会公益因子分析

用于衡量公司社会公益的 4 个观察变量的分析结果如表 3.10 所示。

表 3.10　社会公益因子分析结果

观察变量	标准化载荷系数	方差	*T* 值	R^2
A41	0.81	0.52	—	0.66
A42	0.88	0.30	19.299	0.78
A43	0.82	0.51	17.783	0.67
A44	0.72	0.45	15.094	0.51
适配度指标：*Chi Square* = 5.132（*DF* = 2），*RMSEA* = 0.063，*NFI* = 0.994，*GFI* = 0.994				

从表 3.10 可以看出，衡量企业社会公益表现的指标较好。无论是标准化载荷系数，还是 R^2 值及适配度指标均达到可接受水平，表明社会公益表现的指标均存在合理的契合度。

3.4.5　CSR 业绩因子分析

用于衡量公司 CSR 业绩的 8 个观察变量的分析结果如表 3.11 所示。

表 3.11　CSR 业绩因子分析结果

观察变量	标准化载荷系数	方差	*T* 值	R^2
B11	0.72	0.36	—	0.52

续表

观察变量	标准化载荷系数	方差	T 值	R^2
B12	0. 89	0. 16	17. 568	0. 79
B21	0. 86	0. 22	17. 052	0. 75
B22	0. 88	0. 18	15. 409	0. 78
B31	0. 85	0. 24	16. 720	0. 72
B32	0. 77	0. 42	15. 195	0. 60
B41	0. 82	0. 27	16. 242	0. 68
B42	0. 86	0. 24	17. 014	0. 74
适配度指标：*Chi Square* = 59. 434（*DF* = 20），*RMSEA* = 0. 071，*NFI* = 0. 978，*GFI* = 0. 964				

根据表 3. 11 数据，值得注意的是，在互联网环境下，企业注重建立与客户关系如供应链合作伙伴、消费者等，可以提高客户满意度。员工忠诚度也是评价企业社会责任绩效的有力指标，有学者将企业社会责任定义为对员工的道德和公平待遇及培训和发展机会（Brammer 等，2007）[152]，员工绩效也作为衡量企业社会责任业绩的又一个指标。环境绩效是企业社会责任的一个强大变量。环境保护责任的履行会带来企业社会声誉的提高和财务绩效的改善（King 和 Lenox，2001）[153]，社会公益活动会是企业对外形象的提升。因此，CSR 业绩主要体现在客户满意度、员工忠诚度、社会信誉度及企业财务绩效四个方面。因子验证结果显示标准化载荷系数均为 0. 7 以上，除了“网站店铺不但留住老顾客，还能吸引新顾客不断增多”变量的 R^2 为 0. 52 以外，其他变量的 R^2 均为 0. 7 以上，说明验证结果较为理想。

3. 4. 6 降低代理成本因子分析

用于衡量降低代理成本的 4 个观察变量的分析结果如表 3. 12 所示。

表 3. 12 降低代理成本因子分析结果

观察变量	标准化载荷系数	方差	T 值	R^2
C1	0. 93	0. 15	—	0. 87
C2	0. 82	0. 45	23. 640	0. 67
C3	0. 91	0. 22	30. 440	0. 82
C4	0. 91	0. 21	30. 934	0. 83
适配度指标：*Chi Square* = 0. 969（*DF* = 2），*RMSEA* = 0. 000，*NFI* = 0. 999，*GFI* = 0. 999				

从表 3. 12 可以看出“供应商给予企业信用额度提高”“整体费用率下降”“与债权人、投资人关系改善”三个指标的标准化载荷系数都非常高,均为 0. 9 以上,R^2 值均为 0. 8 以上。“资产利用率提高”标准化载荷系数虽然略低,但 0. 82 的载荷系数、0. 67 的 R^2 值也呈现了较好的拟合水平。

3. 5 基于互联网跨界经营中小企业 CSR 降低代理成本直接效应测度研究

根据图 3. 1 构建的模型,在 Amos 23 中运用极大似然估计方法估计的基于互联网跨界经营中小企业 CSR 降低代理成本,从而缓解融资约束直接效应运行的部分结果如表 3. 13 和表 3. 14 所示。

表 3. 13 直接效应方差分析

变量	方差估计	标准差	*T* 值	*P*
客户关系	0. 764	0. 081	9. 404	***
员工责任	0. 991	0. 102	9. 674	***
环境保护	0. 569	0. 070	8. 093	***
社会公益	0. 520	0. 062	8. 379	***
e1	0. 229	0. 024	9. 602	***
e2	0. 266	0. 026	10. 342	***
e3	0. 203	0. 022	9. 172	***
e4	0. 431	0. 034	12. 546	***
e5	0. 656	0. 054	12. 164	***
e6	0. 455	0. 039	11. 640	***
e7	0. 548	0. 046	12. 007	***
e8	0. 374	0. 033	11. 213	***
e9	0. 486	0. 042	11. 714	***
e10	0. 270	0. 025	10. 845	***
e11	0. 281	0. 029	9. 615	***
e12	0. 364	0. 033	10. 938	***
e13	0. 484	0. 041	11. 889	***
e14	0. 530	0. 046	11. 540	***
e15	0. 366	0. 035	10. 439	***

续表

变量	方差估计	标准差	*T* 值	*P*
e16	0.476	0.043	11.114	***
e17	0.417	0.034	12.381	***
e18	0.154	0.017	8.851	***
e19	0.452	0.036	12.433	***
e20	0.217	0.021	10.272	***
e21	0.207	0.020	10.152	***
e22	0.561	0.049	11.394	***

注：*** 表示 0.01 水平上显著

表 3.14　直接效果路径分析结果

路径对应关系	非标准化系数	标准化系数	标准差	*T* 值	*P*
降低代理成本←客户关系	0.441	0.383	0.061	7.194	0.002
降低代理成本←员工责任	0.168	0.167	0.125	1.343	0.179
降低代理成本←环境保护	0.184	0.138	0.091	2.028	0.043
降低代理成本←社会公益	0.145	0.104	0.179	0.811	0.417

适配度指标：*Chi-Square* = 548.459；*DF* = 179；*Chi-Square/DF* = 3.064；*GFI* = 0.885；*AGFI* = 0.851；*NFI* = 0.923；*RMSEA* = 0.073

从表 3.13 可以看出，所有变量方差都大于 0，且在 0.01 水平上显著，排除了存在多重共线性的可能。

3.5.1　模型适配度分析

根据表 3.14，进行模型适配度和路径系数显著性分析。从表 3.14 中可以看出，模型适配度指标 *Chi-Square/DF* 为 3.064（*Chi-Square* = 548.459，*DF* = 179），约为 3。*RMSEA* = 0.073，小于 0.08，表示模型适配度较为理想。*GFI* = 0.885，*AGFI* = 0.851，*NFI* = 0.923，均大于 0.8，反应模型拟合良好。

3.5.2　路径系数显著性分析

路径系数的统计显著性检验可以通过 Amos 提供的 *CR*（Critical Ratio，关键比值）值和 *p* 值进行判断。*CR* 值是 *T* 统计量，参数估计值除以标准差的结果。表 3.14 中"降低代理成本←客户关系"标准化路径系数为 0.383，其 *CR* 值为

7.194，相应的 p 值小于 0.01，则可以认为这个路径系数在 1% 的置信度下显著。"降低代理成本←环境保护"标准化路径系数为 0.138，其 CR 值为 2.028，相应的 p 值小于 0.05，则可以认为这个路径系数在 5% 的置信度下显著。然而"降低代理成本←员工责任"标准化路径系数为 0.167，其 CR 值为 1.343，相应的 p 值大于 0.1，"降低代理成本←社会公益"标准化路径系数为 0.104，其 CR 值为 0.811，相应的 p 值大于 0.1，则可以认为这两个路径系数正向影响作用并不显著。由此可以得出假设 3.1、假设 3.3 成立，而假设 3.2、3.4 并没有得到支持。

从现实情况的角度考虑，一方面，由于中小企业员工流动性比较大，稳定性不强，每年春季招工季节都会不同程度的有老员工的离职、新员工的加入，所以中小企业这方面的社会责任普遍表现不好，没能很好地起到降低代理成本的作用。对于社会公益活动，受中小企业资金约束的影响，投资到当地社区和社会慈善的活动不是很多，因此同样没有能很好地起到降低代理成本、缓解融资约束的作用。而另一方面，在基于互联网跨界经营的环境下，中小企业为了赢得客户，扩大销售规模，赚得利润，在致力于客户和消费者关系方面较为积极主动。环境治理受政策导向和经营环境的制约。重视环境保护刻不容缓，这样既能赢得周边社区的支持和接受，也能对外获得良好口碑，从而降低代理成本，自然而然地缓解了融资约束。

3.6 基于互联网跨界经营中小企业 CSR 降低代理成本间接效应测度研究

3.6.1 间接效应路径系数分析

间接效应（Indirect Effect）是指自变量通过其他变量影响因变量。根据图 3.2 构建的模型，潜变量客户关系、员工责任、环境保护、社会公益通过 CSR 业绩影响降低代理成本的方差计算结果、间接效应路径系数如表 3.15 和表 3.16 所示。

表 3.15　间接效应方差分析

名称	方差估计	标准误差	Z 值	P
客户关系	0.764	0.081	9.411	***
员工责任	0.991	0.102	9.678	***
环境保护	0.569	0.070	8.102	***
社会公益	0.520	0.062	8.376	***
e1	0.229	0.024	9.616	***
e2	0.265	0.026	10.321	***
e3	0.204	0.022	9.1910	***
e4	0.430	0.034	12.541	***
e5	0.655	0.054	12.161	***
e6	0.456	0.039	11.649	***
e7	0.549	0.046	12.012	***
e8	0.373	0.033	11.205	***
e9	0.486	0.041	11.711	***
e10	0.269	0.025	10.876	***
e11	0.288	0.029	9.840	***
e12	0.358	0.033	10.900	***
e13	0.484	0.041	11.918	***
e14	0.530	0.046	11.541	***
e15	0.365	0.035	10.431	***
e16	0.476	0.043	11.117	***
e17	0.417	0.034	12.384	***
e18	0.364	0.027	13.292	***
e19	0.154	0.013	11.393	***
e20	0.224	0.018	12.113	***
e21	0.181	0.015	11.769	***
e22	0.253	0.020	12.450	***
e23	0.416	0.032	13.037	***
e24	0.270	0.021	12.637	***
e25	0.243	0.020	12.166	***
e26	0.239	0.030	7.945	***
e27	0.149	0.016	9.126	***
e28	0.447	0.036	12.534	***
e29	0.221	0.021	10.677	***
e30	0.213	0.020	10.604	***

续表

名称	方差估计	标准误差	Z 值	P
e31	0. 281	0. 028	10. 082	***

注：*** 表示 0. 01 水平上显著。

表 3. 16　间接效应路径分析结果

	参数估计值	标准化	标准误差	临界比	P
CSR 业绩←客户关系	0. 215	0. 301	0. 040	5. 365	***
CSR 业绩←员工责任	0. 044	0. 071	0. 081	0. 547	0. 584
CSR 业绩←环境保护	0. 270	0. 325	0. 061	4. 390	***
CSR 业绩←社会公益	0. 036	0. 041	0. 116	0. 310	0. 757
降低代理成本←客户关系	0. 206	0. 179	0. 047	4. 352	***
降低代理成本←员工责任	0. 117	0. 116	0. 095	1. 235	0. 217
降低代理成本←环境保护	-0. 108	-0. 081	0. 072	-1. 501	0. 133
降低代理成本←社会公益	0. 109	0. 078	0. 136	0. 804	0. 421
降低代理成本←CSR 业绩	1. 091	0. 677	0. 087	12. 585	***

适配度指标：*Chi-Square* = 977. 594；*DF* = 362；*Chi-Square/DF* = 2. 701；*GFI* = 0. 854；*AGFI* = 0. 824；*NFI* = 0. 908；*RMSEA* = 0. 066

从表 3. 15 可以看出，所有变量方差都大于 0，且在 0. 01 水平上显著，排除了存在多重共线性的可能。

根据表 3. 16 的计算结果，从以下两个方面进行分析。

（1）模型配适度评价

本研究采用最大似然法计算所得 *Chi-Square/DF* 为 2. 701（*Chi-Square* = 977. 594，*DF* = 362），小于 3，结果较理想。*GFI* 为 0. 854，*AGFI* 为 0. 824，均大于 0. 8。*NFI* 为 0. 908，大于 0. 9，说明模型配适度较好。*RMSEA* 为 0. 066，小于 0. 08，表示模型配适度良好（*Hu* 和 Bentler，1999）[154]。整体来看，各指标均达到理想水平，表示模型配适度可接受。

（2）路径系数分析

从“客户关系、员工责任、环境保护、社会公益→CSR 业绩→降低代理成本”路径系数计算结果来看，“客户关系→CSR 业绩→降低代理成本”路径标准化系数为 0. 301、0. 677，均在 1% 置信水平下显著。“环境保护→ CSR 业绩→降低代理成本”路径标准化系数为 0. 325、0. 677，也均在 1% 置信水平下显著，故假设

3.5、3.7、3.9 成立。而“员工责任→ CSR 业绩→降低代理成本”“社会公益→CSR 业绩→降低代理成本”两条路径标准化系数虽然大于 0,但影响并不显著。根据以上结果发现,客户关系、环境保护通过 CSR 业绩正向影响降低代理成本的间接效果显著。

CSR 业绩正向影响降低代理成本效果显著,客户关系、环境保护通过 CSR 业绩正向影响降低代理成本的间接效果显著,说明了客户关系、环境保护是重要的前置影响因素。“客户关系→ CSR 业绩→降低代理成本”产生的间接效果系数为 0.204(0.301 ×0.677),“环境保护→ CSR 业绩→降低代理成本”产生的间接效果系数为 0.220(0.325 ×0.677)。

3.6.2 中介效应检验

(1)变量的中介效应分析方法

心理学文献中常用的讨论中介变量作用的方法,可以追溯到 Judd 和 Kenny(1981)、Baron 和 Kenny(1986)的因果法[155-156],他们通过在因果链中进行一系列测试检验中介变量的影响程度。

Freedman 和 Schatzkin(1992)、Olkin 和 Finn(1995)基于加入中介变量之前和之后相关系数的差异,来研究中介变量的作用[157-158]。

较为常用的是系数乘积法,它是基于模型中的路径系数的乘积来判断中介变量的影响程度起源于社会学(Bollen,1987;Sobel,1982)[159-160],通过将中介变量效应的估计值 ab(图 3.6)除以其标准误差,并将该值与标准正态分布进行比较,来测试中介变量效应的显著性。

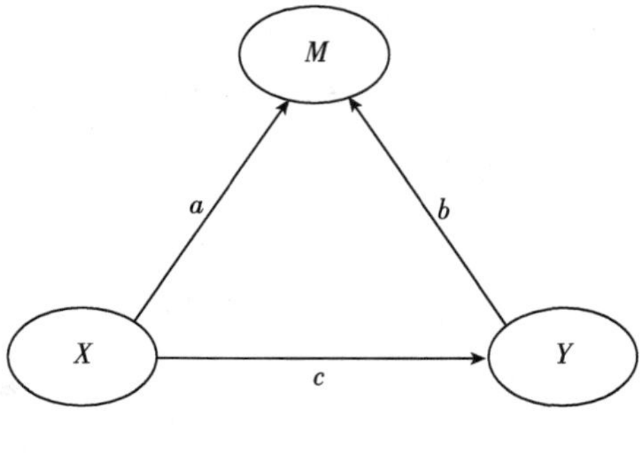

图 3.6　中介变量效应示意

注:M 为中介变量;X 为自变量;Y 为因变量。

而确定其中的标准误差又存在不同的方法，常用的是 Sobel（1982）使用基于一阶泰勒级数推导出标准误差的近似公式[160]，如式（3.1）所示。

$$\sigma_{\text{abfirst}} = \sqrt{a^2\sigma_b^2 + b^2\sigma_a^2} \tag{3.1}$$

其中，a 及 b 均为非标准化系数值；σ_a 及 σ_b 分别为 a 与 b 的标准差。下同。

Aroian（1944）基于 a 和 b 的乘积的一阶和二阶泰勒级数估计近似的精确标准误差如式（3.2）所示[161]。

$$\sigma_{\text{absecond}} = \sqrt{a^2\sigma_b^2 + b^2\sigma_a^2 + \sigma_a^2\sigma_b^2} \tag{3.2}$$

式（3.1）略去了两个方差的乘积，但式（3.2）将其作为精确标准误差的一部分，尽管该项数值通常非常小。而 Goodman（1960）及 Sampson 和 Breunig（1971）采用减去方差的乘积[162-163]，推导出无偏方差如式（3.3）所示。

$$\sigma_{\text{abunbiased}} = \sqrt{a^2\sigma_b^2 + \beta^2\sigma_a^2 - \sigma_a^2\sigma_b^2} \tag{3.3}$$

将中介变量效应除以标准误差，然后将其与标准正态分布进行比较以测试中介效应的显著性。如式（3.4）~式（3.6）所示，在置信水平为 0.05 时，z 值 > |1.96| 为显著。

$$z = \frac{ab}{\sqrt{a^2\sigma_b^2 + b^2\sigma_a^2}} \tag{3.4}$$

$$z = \frac{ab}{\sqrt{a^2\sigma_b^2 + b^2\sigma_a^2 + \sigma_a^2\sigma_b^2}} \tag{3.5}$$

$$z = \frac{ab}{\sqrt{a^2\sigma_b^2 + b^2\sigma_a^2 - \sigma_a^2\sigma_b^2}} \tag{3.6}$$

仅是简单的 z 检验中介效果通常不符合常态分配，测试有一个重大缺陷。MacKinnon，Lockwood 和 Hoffman（1998）证明了用于检验中介变量效应的重要性的系数乘积方法的重大缺陷，它需要假设间接效应的采样分布是正态分布的。但是回归系数 a 和 b 的乘积的分布往往是不对称的，具有非零偏度和峰度[164]。Meeker 等（1981）提出置信区间法检验中介效应显著性[165]。如式（3.7）所示，利用其计算置信区间的上限和下限。如果置信区间不包括零，则中介变量效应是显著的。

$$CL = \text{ab} \pm (\text{临界值})\sigma_{ab} \tag{3.7}$$

比较好的替代方案是 MacKinnon（2007）提供的 PRODCLIN2 间接效果置信

区间的计算程序，重新计算间接效果信赖区间，只要置信区间不包括0，间接效果就成立[166]。

置信区间法都是基于自重复抽样(Bootstrapping)的方法可测试中介变量效应的显著性[151]。一旦构造了重复采样，就记录估计出的 a 和 b 路径系数的乘积。这个过程总共重复 k 次，其中 k 是一个大数字(通常至少为1000)。

(2)变量的中介效应实证分析

①系数差异法。间接效应的计算公式为

$$间接效应 = 总效应 - 直接效应$$

总效应(Total Effect)是由原因变量到结果变量总的影响系数，它是直接效应与间接效应之和，如表3.17所示。

表3.17　潜变量之间的直接效应、间接效应及总效应(标准化结果)

变量关系	总效应	直接效应	间接效应
客户关系→CSR业绩	0.301***	0.301***	0
员工责任→CSR业绩	0.071	0.071	0
环境保护→CSR业绩	0.325***	0.325***	0
社会公益→CSR业绩	0.041	0.041	0
CSR业绩→降低代理成本	0.677***	0.677***	0
客户关系→降低代理成本	0.382***	0.179***	0.204
员工责任→降低代理成本	0.164	0.116	0.048
环境保护→降低代理成本	0.139***	-0.081	0.220
社会公益→降低代理成本	0.106	0.078	0.028

注：***表示0.01水平上显著。系数均是标准化后的参数，直接效应就是模型中的路径系数。

从表3.17可以看出，“客户关系→CSR业绩”影响显著正相关，“客户关系→降低代理成本”影响显著正相关，“CSR业绩→降低代理成本”影响显著正相关，说明客户关系对降低代理成本存在部分中介效应；“环境保护→CSR业绩”影响显著正相关，“环境保护→降低代理成本”影响不显著，“CSR业绩→降低代理成本”影响显著正相关，说明环境保护对降低代理成本存在完全中介效应。但是，员工责任与CSR业绩、社会公益与CSR业绩、员工责任与降低代理成本、社会公益与降低代理成本之间的关系均不显著。

②Z 值法。利用式(3.4)~式(3.6)计算客户关系、员工责任、环境保护、社会公益,通过 CSR 业绩影响降低代理成本的中介效果。

客户关系通过 CSR 业绩影响降低代理成本的中介效果计算结果如表 3.18 所示。

表 3.18　客户关系通过 CSR 业绩中介效应计算结果

方法	Z 值
Sobel Z	4.940 316 7
Aroian Z	4.927 100 063
Goodman Z	4.953 640 268

员工责任通过 CSR 业绩影响降低代理成本的中介效果计算结果如表 3.19 所示。

表 3.19　员工责任通过 CSR 业绩中介效应计算结果

方法	Z 值
Sobel Z	0.542 700 954
Aroian Z	0.540 986 823
Goodman Z	0.544 431 483

环境保护通过 CSR 业绩影响降低代理成本的中介效果计算结果如表 3.20 所示。

表 3.20　环境保护通过 CSR 业绩中介效应计算结果

方法	Z 值
Sobel Z	4.173 863 851
Aroian Z	4.162 113 011
Goodman Z	4.185 714 785

社会公益通过 CSR 业绩影响降低代理成本的中介效果计算结果如表 3.21 所示。

表 3.21　社会公益通过 CSR 业绩中介效应计算结果

方法	Z 值
Sobel Z	0.310 249 834

续表

方法	Z 值
Aroian Z	0.309 268 672
Goodman Z	0.311 240 394

从表3.18～表3.21可以看出，客户关系、环境保护通过CSR业绩影响降低代理成本的中介效果 Z 值均大于1.96，而员工责任、社会公益通过CSR业绩影响降低代理成本的中介效果 Z 值均小于1.96，说明CSR业绩影响客户关系、环境保护与降低代理成本关系较为显著，中介效果存在；而CSR业绩影响员工责任、社会公益与降低代理成本关系不显著，中介效果不存在。

③系数乘积法与置信区间法。自重复抽样1000次，利用系数乘积法与置信区间法检验客户关系、员工责任、环境保护、社会公益通过CSR业绩影响降低代理成本的中介效果，结果如表3.22所示。表中 P1 为Bias-Corrected 95%置信水平下的 P 值，P2 为Percentile 95%置信水平下的 P 值。

表3.22　系数乘积法及置信区间法检验结果

变量	点估计值	系数乘积		Bootstrapping				MacKinnon 95%置信水平间接效应	
				Bias-Corrected 95%置信水平		Percentile 95%置信水平			
		SE	Z	下限	上限	下限	上限	下限	上限
客户关系→降低代理成本	0.441	0.099	4.455	总效应（P1=0.002；P2=0.002）				0.137	0.347
				0.267	0.652	0.268	0.652		
客户关系→降低代理成本	0.206	0.087	2.368	直接效应（P1=0.013；P2=0.014）					
				0.046	0.395	0.044	0.390		
客户关系→降低代理成本	0.235	0.062	3.790	间接效应（P1=0.001；P2=0.002）					
				0.127	0.371	0.121	0.364		
员工责任→降低代理成本	0.166	0.154	1.078	总效应（P1=0.247；P2=0.274）				−0.122	0.228
				−0.116	0.481	−0.122	0.473		
员工责任→降低代理成本	0.117	0.126	0.929	直接效应（P1=0.336；P2=0.329）					
				−0.128	0.381	−0.125	0.381		
员工责任→降低代理成本	0.048	0.110	0.436	间接效应（P1=0.644；P2=0.655）					
				−0.175	0.260	−0.175	0.260		

续表

变量	点估计值	系数乘积		Bootstrapping				MacKinnon 95%置信水平间接效应	
				Bias-Corrected 95%置信水平		Percentile 95%置信水平			
		SE	Z	下限	上限	下限	上限	下限	上限
环境保护→降低代理成本	0.186	0.117	1.590	总效应（$P1=0.104$；$P2=0.119$）				0.157	0.446
				−0.031	0.426	−0.037	0.412		
环境保护→降低代理成本	−0.108	0.101	−1.069	直接效应（$P1=0.234$；$P2=0.263$）					
				−0.351	0.058	−0.344	0.063		
环境保护→降低代理成本	0.294	0.080	3.675	间接效应（$P1=0.001$；$P2=0.002$）					
				0.148	0.469	0.140	0.457		
社会公益→降低代理成本	0.149	0.203	0.734	总效应（$P1=0.504$；$P2=0.463$）				−0.205	0.293
				−0.283	0.526	−0.273	0.531		
社会公益→降低代理成本	0.109	0.167	0.653	直接效应（$P1=0.514$；$P2=0.511$）					
				−0.252	0.430	−0.251	0.431		
社会公益→降低代理成本	0.039	0.146	0.267	间接效应（$P1=0.763$；$P2=0.798$）					
				−0.237	0.353	−0.245	0.345		

从表3.22可以看出，客户关系、环境保护通过CSR业绩影响降低代理成本的中介效果Z值均大于1.96。自重复抽样1000次后，客户关系通过CSR业绩影响降低代理成本的中介效果的置信区间分别是：Bias-Corrected［0.127，0.371］、Percentile［0.121，0.364］、MacKinnon［0.137，0.347］。环境保护通过CSR业绩影响降低代理成本的中介效果的置信区间分别是：Bias-Corrected［0.148，0.469］、Percentile［0.140，0.457］、MacKinnon［0.157，0.446］。以上区间均不包含0，说明中介效果成立。

3.7 稳健性检验

3.7.1 上市中小企业履行CSR业绩影响代理成本的理论分析与研究假设

（1）上市中小企业履行CSR业绩影响代理成本

代理成本包括股东与债权人、股东与经理人之间利益目标的不一致，因代理问题产生的成本。

第一，对于第一类代理成本，如果金融机构有意愿为企业提供新的贷款，会传递出一种公司经营较好的信号（Berlin 和 Mester，1992）[167]，能够降低代理成本（Fama，1985）[168]。而良好的 CSR 业绩能够使企业更容易获得银行贷款（Sharfman 和 Fernando，2008）[141]，因为企业履行社会责任尽责到位，会传递信守与利益相关者（雇员、客户等）的显性和隐性合同，提高信誉度，利益相关者因此乐于将资源提供给企业以支持其正常运营（Deng 等，2013）[169]。金融机构一般愿意将信贷资金提供给社会责任履行好的公司，而往往对社会责任履行差的公司惜贷（Diamond，1991）[24]。所以 CSR 业绩好的公司与差的公司相比，股东和债权人之间的代理成本低。

实践中，中小企业的信息透明度不高，债权人与其代理成本较大，因此也不愿为中小企业提供信贷资金。但中小企业履行 CSR 能够逐步积累声誉资本，“马太效应”“皮格马利翁效应”也会随之显现（于良等，2016）[170]，企业被债权人更为关注和寄予厚望，代理成本也会随之下降。

第二，对于第二类代理成本，Jensen 和 Meckling（1976）提出了描述中小企业代理成本的理论模型[171]，一种极端的情况是采取所有者与经营者集一身的治理结构，即经营者持有 100% 股权，实施的决策都是为实现自身效用最大化，不存在股东与经理人之间的代理成本。股东兼经营者获得的效用不仅包括货币性的，也包括非货币效用，如对外部人才的吸引度、员工的忠诚度、对外的慈善活动、个人受员工的尊重程度、企业在社会上的口碑等，实质就是从履行 CSR 中获得的效用；另一种极端的情况是经理人作为雇员在公司没有股权。介于这两者之间的是，经理人只持有部分股权。对于上市中小企业，虽然存在一股独大的现象，但 100% 股权集于一人的情况并不多见，这样大股东和中小股东的代理问题就会产生。如果大股东不负责任的行为给公司带来声誉上的损害，结果导致股票市价下跌，中小股东也要承担损失，所以他们就会有动力监督大股东（经理人）的经营决策和行为，代理成本就会上升。相对应的，如果大股东（经理人）履行 CSR 业绩较好，信誉度较高，公司股价就会上涨，股票在资本市场产生增值的收益也会使中小股东获益，所以中小股东监督大股东（经理人）的动力就会减弱，代理成本随之降低。

另外,当公司产生的自由现金流超出所有能产生正现金流的项目投入时,代理问题会越严重(Servaes 和 Tamayo,2013)[172]。公司流动资金充足,大股东就会按照自己的意愿投资,中小股东就不得不对其决策正确与否实施监督,于是代理成本产生。但公司履行 CSR 需要更多的自由现金流,需要公司长期投资来限制经理人员从事对自身有利而对实现股东利益最大化不利决策的产生,从而降低了代理成本(Cheng 等,2014)[28]。

(2)CSR 能够提高公司价值从而提升经理人报酬,降低代理成本

企业绿色行为从长期来讲能够降低成本。例如,节能设施的建设从长远来看可以降低能源消耗成本。绿色战略影响消费者从保护环境角度更倾向于购买绿色产品(Lev 等,2010)[119],会吸引潜在雇员的加入,向社会传递了公司未来盈利能力增强的信号,因为人们通常认为只有业绩较好的公司才有能力致力于 CSR 活动。

根据公司财务理论,经理人员报酬补偿有利于使经理人按股东利益行事,经理人员的补偿会有助于其决策符合股东利益。高额的经理人回报会缓解代理问题,股东价值也会增值。Bebchuk 和 Fried(2003)经过研究发现,经理人报酬低的公司股东和经理人之间的代理问题越严重[173]。但是,企业履行 CSR 可以提高企业业绩、增加企业价值,经理人也会得到更多的回报,代理成本会随之越低。

上市中小企业一股独大现象比较普遍,公司的业绩直接和大股东利益息息相关,只要所有者兼经营者认识到履行社会责任能够增加企业业绩,就会很快做出市场反应,合理运用有限资源提高履行社会责任的能力[174]。当市场经济条件较为健全,推动企业承担社会责任的动力可能恰恰出于逐利动机,履行 CSR 动机与逐利目的正相关[175]。CSR 能够提高公司业绩[176],经理人员因为好的业绩得到相应奖励,则更有动力致力于有利于利益相关者的 CSR 活动,从而降低了代理成本。正是由于社会责任对企业价值的提升作用,因此中小企业不应将履行社会责任看成额外的负担,或者简单等同于慈善捐赠[177]。

因此,提出假设 3.14:上市中小企业履行社会责任良好业绩会降低代理成本。

3.7.2 变量设置

(1)因变量(代理成本)

年度营业收入除以年末总资产得到资产利用率(saleA)、年度营业成本除以年度营业收入得到营业成本率(opeR),能够衡量公司代理成本[142]。saleA 越大,反映企业资产利用率越高,公司管理层利用公司资产产生收入的有效性越强,代理成本越低;saleA 越小,反映资产利用率越低,管理层可能存在过度消费和投资决策失误,代理成本越高。opeR 与 saleA 正好相反,opeR 越小,代理成本越低;反之亦然。

(2)自变量(CSR 业绩)

对于不同的企业,CSR 侧重活动不同。例如,制造业企业 CSR 战略的主要目标是减少对周边环境的污染,节能降耗。基于互联网经营的中小企业更多关注与客户、消费者的关系,注重售后服务和保障产品质量。科技型中小企业更多关注对科技优秀人才的吸引,关心员工健康和薪酬提升,提高员工认同感。

按照《中国中小企业社会责任指南》中衡量中小企业 CSR 的四个指标,采集和讯网各上市中小企业各指标得分及综合得分来反映上市中小企业社会责任的履行情况。

(3)控制变量

①自由现金流。Jensen(1986)提出存在过多自由现金流(Free Cash Flows,FCF)和较少成长机会的企业代理成本会越高[178]。企业自由现金流存有过高,就使得资本市场失去了调控经理人管理决策的能力。过多自由现金流表明管理存在扭曲,代理成本就会越高。

计算企业自由现金流(Lehn 和 Poulsen,1989)[179]如式(3.8)所示。

$$FCF = EBIT \times (1 - Tax) + Depreciation - WCchange - Expenditure \tag{3.8}$$

其中,FCF 为企业自由现金流;$EBIT$ 为息税前利润;Tax 为企业所得税税率;$Depreciation$ 为折旧和摊销;$WCchange$ 为营运资本变动;$Expenditure$ 为资本支出。

借鉴文献[179]、Gul 和 Judy(1998,2001)[180-181],计算标准自由现金流(FCFS)指标,如式(3.9)所示,即年度自由现金流(FCF)除以年度营业收入

(Sales)。

$$FCFS = \frac{FCF}{Sales} \tag{3.9}$$

②管理层持股比例。公司的业绩会直接影响股东的收益,管理层持股比例越高,股东利益最大化的目标因而也会成为管理层的目标,代理成本就会越低(Michael 和 Meckling,1976)[171]。Singh 和 Davidson(2003)经过实证检验虽然也得出相同的结论,但发现管理层持股对解决代理问题的作用比较微弱[182]。

③管理人员报酬。经理人员报酬补偿有利于使经理人按股东利益行事。高额的经理人回报会缓解代理问题,从而使股东价值增值。当经理人报酬较低,经理人消极怠工的情况就会出现,代理问题因此也会越严重(Bebchuk 和 Fried,2003)[173]。

④资产负债率。Michael 和 Meckling(1976)认为,负债是影响代理成本的重要因素,公司负债越多,受到债权人的监督越多,经理人员从事非价值最大化活动的机会就会减少[171]。McConnell 和 Servaes(1990)研究发现公司负债增多,为了偿还本息,可能会冒险投资高风险项目,因而,债权人会加强监控,从而降低了代理成本[183]。

⑤企业规模。当公司规模越大,中小股东在企业复杂程度较高的环境中,获得信息的难度也会加大(Doukas,2002)[184],因而代理成本就会越高。如表 3.23 所示为变量设置的详细信息。

表 3.23　变量设置的相关信息

变量类别	变量代码	名称	计算公式(含义)
因变量	*saleA*	资产利用率	年度营业收入/年末总资产
	opeR	营业成本率	年度营业成本/年度营业收入
自变量	*CSR*	社会责任	社会责任总得分
	employee	员工责任	员工责任得分
	market	市场责任	市场责任得分
	environment	环境责任	环境责任得分
	community	社区责任	社区责任得分

续表

变量类别	变量代码	名称	计算公式(含义)
控制变量	*FCFS*	自由现金流	自由现金流量/年度营业收入
	ownership	管理层持股	管理层持股数量/公司总的股票数量
	msalary	管理层报酬	董事、监事及高管年薪总额的自然对数
	lev	资产负债率	年末负债总额/年末资产总额
	size	企业规模	年末总资产的自然对数

3.7.3 模型构建

基于理论假设,借鉴 George 和 Yung-chi Wang(2010)[185],构建中小企业履行社会责任业绩影响代理成本模型,如式(3.10a)~式(3.10e),式(3.11a)~式(3.11e)所示。

$$saleA_{i,t} = \alpha + \beta_1 CSR_{i,t} + \sum_{j=2}^{5}\beta_j controlvariable + \varepsilon_{i,t} \quad (3.10a)$$

$$saleA_{i,t} = \alpha + \beta_1 employee_{i,t} + \sum_{j=2}^{5}\beta_j controlvariable + \varepsilon_{i,t} \quad (3.10b)$$

$$saleA_{i,t} = \alpha + \beta_1 market_{i,t} + \sum_{j=2}^{5}\beta_j controlvariable + \varepsilon_{i,t} \quad (3.10c)$$

$$saleA_{i,t} = \alpha + \beta_1 environment_{i,t} + \sum_{j=2}^{5}\beta_j controlvariable + \varepsilon_{i,t} \quad (3.10d)$$

$$saleA_{i,t} = \alpha + \beta_1 community_{i,t} + \sum_{j=2}^{5}\beta_j controlvariable + \varepsilon_{i,t} \quad (3.10e)$$

$$opeR_{i,t} = \alpha + \beta_1 CSR_{i,t} + \sum_{j=2}^{5}\beta_j controlvariable + \varepsilon_{i,t} \quad (3.11a)$$

$$opeR_{i,t} = \alpha + \beta_1 employee_{i,t} + \sum_{j=2}^{5}\beta_j controlvariable + \varepsilon_{i,t} \quad (3.11b)$$

$$opeR_{i,t} = \alpha + \beta_1 market_{i,t} + \sum_{j=2}^{5}\beta_j controlvariable + \varepsilon_{i,t} \quad (3.11c)$$

$$opeR_{i,t} = \alpha + \beta_1 environment_{i,t} + \sum_{j=2}^{5}\beta_j controlvariable + \varepsilon_{i,t} \quad (3.11d)$$

$$opeR_{i,t} = \alpha + \beta_1 community_{i,t} + \sum_{j=2}^{5}\beta_j controlvariable + \varepsilon_{i,t} \quad (3.11e)$$

其中,*saleA*、*opeR* 为代理成本指标;*CSR*、*employee*、*market*、*environment*、*community* 为社会责任相关指标;*controlvariable* 为控制变量,包括自由现金流、管理层持股、管理层报酬、资产负债率、企业规模及行业等;i 为某企业;t 为时间;α 为截距;β 为待估系数;ε 为扰动项。

3.7.4 中小企业履行社会责任业绩影响代理成本的实证检验

(1)数据来源与方法选择

研究样本为中小企业板块 2010 年以前所有上市公司。CSR 各指标得分来自和讯网,其他数据均来自国泰安数据库(CSMAR),区间为 2010—2015 年。在剔除 ST(亏损股)、PT(等待退市的股票)及金融类的公司后,最终保留 550 家上市中小企业作为研究对象。对所有因变量、自变量及控制变量都进行了 1.5% 的 Winsorized 缩尾处理,以防止异常值的影响[176]。

运用普通最小二乘法(OLS)、固定效应模型对模型式(3.10a)~式(3.10e),式(3.11a)~式(3.11e)进行系数估计。本研究所有数据处理和模型估计工作均采用 Stata 11.0 完成。

(2)基本统计数据分析

描述性统计分析数据如表 3.24 所示。可以看出,样本公司 CSR 得分最大值为 70.03,最小值只有 -0.05,差距较大。表 3.25 为 Person 相关系数矩阵,可以看出大多数自变量和控制变量之间存在较为显著的相关性,为了避免多重共线性的影响,对每个回归模型计算方差膨胀因子进行检验,并反映在表 3.26 和表 3.27 的回归结果中。

表 3.24 描述性统计分析数据

变量	观察值	均值	标准差	最小值	最大值
*sale*A	3300	0.634 867 3	0.380 305 8	0.107 776	2.030 244
*ope*R	3300	0.749 630 9	0.218 745 2	0.259 576 7	1.768 569
CSR	3300	24.067 78	15.441 72	-0.05	70.03
employee	3300	2.713 809	3.117 496	0	13
market	3300	1.896 97	4.922 281	0	18
environment	3300	1.919 182	5.300 054	0	23
community	3300	4.122 491	3.428 493	-5	15
FCFS	3300	-0.098 397 7	0.215 849 8	-0.890 271	0.338 614
ownership	3300	0.204 414 7	0.224 237 1	0	0.711 077 8
msalary	3300	14.995 66	0.657 147 8	13.476 68	16.447 03
Lev	3300	0.368 851	0.193 413	0.043 879 4	0.799 650 1

续表

变量	观察值	均值	标准差	最小值	最大值
size	3300	21. 553 86	0. 823 629 5	19. 918 35	23. 710 99

(3)实证结果及分析

如表3. 26所示的结果,为采用OLS方法,以代理成本*saleA*为因变量,依次以样本公司社会责任履行业绩总得分(*CSR*)、员工责任(*Employee*)、市场责任(*market*)、环境责任(*Environment*)、社区责任(*community*)业绩为自变量,对模型式(3. 10a)~式(3. 10e)进行的估计结果。表3. 27为模型式(3. 11a)~式(3. 11e)的OLS估计结果,因变量采用*opeR*衡量代理成本。固定效应模型回归结果如表3. 28所示。

根据文献[187],*VIF*为方差膨胀因子,当0<*VIF*<10,解释变量之间不存在多重共线性;当10≤*VIF*<100,解释变量之间存在较强的多重共线性;当*VIF*≥100,解释变量之间存在严重多重共线性。表3. 26的估计结果显示模型式(3. 10*a*)~式(3. 10*e*)均不存在多重共线性,因为所有自变量和控制变量的*VIF*都小于2。

从表3. 26可以看出,*CSR*与*saleA*的相关系数为0. 0025($P<0. 01$),员工责任*employee*与*saleA*相关系数为0. 0058($P<0. 05$),市场责任*market*与*saleA*的相关系数为0. 0057($P<0. 01$),环境责任*environment*与*saleA*的相关系数为0. 0064($P<0. 01$),*community*与*saleA*的相关系数为0. 0062($P<0. 01$),五个衡量中小企业社会责任履行指标均与代理成本变量*saleA*显著正相关,说明*CSR*履行情况越好的中小企业,代理成本越低。控制变量中,高管人员薪酬、资产负债率在五个模型中均呈现出与*saleA*显著正相关,这与文献[171]和[173]结论一致,说明高管人员的薪酬补偿越高,激励效果越明显,代理成本越低;负债比率与代理成本负相关,表明负债越多,经营者为了按期偿还债务,会约束日常风险较高的投资决策,代理成本会越低。与文献[184]实证结果一致的是,企业规模与*saleA*呈显著负相关。

与文献[178]结论正好相反,自由现金流量显著负向影响代理成本,这是因为,自由现金流的增多可能是由于经理人员投资决策有效,这样就会使得其与代理成本负相关。

表 3.25　Person 相关系数

变量	*saleA*	*opeR*	*CSR*	*employee*	*market*	*environment*	*community*	*FCFS*	*ownership*	*msalary*	*Lev*	*size*
saleA	1.000											
opeR	0.164***	1.000										
CSR	0.086***	-0.171***	1.000									
employee	0.072***	-0.044***	0.851***	1.000								
market	0.076***	-0.0681**	0.889***	0.835***	1.000							
environment	0.094***	-0.0101	0.860***	0.851***	0.876***	1.000						
community	0.062***	-0.135***	0.434***	0.123***	0.207***	0.096***	1.000					
FCFS	0.252***	-0.065***	0.095***	0.088***	0.027	0.020	0.068***	1.000				
ownership	-0.087***	-0.069***	0.012	-0.038**	-0.031*	-0.018	0.004	-0.072***	1.000			
msalary	0.107***	-0.042***	0.244***	0.244***	0.133***	0.133***	0.139***	0.148***	-0.053***	1.000		
Lev	0.207***	0.337***	-0.067***	0.034**	0.037**	0.054***	0.0002	-0.112***	-0.193***	0.115***	1.000	
size	0.039**	0.162***	0.219***	0.198***	0.163***	0.182***	0.112***	0.001	-0.138***	0.493***	0.478***	1.000

注：*** 表示 $P<0.01$；** 表示 $P<0.05$；* 表示 $P<0.10$。

表 3.26　模型式(3.10a)~式(3.10e)OLS 估计结果

变量	模型式(3.10a)~式(3.10e) *saleA*														
	模型 3.10a			模型 3.10b			模型 3.10c			模型 3.10d			模型 3.10e		
	系数	*T* 值	*VIF*	系数	*T* 值	*VIF*	系数	*T* 值	*VIF*	系数	*T* 值	*VIF*	系数	*T* 值	*VIF*
CSR	0.0025	5.40***	1.13	—	—	—	—	—	—	—	—	—	—	—	—
employee	—	—	—	0.0058	2.55**	1.08	—	—	—	—	—	—	—	—	—
market	—	—	—	—	—	—	0.0057	4.02***	1.04	—		—	—	—	—
environment	—	—	—	—	—	—	—	—	—	0.0064	4.82***	1.04	—	—	—
community	—	—	—	—	—	—	—	—	—	—	—	—	0.0062	2.93***	1.06
FCFS	0.4607	18.70***	1.05	0.4659	18.96***	1.05	0.4689	19.13***	1.05	0.4691	19.16***	1.05	0.4656	18.90***	1.05
ownership	−0.051	−1.93	1.05	−0.046	−1.74*	1.05	−0.045	−1.72*	1.05	−0.047	−1.79*	1.05	−0.049	−1.87*	1.05
msalary	0.0604	4.88***	1.43	0.0633	5.05***	1.44	0.0657	5.33***	1.42	0.0650	5.29***	1.42	0.0658	5.33***	1.42
Lev	0.6302	16.33***	1.44	0.5947	15.58***	1.40	0.5972	15.66***	1.40	0.5950	15.68***	1.40	0.5972	15.60***	1.40
size	−0.087	−8.02***	1.81	−0.078	−7.34***	1.76	−0.081	−7.52***	1.77	−0.083	−7.68***	1.77	−0.078	−7.30***	1.75
industry	0.0359	2.20**	1.05	0.0314	1.92*	1.04	0.0324	2.00**	1.04	0.0266	1.67*	1.04	0.0376	2.30**	1.07
截距	1.3439	6.28***	—	1.1699	5.51***	—	1.1883	5.69***	—	1.2415	5.89***	—	1.1105	5.41***	-
调整后的 R^2	0.1449			0.1377			0.1408			0.1434			0.1404		
F 统计量	93.41			89.21			91.11			92.17			90.49		
R^2	0.1468			0.1395			0.1426			0.1452			0.1404		
观察值	3300			3300			3300			3300			3300		

注：*** 表示 $P<0.01$；** 表示 $P<0.05$；* 表示 $P<0.10$。

表 3.27　模型(3.11a－3.11e) OLS 估计结果

变量	模型(3.11a～3.11e) opeR														
	模型 3.11a			模型 3.11b			模型 3.11c			模型 3.11d			模型 3.11e		
	系数	*T* 值	*VIF*	系数	*T* 值	*VIF*	系数	*T* 值	*VIF*	系数	*T* 值	*VIF*	系数	*T* 值	*VIF*
CSR	－0.0020	－7.76 ***	1.13	—	—	—	—	—	—	—	—	—	—	—	—
employee	—	—	—	－0.0026	－2.05 **	1.08	—	—	—	—	—	—	—	—	—
market	—	—	—	—	—	—	－0.0032	4.09 ***	1.04	—	—	—	—	—	—
environment	—	—	—	—	—	—	—	—	—	－0.0011	－1.63 *	1.04	—	—	—
community	—	—	—	—	—	—	—	—	—	—	—	—	－0.0074	－6.43 ***	1.06
FCFS	－0.0067	－0.25	1.05	－0.0126	－0.46	1.05	－0.0137	－0.50	1.05	－0.0144	－0.52	1.05	－0.0088	－0.32	1.05
ownership	－0.0053	－0.35	1.05	－0.0090	－0.58	1.05	－0.0094	－0.61 *	1.05	－0.0084	－0.55	1.05	－0.0060	－0.39	1.05
msalary	－0.0244	－3.87 ***	1.43	－0.0284	－4.45 ***	1.44	－0.0292	－4.58 ***	1.42	－0.0299	－4.68 ***	1.42	－0.0280	－4.39 ***	1.42
Lev	0.3395	14.69 ***	1.44	0.3701	16.08 ***	1.40	0.3680	16.02 ***	1.40	0.3714	16.11 ***	1.40	0.3634	15.95 ***	1.40
size	0.0246	3.85 ***	1.81	－0.0163	－2.56 **	1.76	0.0180	2.84 ***	1.77	0.0163	2.54 **	1.77	0.0181	2.89 ***	1.75
industry	0.4435	4.79 ***	1.05	0.0490	5.24 ***	1.04	0.0480	5.15 ***	1.04	0.0506	5.4 ***	1.04	0.0395	4.18 ***	1.07
截距	0.4762	3.63 ***	—	0.6578	5.05 ***	—	0.6334	4.88 ***	—	0.6750	5.19 ***	—	0.6452	5.04 ***	—
调整后的 R^2	0.1485			0.1311			0.1350			0.1306			0.1425		
F 统计量	82.55			74.26			75.84			74.10			79.70		
R^2	0.1503			0.1330			0.1368			0.1325			0.1443		
观察值	3300			3300			3300			3300			3300		

注：*** 表示 $P<0.01$；** 表示 $P<0.05$；* 表示 $P<0.10$。

表 3.28　固定效应模型回归结果

变量	模型(3.10a)		模型(3.11a)	
	系数	*T* 值	系数	*T* 值
CSR	0.0021	6.95***	-0.0016	-5.28***
FCFS	0.1241	7.05***	-0.0381	-2.13**
ownership	-0.0445	-1.14	-0.2037	-5.15***
msalary	0.0339	2.97***	-0.0115	-0.99
Lev	0.3828	10.8***	0.0877	2.44**
size	-0.2279	-24.53***	0.0837	8.87***
industry	0.0706	0.57	-0.1438	-1.15
截距	4.8154	24.02***	-0.7292	-3.58***
F 统计量	116.71		33.40	
R^2	0.2295		0.0785	
观察值	3300		3300	

注：*** 表示 $P<0.01$；** 表示 $P<0.05$；* 表示 $P<0.10$

表 3.27 为模型(3.11a～3.11e)的估计结果，营业成本率 *opeR* 反映代理成本，社会责任各指标与其正相关意味着社会责任履行加剧代理成本，负相关则表明社会责任履行能够降低代理成本。从表 3.27 可以看出，中小企业社会责任五个指标均与代理成本呈显著负相关，其中 *CSR* 与 *opeR* 的相关系数为 -0.0020($P<0.01$)，员工责任 *employee* 与 *opeR* 的相关系数为 -0.0026($P<0.05$)，市场责任 *market* 与 *ope*R 的相关系数为 -0.0032($P<0.01$)，环境责任 *environment* 与 *opeR* 的相关系数为 -0.0011($P<0.10$)，*community* 与 *opeR* 的相关系数为 -0.0074($P<0.01$)，说明中小企业较好地履行社会责任可以降低代理成本。

表 3.27 检验结果与表 3.26 结论一致显示，自由现金流量依然与代理成本显著负相关。管理层持股比例、管理层薪酬、企业规模均与代理成本显著负相关，支持了文献[171]、[173]和[184]的结论。

表 3.28 为固定效应面板模型检验结果显示，*CSR* 与 *saleA* 的相关系数为 0.0021($P<0.01$)，*CSR* 与 *opeR* 的相关系数为 -0.0016($P<0.01$)，均再次显示中小企业履行社会责任可以降低代理成本，验证假设是成立的。

3.7.5 结论与建议

本研究选择衡量代理成本的两个变量 *saleA*、*opeR*，运用 *OLS* 和固定效应模型，采集上市中小企业社会责任履行和代理成本相关数据，对中小企业履行社会责任能否降低代理成本的问题进行了理论与实证研究，得出以下两个重要结论。

第一，*OLS* 相关系数的估计基于 550 家公司的 6 年平衡面板数据，发现良好的 *CSR* 业绩（包括关注员工权益、注重市场责任、履行环境保护、从事社会公益及社会责任总体履行业绩）可以显著提高 *saleA*，从而缓解公司代理成本。*CSR* 与衡量代理成本的另一个替代变量营业成本率 *opeR* 的回归得到相同的结论。另一个固定效应模型稳健性估计结果依然显示中小企业履行 *CSR* 业绩与代理成本显著负相关。

第二，检验结果显示自由现金流与代理成本显著负相关，并没有支持文献[178]中自由现金流的充裕会加剧代理成本的结论。文献[178]认为，自由现金流越高，会激发管理人员过度消费和投资收益价值并不高的项目，从而使代理成本上升。但本研究实证发现上市中小企业自由现金流越高，代理成本反而越低，说明管理层投资有效，提高了资金使用效率。此结论与文献[185]的结论间接一致，即自由现金流充足会使企业业绩提高，从而降低代理成本。

研究结论建议中小企业应该关注履行社会责任对降低代理成本从而缓解融资约束的重要性，对利益相关者，如企业员工、市场参与主体、环境、社区利益方面等给予足够的重视并履行相应的义务，从而为走出资金困境寻找突破口。

3.8 本章小结

本章从履行 CSR 能够降低代理成本角度，对基于互联网跨界经营中小企业 CSR 履行与缓解融资约束传导路径进行了测度。一方面，根据假设选择衡量指标，构建理论模型，基于调查数据进行了中小企业 CSR 履行可以降低代理成本的直接效应和间接效应检验。另一方面，稳健性检验建立了多元回归模型，依据经验数据进行了实证分析，结果依然稳健，显示基于互联网跨界经营中小企业 CSR 履行能够降低代理成本。

第4章

中小企业履行社会责任影响融资约束实证研究

中小企业面临的融资约束悬而未决,其主要原因是实力弱,缺少抵押品,同时信息披露不透明,导致投资者和债权人因为不了解企业真实经营情况和信用状况,而对其退避三舍。互联网的普及,电子商务的快速崛起,为中小企业提供了新的发展空间。借助互联网平台,企业可以向客户传递商品信息,扩大销售网络。消费者购后评价有利于吸引新客户和增加回头客,实现产品销售的规模效应。中小企业通过网上宣传企业文化,可以使跨区域甚至跨国界的消费者浏览此类信息和历史评价数据,不断实现重复购买。但中小企业基于互联网跨界经营又是一把双刃剑,如果企业只注重短期利益,追求"赚一把就跑",为降低成本销售质量低劣的产品,或者采取"刷单"等手段欺骗消费者,会降低企业在线口碑。基于互联网,中小企业信息不透明的状况会逐步得到改善,资金持有者可以通过互联网提供的大数据增加对中小企业的认识和了解,筛选出信用状况较好的优质客户,增加对其资金供给。

因此,基于互联网扩界经营的中小企业可以通过更好地履行社会责任来间接实现融资约束问题的解决。当然社会责任的内涵不仅仅是向客户提供质优价廉的产品,还包括注重环境保护、改善员工待遇、致力社会公益等。在此背景下,本研究从理论和实证两个方面研究基于互联网跨界经营的中小企业通过履行社会责任间接达到缓解融资约束的机理。

4.1 理论分析与研究假设

4.1.1 企业履行社会责任对投资者的影响

企业履行的社会责任既包括对股东和债权人等负责的经济责任，也包括对其他利益相关者如社会公众、员工、客户、社区承担的非经济责任。经济责任能使投资者对企业经营充满信心，增加投资（何贤杰等，2012）[75]，非经济责任能使企业对外树立良好形象，吸引潜在投资者加盟（李刚等，2015）[188]。Nick 和 Igor（2018）认为，企业的社会形象越好，对外声誉越高，其权益资本成本则越低[189]。陈莞等（2017）以创业板上市公司为例，研究发现公司履行社会责任更易获得创新资金，降低融资成本[190]。不过，有学者认为，企业社会责任绩效与投资者预期的投资期限有关（黄珺和朱攀，2015）[191]。长期投资者看好社会责任履行效果良好的公司，短期投资者则认为企业履行社会责任会减少现金流，损害公司价值（王诗雨等，2019）[192]。

根据信号理论，企业社会责任报告起到了与外部利益相关者沟通的桥梁纽带作用。如果企业将履行社会责任的详细情况对外披露，外部投资者通过解读报告，会了解到企业经营状况，会洞悉管理层是否保障了利益相关者的权益（罗珊梅和李明辉，2015）[83]。企业会向投资者传递一种企业负责任的形象，外部投资者对企业未来的发展就会充满信心，进而增加了企业权益融资的可得性（钱明等，2017）[77]。与企业财务信息向外传递的作用异曲同工，企业社会责任信息的披露也可以向外界投资者传递积极的信号，减少信息不对称，使融资约束得以缓解（Verrecchia，2001）[193]。社会责任信息披露使得企业对外信息透明度更高，有助于投资者减少预判风险，避免逆向选择。风险溢价的降低会带来融资成本下降（Diamond，1991）[24]。投资者能够利用企业披露的社会责任信息评价企业预期收益和潜在风险（Cheng 等，2014）[28]，容易对企业产生认同感。例如，企业的对外捐赠，显示了企业机会主义风险较低（Godfrey，2005）[194]。在企业面临困境时，更容易获得外部资金支持（Lins 等，2017）[195]，陷入破产困境的概率更低，再融资能力也会增强。

4.1.2 企业履行社会责任对债务融资的影响

当企业负责任地去履行社会责任，会向外界传递企业努力经营、遵纪守法、关心员工、热衷公益、保护环境的良好形象[196]。当企业承担社会责任的意愿更强，履行社会责任力度越大，从正规金融机构获得信贷支持的难度就越小，银行会更愿意把资金借给这些负责任的企业(沈艳和蔡剑，2009)[197]。随着企业承担的社会责任增多，将积极方面呈现给公众的主动性也会增强，利益相关者对企业更信赖，公众对企业更加认同，银行等机构贷款给企业的顾虑就会减少，从而增强企业的融资可得性[185]。因此，及时、充分、真实地披露企业社会责任信息，能够向银行等债权人传递更透明的信息，有助于金融机构对企业价值做出准确评估，降低了资金不能按时收回的风险，提升了债权人对企业的信任(倪恒旺等，2015)[76]。

实践当中，企业良好的社会形象和口碑，更容易获得政府补贴和金融机构的信贷支持(冷建飞和高云，2019)[198]。尤其对于民营企业来讲，社会责任信息的完整真实披露，能够降低信息不对称，更有助于政府了解企业的文化品质，更有助于政府制定鼓励银行信贷向企业发展倾斜的政策，有利于企业获得银行的融资支持(钱明等，2017)[77]。冯丽艳等(2016)以 A 股上市公司为例，发现企业社会责任信息有助于银行对其进行违约风险识别，能够提高金融机构的贷款决策的质量[82]。Sadok(2010)研究发现，企业社会责任业绩影响企业获得银行贷款的期限和资金成本[199]。Goss 和 Roberts(2011)也认同履行社会责任良好的公司更容易被金融机构认同和接受，获得的信贷资金期限更长，利率也相对较低[29]。

4.1.3 企业融资约束受社会责任履行情况的影响

企业存在融资约束的主要原因是信息不对称导致代理成本较高，而积极履行社会责任能够解决这方面的问题，从而缓解融资约束(冉戎等，2016)[64]。从增强信息透明度上讲，倪恒旺等(2015)认为企业社会责任信息披露水平越高、主动性越强，市场掌握企业的信息就会越多，信息不对称因此会得以降低[76]。从降低代理成本方面来看，Sankar 和 Bhattacharya(2001)指出，社会责任关注的是利益相关者的权益，此类信息越丰富，信息透明度越高，越能得到利益相关者的认可，所有者与经营者之间的委托代理成本会降低[200]。不过不是有社会责任信息披露，企业融资约束程度就会降低，只有企业社会责任信息披露质量达到一定程度时，才能起到缓解融资约束的作用（孙芝慧，2016）[201]。

企业履行社会责任降低融资约束，对于民营企业和市场化程度较高地区的企业表现得更为显著。例如，慈善捐赠有助于企业获得良好声誉，有助于提高企业应对负面事件的反应能力，获得外界更多的帮助，能够避免企业陷入困境，增强融资能力（Lee 和 Faff，2009）[202]。同时，慈善捐赠对于缓解企业融资约束的效果，因企业所处地域、企业所有制性质不同而存在差异（阮刚铭等，2019）[203]。

从以上分析可以看出，企业履行社会责任缓解融资约束的作用是通过减少信息不对称从而降低代理成本传导的，因此代理成本就成为社会责任和融资约束之间关系的中介变量（冉戎等，2016）[64]。

中小企业规模小，利润微薄，对地方财政收入贡献较低，再加上一些安全事故、拖欠工资等负面事件频发，加重了地方政府和金融机构对中小企业的偏见，其资金主要来自自有资金或民间借贷。但这种通过非正规金融渠道筹得的资金，由于市场风险高，导致融资成本畸形上涨。中小企业实现的利润难以覆盖融资成本时，违约风险便会一触即发。近年来民间借贷跑路事件屡见不鲜，严重地影响了正常金融秩序。

从资源约束论来看，中小企业履行社会责任，会有人力、物力的支出。在资金筹集存在困难的条件下，没有更多的资源允许中小企业致力于社会责任方面的活动，甚至会出现忽视员工利益，不关心周围环境污染，为了追求盈利产品以次充好等，这些不良现象会恶化企业对外口碑，从而加剧融资难题。循环往复下去，企业就永远不能走出这个怪圈。所以，换一个角度来讲，如果中小企业注重履行社会责任，即使是采取基本的举措，如给员工基本的人文关怀和精神上的激励，也会使员工共情，与企业共渡难关；关心消费者的权益，保证产品质量，就能提高消费者忠诚度，提高产品市场占有率；重视环境保护，会获得地方政府的政策支持，有利于获得政府补助和税收优惠等。长此以往，企业就会步入良性发展的道路，信息更透明，利益相关者对企业更加信任，代理成本因此得以降低,企业的融资难题也会逐步得到缓解。

基于上述内容,提出假设:中小企业 CSR 绩效与融资约束负相关,而代理成本这个中介变量会影响两者之间的关系。

4.2 变量设计和模型构建

4.2.1 变量设计

除了表 3.1 提到的相关变量设计以外,缓解融资约束潜变量及观察变量设计如表 4.1 所示。

表 4.1 缓解融资约束潜变量及观察变量设计

潜变量	观察变量
缓解融资约束 D	D1 企业较容易从银行或其他金融机构取得贷款 D2 较容易获得低成本民间借贷 D3 许多投资者愿意将资金投给企业 D4 贷款容易获得担保公司认可

4.2.2 模型构建

根据第 2 章、第 3 章的研究结果,中小企业履行 CSR 业绩可以降低代理成本,减少信息不对称。依据理论分析,企业融资约束源于代理成本高和信息不对称,因此,基于上述分析和研究假设,构建中小企业履行 CSR 与缓解融资约束传导路径模型,如图 4.1 所示。

4.3 实证检验及结果分析

4.3.1 调查数据信度效度分析

数据来源与第 3 章调查数据来源一致。

(1)数据信度检验

如表 4.2 所示为所有变量的 Cronbach's Alpha 系数计算结果。

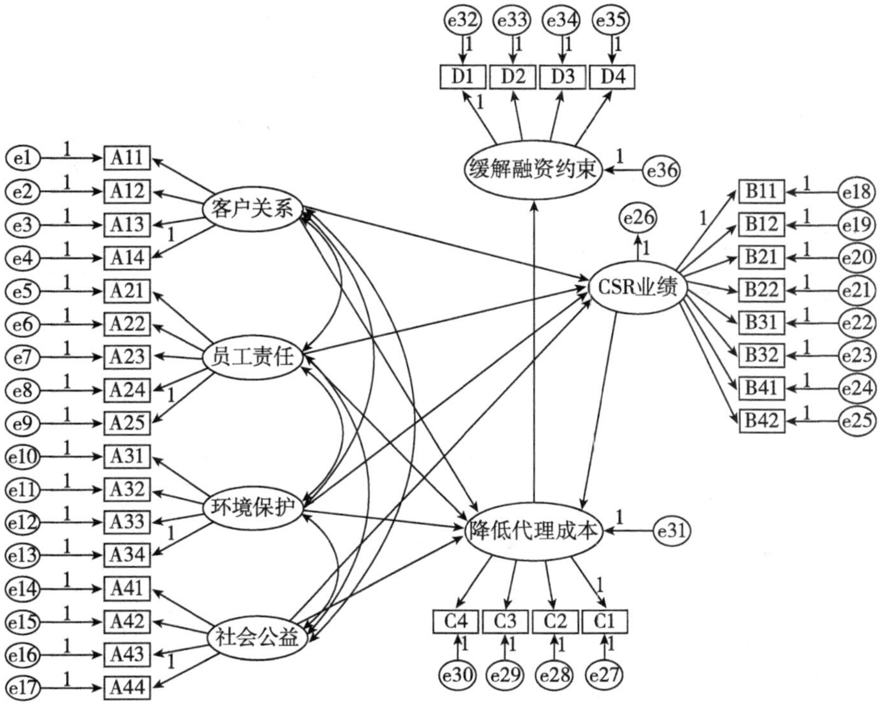

图 4.1 中小企业履行 CSR 与缓解融资约束传导路径模型

表 4.2 数据的信度检验

潜变量	观察变量个数	Cronbach's Alpha
客户关系	4	0.935
员工责任	5	0.906
环境保护	4	0.869
社会公益	4	0.880
CSR 业绩	8	0.947
降低代理成本	4	0.939
缓解融资约束	4	0.808
总体	33	0.962

从表 4.2 可以看出，Cronbach's Alpha 系数均为 0.8 以上，具有较高的一致性。

(2)组成信度和平均方差提取检验

本研究组成信度计算结果如表 4.3 所示。从表 4.3 可以看出，组成信度均为0.8以上，AVE的结果超过0.5，通过了组成信度检验。

表4.3 组成信度检验

项目	非标准化系数	标准差	T值	P	标准化系数	SMC	1-SMC	组成信度	AVE
A11←客户关系	1.000	—	—	—	0.917	0.841	0.159	0.936	0.786
A12←客户关系	0.990	0.034	29.015	***	0.906	0.821	0.179		
A13←客户关系	0.985	0.033	30.283	***	0.921	0.848	0.152		
A14←客户关系	0.793	0.037	21.541	***	0.795	0.632	0.368		
A21←员工责任	1.000	—	—	—	0.776	0.602	0.398	0.908	0.664
A22←员工责任	0.950	0.056	17.083	***	0.816	0.666	0.334		
A23←员工责任	0.955	0.058	16.439	***	0.790	0.624	0.376		
A24←员工责任	0.962	0.053	18.166	***	0.860	0.740	0.260		
A25←员工责任	0.987	0.057	17.407	***	0.829	0.687	0.313		
A31←环境保护	1.000	—	—	—	0.758	0.575	0.425	0.871	0.630
A32←环境保护	1.293	0.078	16.502	***	0.860	0.740	0.260		
A33←环境保护	1.212	0.078	15.504	***	0.798	0.637	0.363		
A34←环境保护	1.182	0.081	14.575	***	0.752	0.566	0.434		
A41←社会公益	1.000	—	—	—	0.813	0.661	0.339	0.883	0.655
A42←社会公益	1.024	0.053	19.299	***	0.883	0.780	0.220		
A43←社会公益	1.003	0.056	17.783	***	0.816	0.666	0.334		
A44←社会公益	0.689	0.046	15.094	***	0.717	0.514	0.486		
B11←CSR业绩	1.000	—	—	—	0.720	0.518	0.482	0.948	0.697
B12←CSR业绩	1.256	0.072	17.568	***	0.889	0.790	0.210		
B21←CSR业绩	1.299	0.076	17.052	***	0.864	0.746	0.254		
B22←CSR业绩	1.272	0.073	17.409	***	0.882	0.778	0.222		
B31←CSR业绩	1.260	0.075	16.720	***	0.848	0.719	0.281		
B32←CSR业绩	1.257	0.083	15.195	***	0.774	0.599	0.401		
B41←CSR业绩	1.209	0.074	16.242	***	0.825	0.681	0.319		
B42←CSR业绩	1.334	0.078	17.014	***	0.862	0.743	0.257		
C1←降低代理成本	1.000	—	—	—	0.932	0.869	0.131	0.940	0.798
C2←降低代理成本	0.953	0.040	23.64	***	0.820	0.672	0.328		
C3←降低代理成本	1.005	0.033	30.440	***	0.906	0.821	0.179		
C4←降低代理成本	0.999	0.032	30.934	***	0.911	0.830	0.170		

续表

项目	非标准化系数	标准差	T 值	P	标准化系数	SMC	$1-SMC$	组成信度	AVE
D1←缓解融资约束	1.000	—	—	—	0.626	0.392	0.608	0.813	0.526
D2←缓解融资约束	1.569	0.130	12.042	***	0.861	0.741	0.259		
D3←缓解融资约束	1.422	0.122	11.694	***	0.771	0.594	0.406		
D4←缓解融资约束	1.077	0.108	9.957	***	0.615	0.378	0.622		

注：*** 表示 $P<0.01$；** 表示 $P<0.05$；* 表示 <0.10。

(3)效度检验

关于缓解融资约束，从"企业较容易从银行或其他金融机构取得贷款""容易获得低成本民间借贷""许多投资者愿意将资金投给企业""贷款容易获得担保公司认可"四个方面来测度。因子分析结果如表 4.4 所示。

表 4.4　缓解融资约束因子分析结果

观察变量	标准化载荷系数	方差	T 值	R^2
D1	0.63	0.49	—	0.39
D2	0.86	0.27	12.042	0.74
D3	0.77	0.44	11.694	0.59
D4	0.61	0.60	9.957	0.38
适配度指标：$Chi\ Square=5.004$（$DF=2$），$RMSEA=0.062$，$NFI=0.991$，$GFI=0.994$				

从表 4.4 可以看出，衡量"缓解融资约束"潜变量的四个观察变量中，"较容易获得低成本民间借贷" 标准化载荷系数较高，说明中小企业良好的 CSR 业绩能够使其在主要筹资渠道"民间筹资"中提升形象，获得资金更为顺畅，也说明朴素的社会信誉度在缓解中小企业融资约束中具有重要作用。其余三个变量标准化载荷系数都为 0.6 以上，"企业较容易从银行或其他金融机构取得贷款""贷款容易获得担保公司认可"R^2 值均为 0.3 以上。说明观察变量解释潜变量的效果较为理想。

4.3.2　路径系数及配适度指标分析

路径系数分析结果如表 4.5 所示。

表 4.5　路径系数分析结果

路径名称	非标准化系数	标准差	*T* 值	*P*	标准化系数
CSR 业绩←客户关系	0.215	0.040	5.366	***	0.300
CSR 业绩←员工责任	0.044	0.081	0.546	0.585	0.070
CSR 业绩←环境保护	0.273	0.061	4.448	***	0.329
CSR 业绩←社会公益	0.037	0.116	0.315	0.753	0.042
降低代理成本←客户关系	0.208	0.047	4.415	***	0.180
降低代理成本←员工责任	0.118	0.094	1.257	0.209	0.117
降低代理成本←环境保护	-0.084	0.071	-1.178	0.239	-0.063
降低代理成本←社会公益	0.110	0.135	0.814	0.415	0.079
降低代理成本←CSR 业绩	1.070	0.086	12.483	***	0.665
缓解融资约束←降低代理成本	0.324	0.051	6.367	***	0.580
缓解融资约束←CSR 业绩	0.133	0.074	1.791	*	0.148
适配度指标：*Chi Square* = 1272.121（*DF* = 478），*Chi Square/DF* = 2.661，*RMSEA* = 0.065，*NFI* = 0.890，*GFI* = 0.839，*AGFI* = 0.811					

注：*** 表示 $P<0.01$；** 表示 $P<0.05$；* 表示 $p<0.10$。

从表 4.5 可以看出，"降低代理成本←CSR 业绩"路径系数为 0.665，并在 1% 的置信水平下显著；"缓解融资约束←CSR 业绩"路径系数为 0.148，并在 10% 的置信水平下显著；"缓解融资约束←降低代理成本"路径系数为 0.580，并在 1% 的置信水平下显著。结果表明中小企业履行 CSR 业绩在降低代理成本的基础上显著缓解了融资约束。

从配适度指标来看，*Chi Square* = 1272.121（*DF* = 478），*Chi Square/DF* = 2.661，小于 3。*RMSEA* = 0.065，小于 0.08。*NFI* = 0.890，*GFI* = 0.839，*AGFI* = 0.811，均大于 0.8，模型拟合效果较为理想。

因此，提出假设 4.1：中小企业 CSR 绩效与融资约束负相关，而代理成本这个中介变量会影响两者之间的关系。

4.4　本章小结

本章基于调查问卷数据研究了中小企业履行社会责任与融资约束的关系。结果表明：中小企业关注并实施保护股东、员工、供应商、客户和消费者权益，履行环境和社会责任，提高社会责任的绩效，能够缓解融资约束。

第5章

基于互联网跨界经营中小企业 CSR 履行缓解融资约束传导过程中的风险控制机制研究

近年来，基于互联网、跨区域、跨行业经营的企业越来越多，但便利且独具成本优势的经营模式导致许多中小企业受利益为先的驱动，刷好评、产品以次充好，欺骗消费者。还有的中小企业过度利用资源，忽视员工利益，造成了周边环境污染和员工权益遭受损害的问题。这种负面事件一经传播，加剧了商业银行对中小企业的“惜贷”现象。近年来以 P2P（Peer to Peer Lending，互联网借借贷平台）为代表的互联网金融兴起。艾瑞咨询数据显示，2015 年我国网络借贷行业交易规模突破 8000 亿人民币。但受监管政策的影响，2019 年网贷行业遭遇寒冬，全年成交量仅为 9649.11 亿元。但因为经济状况不好，借款人很难按时还钱，导致坏账率持续走高。2017 年，发生的山东聊城辱母血案，从表面上看是冷血、包庇、勾结、屈辱和拼死一搏的怒吼，实际上是中小企业融资难而无奈求助高利贷，最终发生悲剧的缩影。广大中小企业融资难、融资贵的问题依然没有得到彻底解决，许多代表中国经济未来发展方向，潜在回报率较高的公司依旧借贷无门。以下为成功案例介绍[224]。

作为江苏省首家乡镇企业，红豆集团有限公司（以下简称红豆集团）早期发展也因为社会责任建设不足带来过负面影响，如产品质量不达标，痛失订单。痛定思痛，红豆集团于 2006 年成为 CSC9000T（中国纺织企业社会责任管理体系）首批 10 家试点企业之一。它确定了“八方共赢”的理念，即维护好股东、员工、消费者、供应商、其他合作伙伴、外部环境、政府部门、社会（社区）等八方利益，注重并兼顾社会各方共赢。

试点当年,红豆集团着手改善员工的福利待遇,如每人免费伙食标准从2.5元调整到3元,员工工资比2005年平均上涨12.8%。为了还员工一个良好的居住环境,在宿舍安装空调和有线电视,给宿舍楼供应热水。以"一切只为顾客满意"的服务理念,在一些保修领域提出高出国家标准的"三包"要求。在资助社区建设方面,注资2800万元支持无锡8个村及所属工厂、东港镇等的发展,东港镇因此从"穷窝子"一跃发展为"金凤凰"。红豆集团还捐资支持、帮助青年人创业,使当地城镇化农民"抬脚进城"。镇上70%的家庭都有在红豆集团工作的员工,全家人都在红豆集团就业的达到30%。

履行社会责任使红豆集团也从中尝到了甜头。在"民工荒"的大背景下,集团的工人平均返厂率达到90%以上。而且这种负责任的做法使红豆集团的发展实现了从籍籍无名的乡镇企业到民营股份合作制企业,到上市公司,到集纺织服装、橡胶轮胎、生物医药、地产四大产业于一身的大型民营企业集团的不断升级,融资难的问题迎刃化解。

目前,中小企业大多存在不会自主自愿承担CSR的状况,或者说CSR缺失甚至出现履行不当的问题,无论是从企业自身还是宏观环境而言,应该着眼于从企业微观层面和制度环境层面,控制中小企业由于履行社会责任不当带来的风险,如图5.1所示。

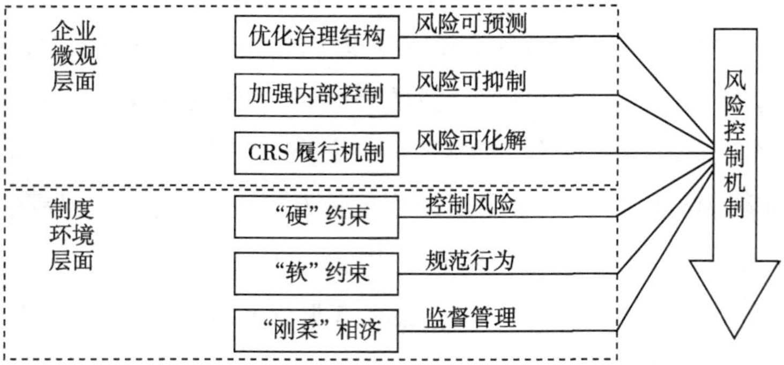

图5.1　风险控制机制

5.1 企业微观层面

5.1.1 优化公司治理结构以增加社会责任履行过程中风险的可预测性

中小企业能否自愿并成功履行CSR,受公司治理机制的影响。董事会、监事会、公司高管在公司治理中,尤其在CSR决策方面扮演着核心角色(Mason和Simmons,2014)[205]。而董事会、监事会、公司高管的成员性别组成对公司行为有重要影响(Lehn等,2009)[206],管理层成员性别组成的多元化,可以应对与各利益相关者关系中的客观和主观差异,影响企业的管理模式、与雇员的关系等。值得关注的是,我国中小企业的股权结构较为简单,大多存在所有权和经营权高度统一,大股东持股比例较高的现象、股权集中度高对中小企业承担CSR的决策与落地也会有重要影响。中国证监会主导的上市公司股权分置改革使得大股东之间产生股权制衡,缓解了上市中小企业股权集中度过高的现象。

许多国家致力于提高董事会构成的多样性,特别是性别构成的多样性,越来越多的女性在企业中任高管。一些国家已经开始采取立法或倡议来促进公司董事会注重女性代表权。如美国加利福尼亚州对上市公司董事会女性占比以法律形式加以强制要求,要求总部设在加利福尼亚州的公司,2021年年底之前至少有3名女性成员(Meng,2018)[207]。许多发展中国家,如印度、中国和中东国家,也认识到女董事会成员的重要性(Singh等,2008)[208]。在澳大利亚,证券交易所(ASX)在对公司治理原则的修改中要求上市公司就董事会和高级管理层面的性别多样性进行具体报告(Kulik,2011)[209]。这些倡议(无论是自愿的还是立法的)都表明,女性在董事会中可能会以重大的方式影响公司的治理(Adams和Ferreira,2009)[210]。因此,女性在管理层的作用越来越受到关注(Vinnicombe等,2008)[211]。

那么在上市中小企业管理层构成男性“一枝独秀”的传统状况有所改观的情况下,女性高管在企业CSR决策和执行方面发挥了怎样的作用呢?这种决策作用的发挥是否受到股权集中度的影响?是否受到股权制衡的干扰?本研究基于上述背景,研究董事会、监事会、公司高管成员异质性的一个重要因素:性别组成对中小企业 CSR 业绩的影响,并探讨中小企业女性高管与股权集中度如何共同作用于 CSR 业绩,股权制衡度是否干扰了女性高管推动企业履行 CSR 的作用发挥。本研究的着眼点主要在于:第一,同时考虑了女性高管与股权集中度对 CSR 绩效的影响,避免了单独考虑高管性别组成异质性对 CSR 业绩影响产生的偏差;第二,采用不同股权制衡水平下分组检验女性高管推动企业履行 CSR 的异质性影响,从而揭示了股权制衡的干扰和调节效应(王筱萍,2018)[212]。

(1)文献综述与研究假设

女性高管的性别特质和社会角色有利于发挥其在提升企业非财务绩效方面的作用,而中小企业独具特色的管理层性别构成又进一步强化了女性高管在 CSR 履行方面的积极作用,但基于中小企业股权集中的分置改革,大股东之间的股权制衡又会干扰女性高管与 CSR 绩效之间的关系,如图 5.2 所示。

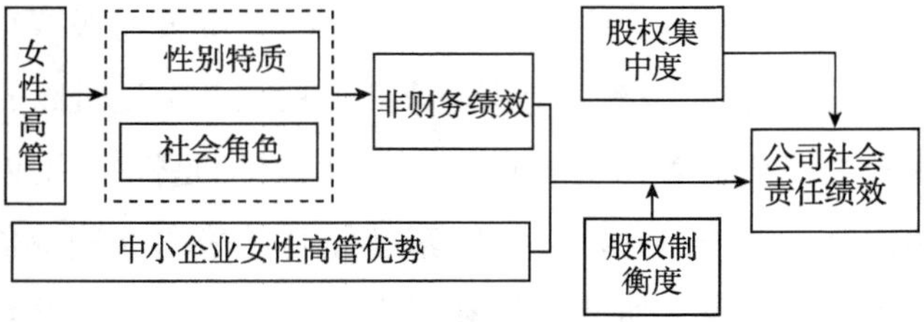

图 5.2 变量逻辑关系框架

1)女性高管影响公司社会责任业绩。

①性别特质决定行为导向。女权主义伦理学中将同情定义为一种情感反应,包括对同情、关心、帮助需要帮助的人等行为的感觉反应(Sturmer 等,2005)[213]。Hoffman(2000)基于心理学的实证研究发现,几乎所有的道德义务和帮助他人的行为都可以被理解为与同情层次内容相关。同情能够预测在实际面临援助请求时,将会提供帮助的可能性,并且不需要被帮助者的任何回报[214]。

在区分男女领导素质时,Eagly 等(2003)认为,男性通常自信、进取、独立和富于竞争;而女性具有善良、同情、敏感和对其他人关心的特征[215]。女性领导与男性领导者相比,合作性更强,更倾向于增强他人的自我价值,通常能够胜任人力资源、企业社会责任、市场营销等"软"管理领域的职务(Zelechowski 和 Bilimoria,2006)[216],对利益相关者问题,即 CSR 活动的履行认知较强。

Huse 和 Nielsen(2009)认为,女性高管比例较高的公司,通常会展现出与女性领导者相关的特征和行为。性别多样化的董事会更加倾向帮助社会需要资助的对象。而且感觉到“可怜”的程度越高,同情的反应就越大,帮助的意愿就越强[217]。因此,高管性别多样化的公司将倾向于更多地参与 CSR 中更能引起高度同情心的活动。

②女性社会角色影响决策行为。社会角色理论(Eagly,1987)认为,女性和男性均根据独具自身特色的见解和信仰,结合自己所处的社会地位来行事。这些信仰最初源于劳动分工,是男性和女性因为生理特点和所处社会结构交互作用的结果。在同一个组织中,面对不同的压力,女性和男性的行事风格迥然不同。社会角色理论认为,男性和女性占据多重社会角色,这些角色可以超越性别角色,从而相应地改变其行为[218]。

女性高管对公司决策过程的影响在于女性的价值观和专业经验与男性不同,能够使 CSR 决策力度不断提高。对大多数公司而言,CSR 问题被视为“软”问题,会更吸引对此问题更敏感的女性高管关注,因此涉及此类问题的决策,女性高管有积极的影响[217]。女性的社会导向更强,她们更具参与性的领导风格,支持公开对话,使企业能够更有效地解决 CSR 问题和利益相关者的需求(Bear 等,2010)[219]。

③女性高管影响公司非财务绩效。女性高管对非财务绩效,特别是 CSR 绩效有重要影响(Bernardi 和 Threadgill,2010)[220]。Bear 等(2010)发现,CSR 业绩与董事会女董事人数呈正相关关系,女性高管对公司履行 CSR 的贡献,有助于提高公司声誉[219]。有女性参与的董事会具有两大优势:敏感度高,参与式决策风格增强(Konrad 等,2008)[221]。女性高管比例越大,公司履行 CSR 的积极性越高,尤其会更关注所在社区的发展,捐赠更为慷慨,更加重视利益相关者(如员工、社区环境)的福利(Kruger,2010)[222]。女性比男性更加具有生态意识(Harjoto 等,2015)[223]。Galbreath(2011)提出,女性高管更容易与他人建立关系,通过与利益相关者接触,对他们的反馈需求积极回应,使得 CSR 决策得以顺利实施[224]。

在实证研究方面,产生了两种不同的观点。一种是女性高管对 CSR 积极影响。Manner(2010)研究发现女性高管更勇于承担CSR[225]。国有企业女性高管占比与CSR信息披露呈显著正相关(王士红,2016)[226];尤其是女性高管显著提升了企业慈善捐赠水平(徐细雄等,2015)[227]。另一种则认为女性管理者的行为受所在环境的影响,市场化程度低的上市公司管理者性别和CSR不相关(周泽将等,2016)[228]。同样基于A股上市公司,冯丽丽等(2017)、朱文莉等(2017)经过实证研究发现,男性董事长比女性董事长能够更好地促进CSR的履行[229-230]。

④中小企业女性高管与社会责任业绩。女性在智商、情商、战略能力、团队包容能力等方面不比男性差。近年来,越来越多的女性走出家庭,步入创业和企业高管的行列。据瑞信研究院发布的《CS Gender 3000》数据显示,就中国董事会女性成员占比而言,与2010年的10.1%相比,2019年数据仅为11%,远低于国际平均水平。从中国管理层性别多样化水平来看,2019年女性高管占比为15.2%,比2016年的15.8%降低了0.6个百分点。女性尤其在财务管理、人力资源等岗位优势明显。

与国有企业相比,在非国有企业女性任职明显偏高,尤其是任职于非国有企业的女性CEO(Chief Executive Officer,首席执行官)所占比例逐年攀升,其原因有以下几个。一是国有企业改革,以及“以公有制为主体,多种所有制经济共同发展”的方针鼓励了社会经济朝着更加多元化的方向发展,客观上给年轻人提供了更多的就业选择。非国有企业受到大量资源限制和市场竞争的制约,有强烈的动机通过各种渠道挖掘管理人才。二是社会包容性、开放性增强。适应时代快速变化,非国有企业“唯才是举”的经营理念使得能力突出的女性得以重用,主要担任销售、人力资源、客服,组织文化发展的策略制定和执行。三是急剧发展的城市化和高等教育大众化,独生子女政策带来的人口红利,使得受教育女性规模增大,女性经济自立性增强,有智慧、有胆识、有管理企业的能力。同时女性独有的特质如亲和力、工作韧性、耐心细致越来越受到公司的重视。四是许多中国非国有企业的女性CEO是这些公司的创始人或者家族继承人。

环境的改善和女性独特的认知、价值观打破了男性独占高管整片天的格局,为非国有企业特别是中小企业平衡的管理团队增加了多元化,女性亲和的沟通能力和解决复杂问题的能力推动了企业战略革新。管理层性别组成的多元化使得包容管理正在中小企业生根发芽,它更加强调开阔思维、接受新观点,深入掌握供应链客户和市场的多样性。在互联网逐渐走入大众日常的趋势下,多元化的领导团队更加关注利益相关者的诉求,更加渴望获得消费者的正面评价和好的口碑,更加注重与客户的长期合作和共荣,更加迫切培育和建立良好的社会形象,因此女性高管在中小企业 CSR 决策与实施中更加积极和主动,无形中会提升企业 CSR 业绩。

因此,提出假设 5.1:中小企业董事会、监事会和高层管理者中女性越多,CSR 业绩越高。

2)股权制衡水平干扰女性高管对中小企业社会责任绩效的影响。

①股权集中度与中小企业社会责任业绩。在所有权和经营权分离的情况下,分散的股权结构会影响企业利润最大化目标的实现,民营企业"一股独大"有利于公司治理的改善和企业绩效的提高(孙建国和胡朝霞,2012)[231]。而且,基于内生性视角,公司的股权结构会通过影响董事会特征进而间接影响公司绩效(董斌和张振,2015)[232]。关鑫和齐晓飞(2015)经过实证研究发现,股东合作有利于提升公司绩效[233],而股东直接拥有股权的比例显著与公司财务绩效正相关(周芬,2016))[234]。

国家股权分置改革在一定程度上降低了上市中小企业的股权集中度,但所有权集中的现象依然存在,中小企业管理者一般是企业的控股股东。根据统计数据显示,2010~2016 年上市中小企业前五大股东平均持股 55%,说明上市中小企业股权集中度仍旧居高,大股东兼管理者掌控着企业的控制权、执行权和监督权,善于快速对环境和市场变化调整决策,因此有利于提升企业财务绩效,而财务绩效的提高使企业有更多的资源可以投入 CSR 活动,从而提高 CSR 业绩。

因此,提出假设 5.2:中小企业股权集中度有利于提升 CSR 业绩。

②股权制衡度干扰女性高管对中小企业社会责任绩效的影响。当公司股权不是集中在一个股东手里,而是分散在几个大股东手里时,股东之间就形成了股权制衡。他们相互制衡,单个股东无法独立控制公司决策。当公司存在多个大股东,相互之间可以形成有效的制约和监督,可以抑制某个大股东为追求私人收益损害公司利益的行为,保障公司盈利目标的实现(施东晖,2000)[235]。多个大股东的股权制衡可以增大决策团队的规模,增加民主表决的氛围

(Bennedsen 和 Wolfenzon,2000)[236]。陈信元和汪辉(2004)提出,股权制衡不仅监督制衡了第一大股东的决策,而且对整个公司管理层都有约束作用,其市净率和托宾 Q 值远高于一般公司[237]。吴育辉和吴世农(2011)经过实证研究表明,多个股东的存在会弱化管理者自利动机,降低自利行为[238]。但朱红军和汪辉(2004)通过案例实证研究发现,上市民营企业高的股权制衡水平并没有带来高的公司治理效率[239]。

中小企业股权集中度高有利于提升社会责任绩效,当股权分置改革缓解了中小企业“一股独大”的状况后,多主体持股产生的股权制衡势必会影响管理层对企业承担 CSR 的决策,也会干扰管理层性别组成异质性对 CSR 的影响。

因此,提出假设 5.3:股权制衡度干扰女性高管对中小企业 CSR 绩效的影响。

(2)变量设置与模型构建

1)变量设置。

①因变量。世界可持续发展工商理事会(World Business Council for Sustainable Development,WBCSD,2004)定义的 CSR,是公司对可持续经济发展做出的贡献,着力于提高员工、客户、当地社区和整个社会的福利。Davis(1973)认为,CSR 是企业在实现经济利益的同时,遵守法律要求,谋求环境改善,从而为大众带来福利[240]。CSR 分配一部分财务资源用来提高社会福利,也密切了与利益相关者的关系(Barnett,2007)[241]。

Mattingly 和 Berman(2006)利用 KLD(Kinder,Lydenberg 和 Domini)绩效评级指标数据构造了两类指标:一是社区贡献方面的,包括慈善活动、志愿者计划,推进女性及少数民族社会地位;二是技术层面的,针对消费者、股东、员工等,如增加社会和环境业绩报告透明度,保障员工安全和健康等[242]。

本研究采纳和讯网对上市公司 CSR 的综合评价的指标设定,包括对股东责任、员工责任、客户责任、环境责任和社会责任五个方面的打分来反映中小企业社会责任业绩。

②自变量。以公司管理层董事会、监事会、高级管理人员女性占总人数的比例(pfmanage)来衡量中小企业管理层成员性别组成对社会责任业绩的影响。以 pfmanage 作为自变量,能够全面地反映女性高管在中小企业履行社会责任方

面发挥的重要作用。

采纳前五大股东持股比例衡量中小企业股权集中度，数值越大，表明股权集中度越高。

③控制变量。

a. 董事会特征。第一，高管角色二元性。当 CEO 同时也担任董事会主席职位时，高管角色二元性可能会削弱董事会对 CSR 决策的治理作用（Elzahar 和 Hussainey，2012）[243]。一般来说，职务分离是内部控制制度设计的重要原则之一，高管角色二元性增加了决策权力的集中，会降低 CSR 履行的质量，因此高管角色二元性会干扰 CSR 的实际履行绩效。第二，董事会规模。董事会在监督经理履行 CSR 方面发挥着重要作用，董事会的监督效果取决于其成员组成。例如，董事会成员数量（Majeed 等，2015）[244]，董事会成员越多，在 CSR 决策中发挥的作用就越大。第三，董事会的独立性，即外部独立董事所占的比例，比例越大，越有助于缓解代理问题，促进其他利益相关者（如员工和当地社区）利益的实现（Chen 和 Roberts，2010）[245]。

b. 公司层面特征。Margolis 和 Walsh（2001）经过研究发现，行业因素、公司规模、风险及公司财务绩效是影响 CSR 绩效的重要变量[246]。全球不同行业女性高管的比例有明显差别，不同行业女性高管对 CSR 业绩影响程度有差异。在服务行业，如教育、健康医疗、酒店等行业女性高管的比例较高；而传统的行业，如制造业、交通运输业、建筑业、房地产业、矿业等男性高管比例占有绝对优势，因此将中小企业所在行业设为虚拟变量，服务行业为“1”，其他行业为“0”；在公司规模方面，大公司在应对利益相关者需求方面承受更大的压力，他们倾向于积极履行 CSR，以便提高社会形象。计算总资产自然对数来测度公司规模；企业风险则参照 Waddock 和 Graves（1997），采用长期债务与总资产比率指标[39]；财务业绩可以通过净资产收益率（ROE）、总资产收益率（ROA），销售收益率（ROS）或托宾 Q 值来衡量，Griffin 和 Mahon（1997）发现，在 CSR 与财务绩效关系研究中，采用 ROE 的占 33%，ROA 为 29%，ROS 为 14%[247]，所以本研究选择净资产收益率（ROE）衡量企业财务业绩。此外，McWilliams 和 Siegel（2000）强调，在研究 CSR 绩效方面需要控制研发强度，研发强度采纳研发费用与总销售额的比率来反映[248]。

④干扰变量。借鉴杨林(2014)构建股权制衡度的思路[249],计算公司第二和第三大股东持股比例之和占第一大股东持股比例的百分比,数值越大,表示股权制衡度越高。

具体变量设置、含义及代码如表5.1所示。

表5.1 具体变量设置、含义及代码

变量	变量名	含义	代码
因变量	社会责任总绩效	股东责任、员工责任、客户责任、环境责任、社区责任	zcsr
自变量	女性高管比例	女董事、监事、高管之和占董事、监事、高管总数比例	pfmanage
	股权集中度	前五大股东持股比例	foc
控制变量	CSR绩效评级指标	和讯网将其分为 *A*、*B*、*C*、*D*、*E* 五级,据此打分为5、4、3、2、1	degree
	高管角色的二元性	兼任行政总裁与董事会主席值为“2”,否则为“1”	dual
	董事会规模	董事会成员数量	board
	独立董事比例	独立董事占董事会总人数的比例	outsider
	企业规模	总资产的自然对数	size
	企业风险	长期债务与总资产比率	risk
	财务业绩	净资产收益率	roe
	研发强度	研发费用与总销售额的比率	dR&D
干扰变量	股权制衡度	第二、三大股东持股比例之和/第一大股东持股比例	balance
虚拟变量	行业	高科技,教育、卫生等服务业为“1”,否则为“0”	industry

2)模型构建。

依据上述变量设置,参考Benson等(2011)、Harjoto等(2015)研究董事会特征多样性对CSR业绩影响的思想[250-251],构建中小企业管理层人员性别组成对企业CSR绩效影响的测度模型,如式(5.1)所示:

$$zcsr_{i,t} = \alpha + \beta_1 pfmanage_{i,t} + \sum_{j=2}^{n}\beta_j controlvariables_{i,t} + \varepsilon_{i,t} \tag{5.1}$$

为进一步消除内生变量的影响,采用系统GMM模型,如式(5.2)所示。并将其与普通最小二乘法(OLS)和Fama-MacBeth模型估计结果进行比较。

$$zcsr_{i,t} = \alpha + \beta_1 pfmanage_{i,t} + \beta_2 pfmanage_{i,t-1} + \sum_{j=3}^{n}\beta_j controlvariables_{i,t} + \kappa_1 zcsr_{i,t-1} + \kappa_2 zcsr_{i,t-2} + \eta_i + \varepsilon_{i,t} \tag{5.2}$$

式(5.1)和式(5.2)中,*zcsr* 为中小企业社会责任绩效指标;*pfmanage* 为管理层女性占比；*controlvariables* 为控制变量，包括企业董事会总规模、高管角色的二元性、独立董事比例、行业类型、规模、风险、业绩、研发强度等；k 为工具变量的相关系数；i 为企业；t 为时间；α 为固定效用；β 为待估系数；η 为行业哑变量；ε 为扰动项。

（3）实证检验与结果分析

1）方法选择。

①女性高管与公司社会责任绩效关系估计。除了利用 OLS 对模型进行估计外，借鉴 Fama-MacBeth（1973）提出的在预先估计每个时点截面系数的基础上，计算所有截面系数的算术平均值作为总体系数，通过 T 统计量检验系数的显著性。

针对面板数据，采用传统的固定效应模型分析可以解释企业特定的不可观察的变量（如企业文化、管理能力、公司经营的政治背景等）的内生性问题（Wooldridge，2012）[252]。然而，反向因果关系问题也可能存在。例如，更有社会责任感的公司更有可能增加其董事会的性别多样性。在这种情况下，固定效应模型分析是不适用的。在这种类型的内生性偏差下，计量经济学分析提供了使用工具变量（IV）估计或结构方程模型（SEM）来解决此类问题。本研究采用前者，参考 Blundell 和 Bond（1998）的系统广义矩估计（system GMM）法[253]，该估计方法通过两步差分来降低个体异质性和内生性问题导致的偏误。

②股权制衡水平干扰女性高管推动中小企业社会责任履行效应估计。验证股权制衡干扰效应采取分组回归法，以股权制衡水平均值为分界点，大于或等于均值的为股权制衡水平高的一组，小于均值的为股权制衡水平低的一组，分别两组进行回归分析。并比较不同股权制衡水平下，女性高管与社会责任业绩关系的变化情况。

2）数据来源。

中小企业社会责任绩效等级评级和得分均来自和讯网，其他数据的搜集整理源自国泰安（CSMAR）、WIND 数据库提供的资源，样本区间为 2010～2016 年，剔除中小企业板 ST/PT 和财务数据缺失的公司，最终保留了 538 家上市中小企业作为研究对象。对因变量、自变量及主要控制变量都进行了 1.5% 的 Winsorized 缩尾处理以消除离群值的影响[186]。本研究采用 Stata 11.0 进行数据处理。

3)描述性统计分析。

如表 5. 2 所示为研究样本相关指标的描述性统计分析结果。其中,平均的 CSR 综合得分(*zcsr*)为 24. 2956,最大和最小得分分别为 71. 03、-0. 62,差距很大。女性高层管理人员(*pfmanage*)平均占比为 0. 1813,标准差为 0. 1014,说明样本企业这个指标差别不大。前五大股东持股比例(*foc*)平均值为 0. 5558,最小值为 0. 2557,最大值为 0. 8473,说明研究对象股权集中度相差较大。

表 5. 2　描述性统计分析结果

变量	样本数	均值	标准差	最小值	最大值
zcsr	3766	24. 2956	15. 8435	-0. 62	71. 03
pfmanage	3766	0. 1813	0. 1014	0	0. 4286
foc	3766	0. 5558	0. 1432	0. 2557	0. 8473
degree	3766	2. 1917	0. 5929	1	5
dual	3766	1. 6591	0. 4741	1	2
board	3766	8. 5475	1. 4240	4	15
outsider	3766	0. 3702	0. 0477	0. 3333	0. 5
size	3766	21. 6373	0. 8511	19. 9455	23. 7842
risk	3766	0. 0405	0. 0669	0	0. 2833
roe	3766	0. 0788	0. 0872	-0. 2325	0. 3116
dR&D	3766	0. 0649	0. 1134	0	0. 6270
balance	3766	0. 5547	0. 4136	0. 0360	1. 6683

4)相关系数矩阵分析

如表 5. 3 所示为变量相关系数矩阵。

表 5.3　变量相关系数矩阵

变量	*zcsr*	*pfmanage*	*foc*	*degree*	*dual*	*board*	*outsider*	*size*	*risk*	*roe*	*dR&D*
zcsr	1.0000										
pfmanage	−0.0172	1.0000									
foc	0.0863 ***	0.0432 ***	1.0000								
degree	0.9112 ***	−0.0451 ***	0.0405 **	1.0000							
dual	0.0148	−0.0640 ***	−0.0105	0.0247	1.0000						
board	0.0618 ***	−0.1255 ***	−0.0347 **	0.0474 ***	0.1958 ***	1.0000					
outsider	0.0192	0.0847 ***	0.0202	0.0224	−0.1865 ***	−0.5593 ***	1.0000				
size	0.2470 ***	−0.0178	0.0405 **	0.2168 ***	0.0800 ***	0.1394 ***	−0.0124	1.0000			
risk	0.0085	−0.0335 **	−0.0911 ***	0.0385 **	0.0774 ***	0.1047 ***	−0.0199	0.3716 ***	1.0000		
roe	0.4105 ***	0.0375 **	0.2095 ***	0.2580 ***	−0.0341 **	0.0616 ***	−0.0065	0.1576 ***	−0.1022 ***	1.0000	
dR&D	−0.1154 ***	0.0277 *	−0.1313 ***	−0.0991 ***	0.0329 **	−0.0856 ***	0.0203	−0.2763 ***	−0.0659 ***	−0.1712 ***	1.0000

注：*** 表示 $P<0.001$；** 表示 $P<0.05$；* 表示 $P<0.10$。

从表5.3可以看出,不考虑变量之间的相互作用,女性高管比例(*pfmanage*)与企业社会责任综合评分(*zcsr*)存在并不显著的负相关关系;股权集中度(*foc*)与企业社会责任综合评分(*zcsr*)显著正相关。*CSR* 绩效评级指标(*degree*)、董事会规模(*board*)、企业规模(*size*)、财务业绩(*roe*)均与企业社会责任综合评分(*zcsr*)在1%的置信水平下显著正相关,而研发强度(*dR&D*)与企业社会责任综合评分(*zcsr*)显著负相关,与文献[248]结论一致。自变量和控制变量两两变量之间的相关系数的绝对值,都没有超过0.5,表明多重共线性问题在后续回归分析中,不会对统计推断有实质性的影响。

5)实证检验与回归结果分析

①高管成员性别异质性对中小企业社会责任业绩的影响。

a. 高层管理人员性别组成多样性指标有效性分析。女性高管比例与社会责任业绩回归分析结果如表5.4所示。在控制了其他影响因素后,发现高层管理者中女性比例与企业CSR绩效显著正相关。其中,OLS估计相关系数为2.3881($P<0.05$),Fama-MacBeth法为2.3422($p<0.10$),两步系统GMM的估计结果为8.3972($P<0.05$)。对式(5.1)和式(5.2)模型的检验结果均表明假设1成立,即中小企业董事会、监事会和高层管理者中女性越多,社会责任业绩越高。OLS估计的模型拟合值调整后的R^2为0.8648,Fama-MacBeth检验呈现的平均R^2等于0.8618,说明模型拟合度较为理想。

表5.4 女性高管比例与社会责任业绩回归分析结果

方法变量	OLS	Fama-MacBeth	系统GMM		
			变量	一步法	两步法
pfmanage	2.3881 (2.54**)	2.3422 (2.24*)	*pfmanage*	7.1237 (2.07**)	8.3972 (2.58**)
			lagpfmanage	−6.7313 (−1.92*)	−5.1549 (−1.55)
degree	22.9019 (103.54***)	23.0819 (68.40***)	*degree*	20.8419 (46.12***)	20.9174 (48.73***)
dual	−0.0786 (−0.38)	−0.0993 (−0.89)	*dual*	0.4383 (0.84)	0.2891 (0.56)

续表

<table>
<tr><th rowspan="2">方法变量</th><th rowspan="2">OLS</th><th rowspan="2">Fama-MacBeth</th><th colspan="3">系统 GMM</th></tr>
<tr><th>变量</th><th>一步法</th><th>两步法</th></tr>
<tr><td>board</td><td>0.1513
(1.81*)</td><td>0.1639
(1.57)</td><td>board</td><td>0.1425
(0.56)</td><td>-0.0026
(-0.01)</td></tr>
<tr><td>outsider</td><td>2.3068
(0.91)</td><td>2.4517
(0.89)</td><td>outsider</td><td>-0.8577
(-0.12)</td><td>-1.2013
(-0.18)</td></tr>
<tr><td>size</td><td>0.8109
(6.13***)</td><td>0.7950
(6.38***)</td><td>size</td><td>0.8925
(2.04**)</td><td>0.7703
(1.84*)</td></tr>
<tr><td>risk</td><td>-5.1759
(-2.97***)</td><td>-5.3927
(-4.29***)</td><td>risk</td><td>-2.9085
(-0.85)</td><td>-0.3323
(-0.10)</td></tr>
<tr><td>roe</td><td>32.9818
(19.85***)</td><td>32.3677
(12.88***)</td><td>roe</td><td>26.6359
(6.35***)</td><td>28.8372
(7.18***)</td></tr>
<tr><td>dR&D</td><td>1.6556
(1.53)</td><td>1.9653
(3.42**)</td><td>dR&D</td><td>-8.5766
(-2.93***)</td><td>-8.5479
(-2.97***)</td></tr>
<tr><td rowspan="2">industry</td><td rowspan="2">0.3288
(1.62)</td><td rowspan="2">0.3112
(2.36*)</td><td>Lagzcsr1</td><td>0.0260
(1.07)</td><td>0.0314
(1.75*)</td></tr>
<tr><td>Lagzcsr2</td><td>-0.0409
(-1.95*)</td><td>-0.0041
(1.12)</td></tr>
<tr><td rowspan="2">截距</td><td rowspan="2">-48.5086
(-15.73***)</td><td rowspan="2">-48.5897
(-18.79***)</td><td>industry</td><td>3.5990
(2.30**)</td><td>3.2048
(2.07**)</td></tr>
<tr><td>截距</td><td>-44.6928
(-4.19***)</td><td>-42.3785
(-4.13***)</td></tr>
<tr><td>样本数</td><td>3764</td><td>3764</td><td>样本数</td><td>2150</td><td>2150</td></tr>
<tr><td>R^2</td><td>0.8652</td><td rowspan="2">平均 R^2
0.8618</td><td rowspan="2">检验值</td><td rowspan="2">Wald $\chi^2(13)$:
2857.45
P 值 0.0000</td><td rowspan="2">Sargan $\chi^2(12)$:
34.9692
P 值 0.0005</td></tr>
<tr><td>调整后的 R^2</td><td>0.8648</td></tr>
</table>

注：Lagzcrs1 为第 $t-1$ 期 zcsr 变量；Lagzcrs2 为第 $t-2$ 期 zcsr 变量。

①***、**和*分别表示在 1%、5%和 10%水平上显著。②第 2 列为最小二乘法的估计结果，第 3 列为采用 *Fama-MacBeth* 方法的估计结果；第 4 列为两步系统 *GMM* 估计量，括号中为 *T* 值。③*Sargan* $\chi^2(d)$ 为检验工具变量是否过度识别的统计量，*Sargn P* 值为对应的 *P* 值。

b. 控制变量检验结果。与文献[249]结论一致，控制变量中 CSR 绩效评级指标（degree）、企业规模（size）、财务业绩（roe）与 CSR 业绩显著正相关。因为规模越大的、财务绩效越好的公司越拥有更多的资源致力于履行社会责任活动。企业风险(risk)在OLS、Fama-MacBeth时间序列相关性分析中与CSR业绩显著负相关,系数分别为-5.1759($P<0.01$)、-5.3927($P<0.01$),但在降低内生性偏误之后,系统GMM估计显示两者之间虽然依然呈现负相关,但不显著。在式(5.1)和式(5.2)中加入行业(industry)的个体虚拟变量,估计结果在Fama-MacBeth、一步和两步系统GMM下均对CSR绩效有显著的控制作用,表明服务行业如教育、酒店等行业女性高管正如预期的那样,在推动中小企业履行CSR并提高CSR绩效方面发挥了较大的积极作用。

c. 中小企业社会责任业绩的时间黏性。在两步系统GMM估计结果中,滞后一期的*Lagzcsr*在10%的置信水平上显著为正,系数估计值为0.0314,表明上一期社会责任业绩高的公司在本期也较高,说明CSR业绩有一定的时间黏性。

②中小企业股权制衡干扰女性高管对社会责任业绩的贡献。表5.5中,第(1)列为女性高管比例、股权集中度与CSR业绩OLS估计结果;第(2)(3)列分别为股权制衡度高(balance大于或等于均值)、股权制衡度低(balance小于均值)的情况下,女性高管比例与社会责任业绩OLS估计结果;第(4)(5)列分别为两种不同股权制衡水平下回归系数均值差异分析的卡方值和P值。

表5.5 股权制衡度干扰女性高管对社会责任业绩的贡献回归结果

变量	(1)	(2)balance高	(3)balance低	(4)χ^2	(5)P值
pfmanage	2.3217 (2.47**)	0.2669 (0.17)	3.6890 (3.11***)	3.11	0.0777
foc	1.3228 (1.97**)	—	—	—	—
degree	22.9081 (103.79***)	22.8388 (66.91***)	22.9905 (79.62***)	0.12	0.7337
board	0.1531 (1.83*)	0.14369 (1.13)	0.1719 (1.58)	0.03	0.8656
outsider	2.3704 (0.94)	-2.3599 (-0.60)	5.4027 (1.65*)	2.34	0.1265
size	0.7994 (6.11***)	0.5788 (2.69***)	0.9168 (5.56***)	1.56	0.2115

续表

变量	(1)	(2)balance高	(3)balance低	(4)χ^2	(5)P值
risk	-4.9813 (-2.86***)	-0.0493 (-0.02)	-8.2077 (-3.81***)	5.19	0.0227
roe	32.5840 (19.34***)	33.7404 (13.65***)	32.7333 (14.71***)	0.09	0.7614
dR&D	1.8086 (1.67*)	3.6346 (2.15**)	-0.1970 (-0.15)	3.15	0.0761
industry	0.3303 (1.63)	0.1630 (0.48)	0.5255 (2.09**)	0.74	0.3907
截距	-49.1528 (-15.73***)	-41.6143 (-8.37***)	-52.5505 (-13.32***)	—	—
样本数	3766	1498	2268	—	—
R^2	0.8653	0.8734	0.8591	—	—
调整后的R^2	0.8649	0.8727	0.8586	—	—

从表5.5第(1)列可以看出,与假设5.1、假设5.2一致,女性高管比例(*pfmanage*)、股权集中度(*foc*)与社会责任总绩效(*zcsr*)均在5%水平下显著正相关,回归系数分别为2.3217、1.3228。第(2)列在股权制衡度较高水平下,女性高管比例与*CSR*业绩正相关,但并不显著。第(3)列在股权制衡度较低水平下,女性高管比例与*CSR*业绩在1%水平上显著正相关,相关系数为3.6890,系数均值差异性检验$P<0.10$,说明股权制衡度显著影响到女性高管对中小企业*CSR*业绩的贡献度,当股权制衡度较高的时候,大股东独立决策受到牵制,较多考虑所有股东层面利益时,企业社会责任履行动力就会不足。但当股权制衡度较低时,大股东兼管理者从企业长远发展考虑,投资社会责任活动的决策就能得到切实实施,从而提高了*CSR*业绩,假设5.3因此得到印证。控制变量中,企业规模(*size*)、财务绩效(*roe*)依然均与*CSR*业绩在1%水平上显著正相关。

(4)稳健性检验与结果分析

Bear等(2010)经过实证发现,董事会女性高管与社区贡献方面的CSR正相关,和技术层面的CSR没有相关性[219]。许多文献集中检验CSP中的具体慈善活动、工作环境质量、自然环境保护绩效与女性高管的关系[220]。他们发现,女性高管对公司的 CSR 规划一般较为敏感，所以如果管理层女性所占比例较大，一般慈善活动的水平也较高，有益于环境保护的活动也较多，CSR 中的这方面业绩也较高。因此稳健性分析中因变量替换为企业社区责任绩效（*community*）。

对于股权集中度的测度，采用前十位股东持股比例之和（*toc*）替代前五大股东持股比例（*foc*）。董事会中女性董事越多，在社会责任活动决策方面越占有更多的发言权，有利于提高社会责任业绩，因此在股权制衡度干扰作用测度中，女性管理层指标以女性董事占董事会比例（*pfdirec*）替代 *pfmanage*。

1）女性高管与社区责任绩效关系分析。

对于女性高管与社区责任绩效关系分析，依然采用 OLS、Fama-MacBeth、一步和两步系统 GMM 估计法，数据如表 5.6 所示，结果显示如下。

①高层管理中女性比例与企业社区责任绩效（*community*）依然显著正相关。四种估计方法下的相关系数分别为 3.5845（$P<0.01$）、3.6959（$P<0.01$）、3.8418（$P<0.10$）、5.1806（$P<0.01$），再一次说明高层管理中女性比例越大，企业社区责任绩效越高，符合假设 5.1 预期。检验结果和表 5.5 结果一致，中小企业董事会、监事会和高层管理者中女性占比对企业社会责任绩效的促进能力仍较高，有效性较强。

②控制变量中，CSR 绩效评级指标（*degree*）、财务业绩（*roe*）与公司社区责任业绩关系与表 5.5 一致，系数为正，且在 1% 置信水平上显著，说明良好的财务绩效能够促进企业更好地履行社区责任，有能力将更多的资源投入社会贡献。研发强度（*dR&D*）与社区责任绩效显著负相关，表明大规模的研发投入会减少企业承担社会责任的资源投入。企业风险（*risk*）对公司社区责任绩效负面影响能力依然不强，系数均不显著。

③行业虚拟变量对社区责任绩效影响为正，但并不显著。两步系统 GMM 估计的滞后一期的社区责任业绩（*Lagcommunity*1）对当期业绩的影响在 10% 的置信水平下显著正相关，说明有一定的时间黏性。

表5.6 女性高管比例与社会责任业绩稳健性分析结果

<table>
<tr><th rowspan="2">方法变量</th><th rowspan="2">OLS</th><th rowspan="2">Fama-MacBeth</th><th colspan="3">系统 GMM</th></tr>
<tr><th>变量</th><th>一步法</th><th>两步法</th></tr>
<tr><td rowspan="2">pfmanage</td><td rowspan="2">3.5845
(6.58***)</td><td rowspan="2">3.6959
(11.61***)</td><td>pfmanage</td><td>3.8418
(1.91*)</td><td>5.1806
(2.94***)</td></tr>
<tr><td>lagpfmanage</td><td>-2.6038
(-1.24)</td><td>-2.1624
(-1.10)</td></tr>
<tr><td>degree</td><td>1.1992
(10.18***)</td><td>1.1736
(10.38***)</td><td>degree</td><td>1.6659
(7.85***)</td><td>1.5850
(7.95***)</td></tr>
<tr><td>dual</td><td>0.3045
(2.70***)</td><td>0.2914
(2.15*)</td><td>dual</td><td>0.1472
(0.45)</td><td>-0.0634
(-0.21***)</td></tr>
<tr><td>board</td><td>0.1570
(3.35***)</td><td>0.1421
(2.86**)</td><td>board</td><td>-0.0364
(-0.24)</td><td>-0.0234
(-0.17)</td></tr>
<tr><td>outsider</td><td>3.1260
(2.14**)</td><td>3.0935
(1.99*)</td><td>outsider</td><td>-5.0762
(-1.22)</td><td>-4.4484
(-1.18)</td></tr>
<tr><td>size</td><td>0.0867
(1.12)</td><td>0.2033
(2.41*)</td><td>size</td><td>-0.0139
(-0.07)</td><td>-0.0237
(-0.12)</td></tr>
<tr><td>risk</td><td>-0.0562
(-0.06)</td><td>-0.0593
(-0.06)</td><td>risk</td><td>-1.996
(-1.15)</td><td>-2.7379
(-1.68*)</td></tr>
<tr><td>roe</td><td>6.9687
(10.85***)</td><td>6.4179
(5.21***)</td><td>roe</td><td>9.9903
(5.48***)</td><td>8.4358
(4.92***)</td></tr>
<tr><td>dR&D</td><td>-1.0767
(-1.95*)</td><td>-0.8042
(-1.92)</td><td>dR&D</td><td>-4.2279
(-2.34**)</td><td>-4.8204
(-2.75***)</td></tr>
<tr><td rowspan="2">industry</td><td rowspan="2">0.1397
(1.26)</td><td rowspan="2">0.1413
(1.18)</td><td>Lagcommunity1</td><td>0.0959
(1.49)</td><td>0.1001
(1.75*)</td></tr>
<tr><td>Lagcommunity2</td><td>0.0652
(1.18)</td><td>0.0532
(1.12)</td></tr>
<tr><td rowspan="2">截距</td><td rowspan="2">-4.5840
(-2.27***)</td><td rowspan="2">-6.8645
(-3.32**)</td><td>industry</td><td>1.5741
(1.43)</td><td>1.5016
(1.38)</td></tr>
<tr><td>截距</td><td>0.8435
(0.17)</td><td>1.1701
(0.24)</td></tr>
<tr><td>样本数</td><td>3764</td><td>3764</td><td>样本数</td><td>2150</td><td>2150</td></tr>
</table>

续表

方法变量	OLS	Fama-MacBeth	系统 GMM		
			变量	一步法	两步法
R^2	0. 1202	平均 R^2 0. 1326	检验值	Wald $\chi^2(13)$: 119. 22 P 值 0. 0000	Sargan $\chi^2(12)$: 21. 8845 P 值 0. 0388
调整后的 R^2	0. 1179				

注:①＊＊＊,＊＊和＊分别表示在1%,5%和10%水平上显著。②第2列为最小二乘法的估计结果,第3列为采用Fama-MacBeth方法的估计结果;第4列为两步系统GMM估计量,括号中为T值。③Sargan $\chi^2(d)$为检验工具变量是否过度识别的统计量,Sargn P值为对应的P值

2)股权制衡干扰女性高管与社区责任绩效关系稳健性检验。

表5. 7第(1)列为女性高管比例(*pfmanage*)、股权集中度(*foc*)与社区责任绩效(*community*)关系的OLS估计结果,显示前两者均与community在1%水平上显著正相关,相关系数分别为3. 4456(T=6. 35)、1. 5943(T=4. 21),再一次说明假设5. 1、假设5. 2成立。第(2)列为女性高管比例(*pfmanage*)、股权集中度(toc)与社区责任绩效(*community*)关系的OLS估计结果,前两者均依然呈现与community在1%水平上显著正相关,相关系数分别为3. 4817(T = 6. 42)、1. 5859(T = 3. 91)。第(3)、(4)列为股权制衡水平高、低两种水平下女性董事占比community关系OLS估计结果,与第三部分结果相同,依然显示当股权制衡度较高的时候,女性董事占比(*pfdirec*)与社区责任业绩(*community*)正相关,但不显著;但当股权制衡度较低时,女性董事占比(*pfdirec*)与社区责任业绩(*community*)在10%的水平下显著正相关,相关系数为0. 8958(T = 1. 89)。再次验证了假设5. 3,中小企业股权制衡度过高会干扰女性高管对CSR业绩的影响。

表5. 7　股权制衡干扰效果稳健性检验

变量	(1)	(2)	变量	(3)balance 高	(4)balance 低
pfmanage	3. 4456 (6. 35 ***)	3. 4817 (6. 42 ***)	*pfdirec*	0. 1657 (0. 26)	0. 8958 (1. 89 *)
foc	1. 5943 (4. 21 ***)	—	*foc*	—	—
toc	—	1. 5859 (3. 91 ***)	*toc*	—	—

续表

变量	(1)	(2)	变量	(3)balance 高	(4)balance 低
degree	1. 2129 (10. 32***)	1. 2114 (10. 31***)	*degree*	1. 2865 (6. 91***)	1. 0813 (7. 11***)
board	0. 1753 (3. 74***)	0. 1739 (3. 71***)	*board*	0. 0584 (0. 82)	0. 2188 (3. 42***)
outsider	2. 7636 (1. 92*)	2. 8422 (1. 97**)	*outsider*	-3. 4848 (-1. 55)	7. 2019 (3. 76***)
size	0. 0876 (1. 24)	0. 0888 (1. 26)	*size*	0. 1523 (1. 29)	0. 0569 (0. 65)
risk	0. 2901 (0. 30)	0. 3261 (0. 34)	*risk*	-0. 4402 (-0. 28)	0. 2710 (0. 22)
roe	6. 4002 (9. 87***)	6. 3034 (9. 62***)	*roe*	6. 2172 (6. 36***)	7. 9855 (9. 30***)
dR&D	-0. 7895 (-1. 44)	-0. 8185 (-1. 50)	*dR&D*	0. 1036 (0. 12)	-2. 0038 (-3. 03***)
industry	0. 1279 (1. 16)	0. 1364 (1. 23)	*industry*	0. 1809 (0. 96)	0. 1603 (1. 15)
截距	-4. 9977 (-2. 97***)	-5. 1198 (-3. 03***)	截距	-1. 7062 (-0. 66)	-4. 854 (-2. 25**)
样本数	3766	3766	样本数	1498	2268
R^2	0. 1224	0. 1219	R^2	0. 1142	0. 1132
调整后的 R^2	0. 1201	0. 1196	调整后的 R^2	0. 1088	0. 1097

注：*** 表示 $P<0.01$；** $P<005$；* 表示 $P<0.10$。

(5)结论与建议

董事会、监事会、企业高层管理组成多样性和企业履行 CSR 的程度已经成为公众投资中小企业关注的两个主要问题。本研究研究了上市中小企业董事会、监事会、企业高层管理人员组成中女性占比、股权集中度与 CSR 业绩之间的关系，实证检验发现前两者与 CSR 之间均存在显著正相关关系。这说明公司管理层人员组成的多元化可以提高公司管理不同利益相关方需求和利益的绩效，中小企业股权集中度高也有利于 CSR 活动的切实履行。对股权制衡干扰女性高管推动 CSR 业绩提升的检验发现，股权制衡度高的公司，女性高管影响 CSR

业绩不如股权制衡度低的公司正相关效应显著。

稳健性测试中，采用公司社区责任业绩来替代企业社会责任履行总得分，前十位股东持股比例之和替代前五位股东持股比例之和测度股权集中度，董事会中女性占比替代董事会、监事会、企业高层管理人员组成中女性占比，实证结果显示，结论保持不变。

综上所述，对于中小企业提升社会责任履行业绩，完善公司治理机制有以下两点建议：

①重视中小企业女性高层管理者的积极作用。所有者兼管理者是中小企业参与 CSR 倡议的决策者和主要驱动力。实证研究结果表明，女性管理者在驱动中小企业承担 CSR 和提高 CSR 业绩方面起着积极的推动作用。因此，中小企业在未来发展中更应该走在摒弃性别歧视的最前端，更多地提拔和吸纳出色的女性加入管理队伍，有利于解决由于性别差异导致的 CSR 决策被忽视甚至消极应付的问题。这个就任人唯才、不分男女本身来讲就是一项体现企业积极承担 CSR 的大事，因此中小企业增加董事会、监事会、企业高层管理性别组成多样性，是一条提升 CSR 绩效的可行路径。

②关注股权制衡过高的消极作用。股权制衡虽然可以治理“一股独大”下大股东侵害小股东利益的问题，但研究结论显示，中小企业股权制衡度越高，越会对女性高管推动企业履行 CSR 起到消极的抑制作用。这与文献[238]通过案例分析得出股权制衡并不能起到提高民营上市企业公司治理效率的结论一致。所以对于存在股权制衡度较高，股权较为分散的上市中小企业来讲，可以适当地增加第一大股东的持股比例，激励大股东兼管理者在公司治理中奋发有为，这样也有利于女性高管有效驱动企业积极履行 CSR。

5.1.2　加强中小企业内部控制机制以提升应对风险的能力

中小企业建立和完善内部控制制度，能够确保 CSR 活动顺畅进行，并符合法律和公司章程。企业管理层应明确企业承担 CSR 基本的管理政策和具体的管理目标，并组建“环境和社会责任”管理机构，该机构制订 CSR 计划并监督实现目标的进展情况。对于活动计划要定期审核和监督，可以根据执行情况部分修订 CSR 计划，重新调整和进行资源合理配置，尽可能以最有效的方式实现目标资源管理，最大程度地发挥实际操作人员的主动性和积极性，同时这些人员必须定期提交报告。

中小企业履行规范 CSR 履行活动的内部控制系统主要包括以下几个方面。

(1)履约培训

履约是指遵守法律、法规和社会规范的行为，是从事 CSR 活动的行为准则。为了促进相关制度的贯彻执行，要对所有管理层和职员提供各种法律法规的培训，努力确保所有的管理人员和员工熟悉 CSR 相关法律法规，并理解和践行 CSR 理念，对违规的行为及时采取预防和纠正措施。

关于制度遵守执行情况，还应建立内部报告和举报系统，以利于快速识别问题并共享信息，科学、合理地进行危机处理。

(2)CSR 风险管理

关于与 CSR 活动有关的风险，设立负责风险管理的部门，制定管理风险的政策、系统和程序。对于个别项目，负责该项目风险管理的人员根据公司内部控制体系和程序，在分析和评估该项目的风险情况后，在其权限范围内做出风险管理决定，在个人基础上得以高效执行和管理。社会责任管理部门在听取报告的基础上，对公司整体风险的管理情况要进行监测和必要时的重新评估。

在基于互联网经营环境下，可以通过大数据的应用，及时识别与 CSR 相关的风险，发现薄弱环节，制定有效的应对措施，对可能发生的危机及时止损、规避、转移，提高企业抗风险的能力。要建立全员风险信息反馈机制，不断纠错、补漏，提升内部控制管理水平。

(3)社会责任报告

为确保 CSR 信息得以准确及时地披露，负责该报告的人员要根据法律要求和会计准则编制，这些财务报表在社会责任管理部门讨论和确认后发布。此外，为了进一步提高 CSR 报告的可靠性，董事会编制、评估和改进公司范围内的内部控制及程序，以便提高 CSR 报告的信息披露质量。

5.1.3 构建中小企业社会责任履行机制以提高危机公关能力

中小企业建立社会责任履约机制，可以对社会责任履行的各环节做到全面监控，可以将社会责任各要素全面融入公司运营的各阶段，以提升企业针对

CSR 危机公关的能力。

(1)与利益相关方沟通机制

企业要识别利益相关者主体,建立与各主体的沟通机制(表 5.8),及时发现各主体关注和希望的节点,回应并采取措施,做到多方共赢。

表 5.8　中小企业与利益相关方沟通机制

利益相关方	沟通机制	关注点
政府	遵守法律法规;搭建平台,促进就业;积极创新,绿色经营	守法合规;解决社会就业问题;科技创新,保护环境
供应链伙伴	定期召开沟通会议;分享技术和信息;创新合作模式	诚实守信合作;长期稳定共赢;促进产业升级
消费者	建立投诉渠道;保障产品质量;积极处理售后问题;定期调查征集意见	突破时空,满意消费;绿色、优质产品;消费体验;网上交易安全
投资者和债权人	完整、准确、及时的信息披露;加强风险管理;共享发展成果	信息透明;可持续发展;风险可控
员工	建立合理、梯度薪酬体系;日常培训;沟通常态化;提供安全环境;定期组织活动	员工权益保障;职业发展顺畅;安全健康环境;文化生活丰富
社区	积极开展公益活动;扶贫济困;关注环境保护;搭建就业平台	社区扶贫救灾;社区环境改善;社区就业保障;社区和谐稳定
媒体和公众	建立网站、接受监督;发布社会责任报告;创建品牌、绿色经营	守法经营;公益环保

(2)跨界联动机制

飞速发展的互联网应用和平台,为社会责任联盟跨界合作提供了媒介基础,而传统产业升级、企业转型,为这一平台的建设提供了实业基础。搭建企业社会责任联盟跨界平台,组建微信群、QQ 群,从线上信息共享、思想交流到线下具体项目实际合作,这一跨界合作是对共享共赢达成的共识,是以企业社会责任联盟为主阵地,以各参与企业为主体,吸引消费者、员工、社区大众齐聚的各利益相关方的社会责任生态圈。这一平台为资源整合、联合创新、产业协作提供了新型合作平台。

新的网络社交平台构建了 CSR 行动和沟通的环境,新数字环境中各参与主体建立了新的、更紧密的和透明的关系。在征询建议或投诉时,它常常充当客户服务渠道，企业据此采取措施，根据利益相关者的要求对其活动进行改进，因此这一平台为公司 CSR 实践提供了基础，它将 CSR 融入各参与方日常运营中，为 CSR 危机处理提供了全方位的资源支持。

5.2 制度环境层面

5.2.1 政府机构、行业协会制定的正式约束机制有利于抑制社会责任危机事件的发生

（1）政府的强制性法规

政府制定的相关正式法规对中小企业因为违背 CSR 宗旨而带来的危机具有事先抑制作用。这类法规包括劳动合同法、节约能源法、污染防治法及 CSR 披露要求等，既有相关的细则条例，也有相应的惩处规定，违法者必须接受处罚。

一般而言，由国家制定的相关 CSR 法规有力且可行，是中小企业履行 CSR 的驱动因素之一。而如果相关法规建立在政府、企业及利益相关方共识基础上时，约束和驱动力会更强。

（2）各行业协会建立的自律性机制

在政府制定的相关法规基础上，各行业协会建立的自律性机制也较为有效。处于一定的经营环境下，同行压力可以迫使个体企业不得不履行社会责任，如保障产品质量、公平竞争、关注员工权益等。这些行业规则可以填补政府法规缺位的问题。国际上早有先例。例如，由金融机构推动并具有约束力的赤道原则、碳原则等金融业的自律机制，对企业投融资行为制定了系统的筛选标准，以确保这些行为在保护环境的前提下展开。这些完备且有效的行业自律系统，在国家法律保护和支持下，对中小企业承担 CSR 的驱动力更强。

当企业所属的行业协会能够倡议和组织企业与社区负责人、投资人、员工代表等定期沟通与交流诉求，企业就会更能了解利益相关方的感受，发现问题、达成共识，及时纠错并做出正确的 CSR 决策。

5.2.2 民间自发形成的非正式约束机制有利于监督企业社会责任履行过程中的不规范行为

上述政府法规及行业规则是否真正能够得以顺利贯彻实施，还取决于社会组织、机构投资者及媒体等多方位的监督，以督促企业的 CSR 能够落地求实。例如，企业跨区域从事相关业务，当给经营地造成环境污染时，抱有“一走了之、永远不再来”的想法，此时就需要媒体介入、造势，公开揭发企业的不负责任行为，迫使其改善。因此，民间独立组织对中小企业行为的监督，也是促使其充分承担 CSR 的驱动力。

行业协会及组织因素对企业 CSR 行为的影响，主要通过制裁及惩罚来阻止不当行为的发生。但民间自发形成的非正式约束机制，更多的是通过舆论监督推动 CSR 正面行为，抑制企业有关 CSR 的不规范行为。

对中小企业来说，仅仅做出可持续发展的承诺是不够的，公众还期待企业把承诺的履行情况呈现并传播出来，电商平台与社交平台等媒介成为企业社会责任履行情况的重要呈现渠道。新媒介的社群作用和传播手段多样化极大地倡导和支持 CSR 带来的正能量，企业长期致力于社会、环境等项目会通过互联网口口相传。但这把双刃剑会使得企业通过这些平台要么良好形象声名远播，要么臭名昭著、一败涂地。新媒体平台信息传播的交互性具有很强的监督作用，对中小企业违规行为形成有力的制约。但由于基于互联网社交平台对信息的传播还有非理性的一面，企业要及时做好危机公关的预案。

5.2.3 刚柔相济的两种约束机制的结合有利于促使企业社会责任履行的尽职尽力

中小企业承担社会责任受法律和道德的制约。其中，法律要求企业必须遵守社会秩序，是任何一个主体必须达到的道德底线，否则会受到相应处罚，它是“刚性约束”。而道德更多地需要符合公序良俗，需要企业行为符合利益相关者的期待，否则会损坏对外良好形象，遭到舆论谴责，它是“柔性约束”。两者相互影响，共同促进中小企业切实履行社会责任，纠正偏差。

例如，阿里巴巴在“刚性约束”方面，2015 年建立了“治理炒作特战队”，对于部分商家利用虚假信息，通过不正当手段炒作信用的行为严厉打击，把商家从一系列的降权到关闭、清理出卖场，流量反哺给优质商户，同时在互联网征信体系上留下记录，使违规者在线上线下征信都受到影响。在“柔性约束”方面，淘宝网申诉服务体系保障了商家知情权，技术手段更加自动化、场景化、数据化，使申诉处理更加及时迅速、公正，减少误抓误判，优化平台执法效果，保障了商家的切身利益。阿里巴巴利用“淘宝信用评价体系”和平台积累的数据，研判企业发展趋势，向优质小微企业发放信用贷款，提高了小微企业融资可得性，降低了交易成本，解决了融资难题。

刚柔相济的约束机制能够优化中小企业履行 CSR 行为，实现社会资源的优化配置，在一定程度上能够使利益相关者达到多方共赢。

5.3 本章小结

本章针对基于互联网跨界经营中小企业在履行社会责任过程中，由于行为不当或者消极应对给其带来的危机，加剧融资约束的风险，从企业微观层面，包括优化治理结构、加强内部控制、CSR 履行机制建设和制度环境层面，包括加强政府和行业协会正式约束、民间自发形成的非正式约束，以及刚柔相济制度建设等，构建了基于互联网跨界经营中小企业 CSR 缓解融资约束传导过程中的风险控制机制。

第6章

结论与展望

中小企业融资难的问题长期困扰企业的健康发展。近年来,随着互联网的蓬勃发展,电子商务快速发展,中小企业已成为电商中的主力军,以互联网为平台,跨行业、跨区域经营已经成为常态。这种全新的经营环境使得中小企业必须重视 CSR 的履行,目的是更好地吸引客户,调动利益相关者的优质资源,实现企业价值最大化,而社会责任的履行对缓解融资约束又能起到殊途同归的作用。然而,基于互联网跨界经营的中小企业负面信息不断爆出,假冒伪劣产品层出不穷,许多中小企业还普遍存在"高消耗、低产出、高污染"的现象,严重损害了企业形象,从而加剧融资约束。因此,需要正视在新的经营模式下,中小企业履行社会责任的范畴、与融资约束的传导路径,以及由于社会责任履行不当导致融资约束加剧的内在机理,需要构建制约中小企业 CSR 履行不当的风险控制机制,以帮助中小企业找到缓解融资难题的路径,为中小企业的可持续发展助一臂之力。

本项目基于上述背景,从基本理论概念界定出发,系统识别 CSR、融资约束测度及基于网络情境跨界经营范围界定,构建直接和间接效应结构方程模型,利用调查数据检验中小企业履行 CSR,在获得 CSR 业绩的同时,能否降低投资者与中小企业的代理成本,从而缓解融资约束。在稳健性检验方面,采集具有网络经营背景的上市中小企业相关数据,实证分析 CSR 履行绩效与降低代理成本、缓解融资约束的传导路径,在此基础上,从企业微观层面、制度环境层面构建了风险管控机制。

本课题主要取得了以下几个方面的成果。

(1)CSR、融资约束测度及基于互联网跨界经营中小企业范围界定

从中小企业CSR构成内容、衡量指标,融资约束测度的经验公式,基于互联网跨界经营中小企业范围界定三个方面进行了分析和梳理。

(2)基于互联网跨界经营中小企业CSR履行与缓解融资约束传导路径测度

1)基于调查数据测度。

①构建中小企业CSR履行与降低代理成本的直接和间接效应的结构方程模型,在对调查数据进行信度和效度测度的基础上,对理论模型进行实证检验,发现"中小企业CSR履行→CSR业绩→降低代理成本"影响显著。

②利用系数差异法、Z值法、系数乘积法及置信区间法验证显示,存在客户关系因素、环境保护因素通过CSR业绩影响降低代理成本的中介效果。

2)稳健性检验。

搜集具有网络经营背景的上市中小企业相关数据,选择资产利用率、营业成本率衡量代理成本,运用最小二乘法、固定效应面板模型进行系数估计,发现社会责任业绩显著负向影响代理成本,中小企业员工、市场、环境及社区责任业绩均与代理成本显著负相关。

(3)中小企业履行社会责任影响融资约束实证研究

基于3章的研究结论:互联网跨界经营中小企业CSR履行绩效可以降低代理成本,构建双中介变量的结构方程模型,采集调查数据进行实证检验,在信度和效度一致通过的基础上,发现基于互联网跨界经营中小企业CSR履行绩效能够显著缓解融资约束。

(4)基于互联网跨界经营中小企业CSR履行缓解融资约束传导过程中的风险控制机制研究

将防止以基于互联网跨界经营中小企业CSR履行不当加剧融资约束的风险治理作为突破点,从以下两个层面研究了风险控制机制。

1)企业微观层面。优化公司治理结构,以增加社会责任履行过程中风险的可预测性;加强中小企业内部控制机制,以提升应对风险的能力;构建中小企业社会责任履行机制,以提高危机公关能力。

2)制度环境层面。政府机构行业协会制定的正式约束机制有利于抑制社

会责任危机事件的发生;民间自发形成的非正式约束机制有利于监督企业社会责任履行过程中的不规范行为;刚柔相济的两种约束机制的结合有利于促使企业社会责任履行的尽职尽力。

本研究成果为深陷融资困境的中小企业寻找突破路径提供了理论参考,即基于互联网跨界经营必须重视社会责任的真正承担和切实很好地履行。这种负责任的行为可以使利益相关者对中小企业产生新的认识,金融机构对中小企业的“信贷歧视”才会逐渐消除,才会放心将资金贷给中小企业,投资者才会自愿投向中小企业,供应链合作伙伴才会授予中小企业更多商业信用额度。最终,中小企业才会在解决融资难的问题上再前进一步。

总之,本研究虽然对基于互联网跨界经营中小企业 CSR 履行能够缓解融资约束的机理及风险控制机制进行系统而深入的研究,并取得了一些有价值的成果,但是,由于受到人力、财力及时间的限制,还存在一定的局限性。例如,调查范围仅限于长江三角洲区域,此区域基于互联网跨界经营的中小企业较为发达,市场经济发展的制度环境也较为利好,这就不可避免地使得调查结果不能检验不发达地区是否具有相同的结果,科学性上存在不足。在未来的研究中,期望将调查样本扩大到中西部地区,挖掘这些地区在互联网跨境经营的背景下,中小企业是否受到驱动去更主动地履行社会责任,其融资困境是否会因此得到有效缓解。

供应链金融与中小企业集群融资推进对接篇

第7章

绪论

7.1 研究意义

近年来,中小企业受宏观经济低迷的影响,其经营也陷入困境。为了生存和发展,中小企业被迫转型,但转型中面临的融资需求更加多元化,以中小企业集群互助担保融资,源于民间信用的非正规金融更是对中小企业集群的发展起到了重要作用,但利率一直居高不下,导致实体经济产生的利润难以承担高额融资成本,违约事件频发。因此,中小企业要顺利实现转型,必须有满足其融资需求的金融产品与之相匹配。供应链金融以供应链整体信用为基础,解决了金融机构长期对中小企业金融歧视的隐忧(夏雨等,2019)[254];核心企业为上下游弱势中小企业提供了信用支持,也有了在供应链中的话语权,维护了整个供应链交易的稳定和长远运行;物流企业开拓了又一片新的领域和业务,提高了盈利能力。因此,中小企业得以走出融资难、融资贵,抵押不足的困境。全球知名的金融企业和物流公司较早就开始与供应链金融展开合作。在中国,供应链金融业务已经进入中小企业。放眼未来,供应链金融有巨大的发展空间。许多公司已经认识到供应链合作融资的价值(Laeequddin 等,2012)[255]。

供应链金融既巩固了链内企业的关系,也加强了与供应链之外的金融机构和物流公司的联系及沟通。通过借助核心企业信用,融资的可得性提高了,融资成本减少了(Hans-Christian,2009)[256]。供应链融资生态链包括供应商、采购商及第三方平台,如金融机构、物流公司。这种融资模式可以使合作各方实现共赢。买方可以延展付款期，获得低成本的融资机会，能够更为准确地预测未来稳定的现金流。第三方机构增加了进入全球供应链的机会，增加了客户，实现了与供应链端对端的对接（Knox，2005）[257]。

中小企业集群各成员企业间在天然亲缘和地缘联系下较为熟悉，信息互通交流便捷，了解对方的信用历史和交易记录，信息较为透明，与银行合作会降低信息不对称。自成供应链的中小企业集群在降低交易成本方面更具有优势。如果能够借助链内核心企业信用或中小企业集群整体信用，有效地整合物流、资金流、信息流，将会解决困扰中小企业健康发展的融资问题。中小企业集群内生的风险控制系统会大大减少供应链金融风险的爆发。因此，中小企业集群利用供应链金融来融资具有合理性和可行性（宋洪林，2012）[258]。供应链金融和中小企业集群都强调企业间合作的重要性，都关注如何将组织内部合作作为一种竞争优势，由此使组织更能灵活地应对环境变化，其结果会使组织能更有效地应对环境变化的挑战，通过资源共享提高整个组织的价值。

但是中小企业集群要成功地实现供应链融资，无论是在组织层面还是在供应链各环节，都面临着许多挑战。例如，中小企业集群紧密联系可以增强授信中的信用度，但这种环环相扣的关系在其中一环出现问题时，会引发多米诺骨牌效应，给整个供应链和中小企业集群带来毁灭性打击。这种风险会使交易关系变得无效。供应链融资系统内生的风险自控和管理，能够降低监督和交易成本（Fawcett 等，2008）[259]。可行的行动计划、政策、战略，能够降低供应链金融的脆弱性和风险（More 等，2013）[260]。

因此，创新中小企业集群供应链融资的运作模式，对各方的协同收益进行均衡分析，对批量授信契约风险进行有效控制，对促进金融改革、加快地区经济推进水平的意义重大。

7.1.1 供应链融资模式创新有助于中小企业成功实现转型升级

就中小企业融资问题而言，一方面，中小企业的信息透明度差，社会信用评级制度不完善，使得国外较为先进的“交易型贷款 + 快速审批”模式难以在中国复制；另一方面，金融歧视依然存在，中小企业获得上市资格的难度较大，直接融资渠道有限。

中小企业集群一般由所处地域接近、产业关联度较大的企业汇集而成，信息的透明度较高，对整体信誉的重视会孤立和约束信用度较差的成员。同时，金融机构可以通过供应链金融及时发现中小企业集群所在行业的风险，及早采取措施防患于未然。

供应链金融在利用链内核心企业信用为上下游中小企业增信过程中，一般采用订单、应收账款等权利质押和存货等实物质押的模式。但中小企业集群是一个团体，适用单个成员的供应链融资模式很可能会出现效率低下的状况。因此，金融机构应当创新适用于中小企业集群供应链的融资产品，更好地服务于中小企业集群，并最大程度地降低金融机构的信贷风险。

在未来一段时期内，中小企业将自身信用通过与所在集群中核心企业的信用链接，借助供应链金融的支持顺利实现转型升级，是一个比较现实的选择。

7.1.2 中小企业集群供应链融资收益均衡分配有助于吸引物流企业拓展业务

传统的物流企业主要以提供运输服务为主业。随着顺丰、圆通及其他物流公司涌现，物流企业如何在竞争激烈的市场中抢得先机，拓展服务领域，已经是不得不考虑和实施的战略决策。现代物流企业掌握了买卖双方完整的物流和信息流，甚至介入部分资金流，对交易过程中的商品安全监管独具优势，因此可以寻求与金融机构的合作，将自己的优势资源注入保证供应链金融安全运行的系统中，从而增强自己的盈利能力和市场适应能力，这是物流企业未来发展的方向。

7.1.3 批量授信契约风险控制有助于金融机构实现改革创新的目标

中小企业是电子商务的主体。在互联网“大数据”中，中小企业的交易记录、违约情况、历史信用更容易获得和不易篡改。金融机构实时监控成为可能，一旦初现端倪，可以采取措施止贷止损。同时，金融领域的激烈竞争使得金融机构交易电子化、互联网化势在必行，这种平台与电子商务平台的对接，使得金融机构风险管控更易实施和把控。

7.1.4 供应链金融与中小企业集群融资对接有助于丰富现有的相关理论成果和指导实践运作

供应链金融与中小企业集群融资对接的理论研究与实务的蓬勃发展相比较为滞后。

①与中小企业集群相适应的供应链金融产品较为有限,尤其是中小企业集群自成供应链,无核心企业的情况下,如何实现与供应链金融的顺利对接?这些特殊情形亟待需要在供应链融资运作模式和合约设计方面进行理论研究和实践创新。

②供应链金融与中小企业集群融资对接后,总收益及各成员所获利润有无变化?核心企业占有优势,是否掌控更多收益?这些因素是影响双方谈判结果和供应链金融契约设计的重要因素,亟待严谨的理论研究和可靠的案例检验。

③现有的供应链金融产品的风险控制,大多依赖担保公司、核心企业。但产业集群所处的经济环境、资金结算、物流运作各有特色,中小企业集群供应链融资隐含的风险特征和防范手段存在差异,这就要求对风险控制机制进行创新设计,这是保证双方对接成功的重要着眼点。

因此,供应链金融与中小企业集群融资对接的运作模式创新、协同收益分配和批量授信风险控制既具有实践意义,也是对具有中国特色的中小企业集群融资理论的有益补充。

7.2 文献综述

7.2.1 中小企业集群融资优势和融资方式

(1)中小企业集群融资优势

Altenburg(1997)和 Meyer-Stamer(1999)比较了集群内外企业在融资表现上的差异,发现企业集群融资比非企业集群个体融资更具有优势[261-262]。集群成员团体贷款能够提高企业对外融资的资金可获得性(肖斌卿等,2016)[263]。

Bealey 等(1995)指出,企业集群成员的组成是自我选择的结果[264]。企业集群在整体对外融资过程中，联保承担的责任促使他们在成员筛选过程中更审慎，信用度高、风险小的企业更容易被选中（Morduch，1999）[265]。由于在融资过程中具有连带责任，因此相互监督被激发，使得有贷款意向的企业之间增强信息沟通和相互合作，并通过正式契约相互施压（章元，2003）[266]，因此成员企业违约企图消失，还款意愿上升，努力程度提高。集群成员企业能够保持较低的违约率，除了存在较为深厚的社会关系外（Abbink，2006）[267]，日常频繁的商业关系与信用基础也会提高还款率（Thierry 和 Howard，2006）[268]。

中小企业集群内成员一般处于同一地域，共生环境会产生“环境约束”作用，制约成员企业融资违约行为（张琦，2009）[269]。中小企业集群内部互助、信息透明度及自发形成的惩罚机制对还款表现都有积极的影响（潘永明和桑韬，2019）[270]。当中小企业集群整体对外融资，集群内自发形成的声誉机制和信息传递机制会制约成员的违约行为（张卫国和冉晖，2010）[271]。银行放贷依据的是中小企业集群整体信用水平，若个别成员不守契约，集群内信息传递机制会起作用，大家会很快群起而孤立它，导致其声誉受损，长期合作伙伴关系因此而终止。除此以外，违约成员还会受到金融机构的制裁。内外受困的结果会很大程度地约束成员做出恶意的违约行为。

（2）中小企业集群融资方式

步步为营法是瑞典中小企业集群普遍采用的融资策略，学者 Winborg 和 Joakim（2000）对此有系统的研究[272]。Spadavecchia（2005）经过研究发现，意大利产业集群的资金主要来自政府资助[273]。Wonglimpiyarat（2006）分析了硅谷信息产业集群的发展离不开政府的支持和风险投资的催化[274]。国内中小企业集群常见的是互助担保融资模式，即当集群内成员企业有融资需求时，集群内的其他企业共同出资联合担保。这种融资模式最大的优点是，克服了单个企业实力弱、抵押品不足的短板（蒋晓薇，2019）[275]。关系型借贷、通过非正规金融机构融资是中小企业集群普遍采用的融资方式[276-277]。但是拓宽直接融资渠道，兼顾内外援融资是中小企业集群融资方式创新的趋势[278-279]。彭佳等（2008）创新了“鸟巢模式”，即金融机构、企业、中介三方协作的中小企业集群融资模式[280]。企业集群可以以整个群体为单位对外融资[281]。资产证券化可以实现企业间资金融通，企业互助担保协会的成立会提高企业向银行申请信贷的成功率[282]。社区银行、合作性的民间金融机构、关系嵌入的互助担保、团体贷款也是化解中小企业融资困境的重要路径[283-286]。比较有特色的融资模式还有中小企业集群内发债模式，即中小企业集群内所有成员结成联盟，形成集团，合作对外发行债券以获得资金。中小企业集群与区域金融机构相互参股融资模式，指企业和地方银行相互参股，银行可以近距离监督授信企业。除了常规的银行贷款外，还可以采用融资租赁、股权转让等融资模式（蒋晓薇，2019）[275]。

孙海涛和李衍霖（2015）提出，中小企业集群对内融资模式和对外融资模式[287]。其中，对内融资模式由中小企业集群建立资金池，资金池由中小企业集群集中管理。当集群成员企业需要资金时，可使用资金池的资金应急，利息可以对冲。这种模式可以充分利用集群成员企业的闲置资金，提高资金利用效率，有效地配置集群内部资源。对外融资模式，即建立金融机构、中小企业集群、贷款企业"三位一体"的融资模式。以中小企业集群为单位，借助整体信用状况、资产规模，向银行推荐贷款企业，集群企业实行互联担保和过程监督。马毅等（2016）基于科技型中小企业的特点，提出以知识产权集群进行互助担保融资[288]，认为中小企业集群具有社会网络信用优势，由多层次成员组成，具有稳定、长期的合作关系。与个体中小企业相比，创新协作经历会降低融资违约的机会主义倾向，可以节约融资交易成本，提高融资效率。

7.2.2 供应链金融的含义和优势

供应链金融，是发掘供应链各节点中的信用优势企业，对于和其有交易关系的弱势企业，可以借助优势企业增信获得银行贷款（张雯，2018）[289]。它实质上是为解决供应链中中小企业的资金难题产生的，一方面，可以充分利用优势企业的信用来帮助上下游弱势企业获得资金支持；另一方面，为金融机构拓展业务、实现金融产品创新、有效进行风险控制提供了新的思路。Timme 等（2000）指出，实物供应链用来分析和做出预测的未来需求的计划，而供应链金融吸引了外部金融机构资金支持[290]。Stemmler（2003）认为，供应链金融是物流与资金流的整合和优化[291]。张路（2019）认为，实体经济中以供应链为载体的所有融资活动都属于供应链金融的范畴，它不是指单一机构的金融活动，而是包括供应链节点所有企业的金融活动[292]。供应链金融一般依托核心企业信用，但出发点不是为核心企业提供信贷支持，而是为与核心企业有交易关系的上下游弱势中小企业提供信用，帮助这些节点企业解决融资难题（宋华和杨璇，2018）[293]。

供应链金融的核心是实现以资产为基础的融资与产、供、销决策相融合。Hofmann（2003）认为，SCF（Supply Chain Finance，供应链金融）使现金周转时间缩短，供应链周转率的提高会增加公司的经济附加值，减少资本成本[294]。例如，存货质押解决了企业质押品不足的问题（Klapper，2004）[295]。除了分析存货质押贷款的运作流程以外，Allen 等（2004）还提出存货质押融资方式可以降低资金成本，为解决企业融资难题开辟了蹊径[296]。Hofmann 在 2005 年界定了供应链金融连接了供应链中的多个组织，合作控制整合资金流，使资金价值得到增值[297]。

供应链金融不仅指利用核心企业信用优势，更是整个供应链的三流有效整合和成本管理的优化运用（Lamoureux，2007）[298]。Klapper 对中小企业反向保理融资模式的作用和运作机理进行了分析[299]。供应链融资在增加企业收益和优化企业资本运营方面的作用不可忽视（Guillen，2006）[300]。SCF 规划使供应链运作和资金流融合为一个整体（Camerinelli，2009）[301]。SCF 是提高供应链有效性的一种手段，目的是延长支付期、减少成本和加速现金流转，使中小企业能够利用核心企业的信用优势获得资金。它简化了支付程序，增强了买卖双方的合作关系。资金提供方和供应链运作方之间需要相互信任，这是双方实现双赢的一种融资运作模式。

Hans-Christian 等（2009）指出，SCF 对参与各方都是有益的，可以降低融资成本，优化现金流[302]。SCF 规划通过标准化支付程序，节省了融资成本，有利于提高现金流的有效性，从而增进了买卖双方的关系。

根据 Demica（2007）通过对欧洲 500 强公司与其相关的银行研究发现，随着采用供应链金融融资模式，参与企业的信用度在过去的两年内有了很大程度的提升[303]。而且 Demica 公司的数据显示，国际银行供应链金融业务在 2020 年之前，年增长率保持在 10% 以上，特别是在 2011—2013 年，此数据居于 30% ~

40%，增长较为迅猛。Chludek(2011)认为，作为替代低信贷的供应链金融，使中小企业与银行之间的关系密切起来[304]。Kerle（2010）则进一步提供证据证明了应用 SCF 融资模式可以解决企业流动资金短缺的问题[305]。Gomm 等(2010)认为，供应链金融通过风险调控、价值创造等重新配置财务资源的方式，提高了公司业绩[306]。

7.2.3 关于供应链金融运作模式

我国融资租赁、商业票据等业务的快速发展，为供应链融资模式的创新奠定了基础[307]。供应链运作过程包括采购、销售、货物交付等环节，涉及上、中、下游节点企业。因此，与供应链运作环节相联系，以核心企业信用为基础的供应链金融模式包括订单模式、存货模式、应收账款模式、预付账款模式(付玮琼，2020)[308]。随着电子商务的兴起和互联网的普及，以互联网为基础的互联网供应链金融为解决弱势中小企业的融资问题提供了便利渠道(徐鹏杰和吴盛汉，2018)[309]，如表 7.1 所示。

表 7.1　以核心企业信用为基础的供应链融资模式

模式名称	适用对象	融资凭据
订单质押模式	核心企业的上游企业	订单及核心企业资质凭证
存货质押模式	核心企业的下游企业	存货仓单
应收账款模式	与核心企业有赊销关系的上游企业	发票及核心企业资质凭证
预付账款模式	与核心企业交易分批付款的下游企业	销售单据及提货权证明
互联网融资模式	电子商务企业	电子签名、电子仓单

供应链金融实现了平台化，参与主体得以拓展，融资产品不断丰富，如电子订单和电子仓单质押融资(郭菊娥等，2014)[310]。近年来，随着物流业的飞速发展，供应链金融与仓储物流企业开始捆绑，一系列创新的供应链金融产品随之诞生，如融通仓、保兑仓(闫俊宏和许祥泰，2007)[311]。融通仓是指企业以流动商品质押融资，物流企业监管质押物并向金融机构出具质押物价值评估凭据。保兑仓是指供应商以预付账款质押融资，物流企业监管，金融机构以货款是否回笼控制买方的提货权(宋远方和黄千员，2018)[312]。供应链金融中无论是权利质押和动产质押融资模式，还是银行主导的或物流企业主导的融资模式都有

其优缺点和各自的适用范围。传统的供应链金融产品和后续物流企业主导的融资模式,都为中小企业突破融资难题提供了可行的路径。

金融科技诸如物联网、大数据等的发展和应用,使供应链金融进入新的时代,基于数据质押的融资模式(邹宗峰等,2016)[313]、基于虚拟产业集群的供应链金融模式涌现出来(宋华和卢强,2017)[307]。

7.2.4 供应链金融的风险控制

供应链金融中的核心企业与上下游企业连接而成的网络具有小世界特征。各节点与连接边具有异质性,这种复杂的多层次网络结构,容易导致风险积聚与传播(沈爱忠和郭进利,2013)[314]。加强供应链金融风险管理更能进一步促进金融服务实体经济(范方志等,2017)[315]。对于供应链金融引致的系统性风险,可以通过强化封闭式管理来实现(彭路,2018)[316]。

供应链融资不只有整合信息流、资金流的优势,当中小企业违约,这种违约风险由核心企业承担时,信誉危机会导致供应链系统崩溃(Markusen,1996)[317]。不同节点之间缺乏有效协调也使供应链金融面临挑战(Fawcett等,2008)[259]。

Bartholomew(2006)、Liao Nuo(2007)认为,各种不确定因素、牛鞭效应(Bull Whip Effect)、风险传染三个因素会导致供应链风险[318-319]。内部因素、外部环境都会引发供应链融资风险(Sheffi,2002)[320]。Klapper(2005)指出,反向保理一般需要卖方有良好的信用[299]。Busch(2008)从核心企业缺失、信用评级制度不完善等方面分析了供应链金融风险的特征[321]。Blome(2011)等认为,供应链金融参与各方在合作的过程中倾向于强化各方信用度[322]。

供应链金融的风险管理一般基于金融机构视角,不同的融资模式风险管控的方法也有差异。例如,逆向保理可以治理订单质押模式中的信息不透明问题(刁叶光和任建标,2010)[323];利用科学的数学方法可以计算应收账款融资中贷款方的违约概率(张晓琦,2010)[324];第三方物流可以监管和评估质押存货的价格变动风险(袁光珮,2011)[325]。

供应链金融各参与主体进行信息共享和互通能够降低可能产生的风险(王灵彬,2006)[326]。不同的融资模式应该匹配对应的风险防范措施。风险预警机制也应该被运用在供应链金融中,授信中评价甄别、授信后跟进监控都有利于降低供应链金融风险。数理模型在供应链金融风险评价、信贷人评级中的应用,可以减少人为判断的主观性,使结果更为客观合理(熊熊等,2009)[327]。陶凌云等(2009)指出,动态博弈可以制约供应链信贷风险[328]。苟文峰(2009)研究了信息技术利用不到位、核心企业风险意识差等因素,延缓了供应链融资的发展[329]。

博弈论也被用于分析供应链金融中产生的道德风险问题(周波,2010)[330]。芮婧等(2010)构建了评价供应链金融信用风险模型,结果显示模型误判低有效[331]。为了防范供应链金融风险,需要建立科学的信用管理体系[332]。但是中小企业集群要成功地实现供应链融资,无论是在组织层面还是在供应链各环节,还面临许多挑战。例如,依赖核心企业信用授信,一方面,要关注核心企业的经营风险;另一方面,要对中小企业的信用历史进行评价筛选,防止出现违约风险,导致整体链条断裂[333]。

金融科技突飞猛进的发展,使得人工智能(Artificial, Intelligence, AI)技术、物联网、区块链、云计算等在供应链金融中逐步得到应用,极大地提高了供应链金融的风险控制水平(宋华和杨雨东,2019)[334]。区块链技术在供应链金融应用中,对信息能够溯源,由此能够实现去核心化,解决信贷过程中出现的担保问题(吴睿和邓金堂,2018)[335],能够重塑信用机制,优化管理体系,节约交易成本(Avgouleas 等,2019)[336]。

7.2.5 研究现状述评

纵观国内外现有研究文献,其主要观点侧重于中小企业集群融资具有比较优势,可以采用整体融资、互助担保等融资模式,对供应链金融的运作原理、运作模式、风险控制的措施涉及较多。但涉及供应链金融应用于中小企业集群融资的文献相对较少,特别是关于两者的对接通道、对接收益分配及契约风险控制的研究文献还较为有限:①实践中商业银行供应链金融产品在不断创新,但供应链金融与中小企业集群融资对接理论研究较为薄弱;②有关供应链金融对接理论分析呈现碎片化,难成体系。因此,如何从契约的角度设计运作模式、协同收益分配、风险控制机制,从而更好地实现中小企业集群融资目标是一个值得探讨的问题。

7.3 研究内容

第一,供应链金融与中小企业集群融资对接的内在机理、概念模型及发展历程。包括分析两者对接的内在机理,构建两者对接的概念模型,梳理国内外供应链金融演变历程和我国政府支持供应链金融发展的相关政策,分析我国供应链金融与中小企业集群融资的现状。

第二,供应链金融与中小企业集群融资对接的模式创新研究。主要包括"条状"联系的供应链金融与中小企业集群融资对接模式创新研究,"块状"分布的供应链金融与中小企业集群融资对接模式创新研究,"商圈"性质的供应链金融与中小企业集群融资对接模式创新研究。

第三,以循环经济体集聚的农村中小企业分层融资模式案例分析。基于"金—海—绿"农业循环经济体运行机制,分析不同参与主体的农业循环经济分层融资模式,涉及核心示范级绿色供应链融资模式、紧密合作级绿色结构授信融资模式、松散服务级"互联网+绿色金融"融资模式及辐射带动级"多元化"融资模式";另外,还提出了保障农业循环经济分层融资模式成功运行的举措。

第四,供应链金融与中小企业集群融资对接协同收益研究。包括动产质押供应链融资协同收益研究、权利质押供应链金融各参与方协同收益模型及分析、构建与均衡研究。

第五,供应链金融与中小企业集群融资对接的风险控制机制研究。包括内生风险治理机制与效应;"条状"联系、"块状"分布、"商圈"性质的中小企业集群供应链融资风险控制机制设计。

第六,供应链金融与中小企业集群融资对接的制度设计。从政府层面、金融机构层面及企业层面设计保障供应链金融与中小企业集群成功对接的相关制度。

7.4 研究技术路线

研究技术路线如图 7.1 所示。

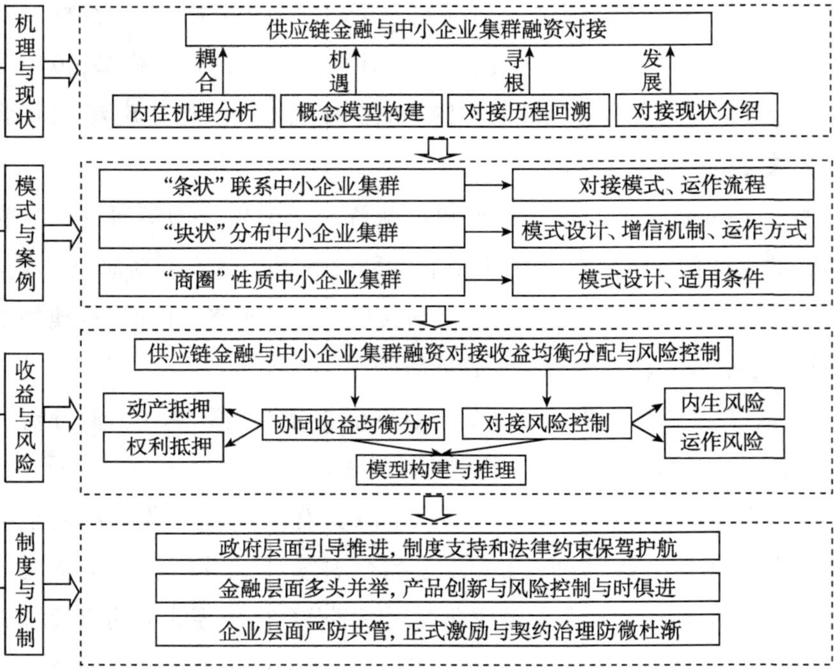

图 7.1 研究技术路线

7.5 研究方法

①理论研究方法。本书采用博弈理论、信息不对称理论等分析供应链金融与中小企业集群融资对接的运作模式创新、契约风险控制等系统框架问题。采用博弈理论分析对接协同收益均衡问题，在内生风险治理概念模型中引进多个变量，探寻治理机制的构成要素。

②实证研究思路。依据理论论证提出假设，构建结构方程模型，利用问卷调查获得的数据进行实证检验。搜集典型案例，对基于运行机制的循环经济体分层融资模式进行检验，并分析其合理性和适用性。

7.6 创新之处

第一,创新了"双池"联保联控的"块状"中小企业集群供应链融资模式。对于缺少核心企业的"块状"中小企业集群,在利用供应链金融工具时,提出推动地方政府与金融机构合作。"块状"中小企业集群建立的"联保资金池",地方政府建立的"助保资金池",两个资金池用于贷款企业违约风险担保,代替了供应链金融中龙头企业的角色,为中小企业提供了双重增信机制。

第二,构建了中小企业集群在供应链融资过程中内生风险控制机制。建立了事前甄别机制(包括合作基础辨识、授信准入甄别)、过程控制机制(包括监督约束机制、信用捆绑机制)、事后补救机制(研究中将事后补救的相关变量加入过程控制的信用捆绑机制)。既验证了事前甄别机制、过程控制机制与内部风险治理效应的关系,也验证了过程控制机制连接事前甄别机制与内部风险治理效应的正向中介效果。

第 8 章

供应链金融与中小企业集群融资对接的内在机理、概念模型及发展历程

8.1 供应链金融与中小企业集群融资对接的内在机理

8.1.1 中小企业集群供应链融资的批量授信可以节约交易成本

(1)降低甄别审核成本

中小企业的规模小，单笔供应链融资额度低，但金融机构同样要花费时间和人力进行调查及筛选，所以中小企业办理此类业务的积极性不高。中小企业集群利用供应链金融，集中企业集群整体信用优势，批量交易、批量授信，规模增加，成本降低。金融机构对中小企业集群实行甄别授信，使工作量降低，可以实现乘数效应，使企业投资增加，促进经济增长，资金的良性循环由此形成。

(2)节约信息搜集成本

中小企业集群组织形态的形成，更多的是一种较低交易成本的制度安排。中小企业集群一般处于同一地域，企业集聚性强，获得信息便捷。当中小企业集群借助供应链金融获取资金时，在核实交易的真实性环节，由于存在经济活动的天然空间集聚性，中小企业集群的日常经营活动和合作更加密切，企业之间交换信息较为顺畅，使得信息搜集成本降低，提高了银行对中小企业集群的信贷支持力度。

(3)缩减过程监督成本

中小企业集群成员会为了保持与群内其他成员长期、稳定的合作关系，而

自我限制单纯追求自身利益最大化的行为。因为中小企业集群供应链融资中个别企业的投机行为,会影响链上其他企业的利益,遭到链内其他相关企业的抵制和惩罚,严重的会被企业集群剔除在合作范围之外。这种隐性的惩罚机制会减少中小企业有限理性而导致的违规行为,避免违反契约带来的长期利益受损,能够减少金融机构的监督成本,同时降低信贷风险。

8.1.2 中小企业集群供应链融资可以缓解信息不对称

中小企业一般规模小,治理机制不健全,难以向金融机构提供识别其贷款资质的数据资料。金融机构在不能真正鉴别申贷企业经营和信用状况的情况下,为避免风险从而惜贷。这种信息不对称会直接导致双方“渐行渐远”。而供应链金融可以借助一定的手段,最大限度地降低这种信息不对称。

(1)中小企业借助核心企业增信可以有效缓解信息不对称

供应链金融与中小企业集群融资对接过程中,金融机构一般基于上下游中小企业与核心企业有真实的交易关系,通过考量核心企业的信用状况为中小企业授信。这样中小企业信用无法正确地评价问题,需要通过借助核心企业为其增信,从而克服传统授信存在的信息不对称问题。只要中小企业集群成员企业能够建立与核心企业紧密和长期的合作关系,注重维护供应链整体信誉,增强整条链的核心竞争力,与金融机构先天存在的信息不对称问题就会得到缓解。

(2)中小企业集群内生的资质甄别机制可以降低信息不对称

对于交易节点不存在核心企业的供应链金融,中小企业集群整体与其对接,金融机构可以省去对个体成员逐一甄别的环节,而由中小企业集群完成初步筛选的任务。中小企业集群在组织群内有融资需求的成员进入供应链金融循环体之前,需要去劣存优。由于成员企业日常交往较多,信息透明度较高,因此初次筛选会在极大程度上克服信息不对称问题,也会促使信用度差的成员改进行为方式和管理模式,最终被成员企业认可。这个甄别环节既不需要银行插手,又能起到缓解银企间信息不对称的作用。

8.1.3 内生于中小企业集群的社会资本约束机制可以降低供应链融资风险

中小企业集群各成员间大多因为较为熟悉或者处于同一地域而积聚。它们在长期的分工协作中形成相互信任的关系。正式的契约约束不占主导,而非正式的社会道德规范在中小企业集群中的约束力较强。中小企业集群在日常经营过程中,一般不会通过权威的管制来保持合作关系的长远运行。但是非制度化的信任关系和较强的人际关系可以跨越不同企业,社会化的互动超越了正式契约约束,其效用远远超过单纯惩治带来的结果。在中小企业集群供应链融资中,如果出现个体成员不诚信,企业集群口口相传的口碑就会受到影响,影响其将来顺利的交易和与其他成员建立长期及合作的关系,被整个企业集群隐性列入黑名单,从而影响其可持续发展。所以这种以社会资本为基础的约束机制对中小企业集群供应链融资风险控制尤为有效,中小企业集群天然形成的社会网络内固有的信任关系为企业集群供应链融资的茁壮成长提供了保障。金融机构和核心企业只需要对中小企业集群信用进行整体评价,从而节约甄别成本,增加信息对称程度。因此,社会资本成为中小企业供应链融资的重要的约束激励机制,在多次重复博弈之后能够有效地提升企业集群的整体信用水平,防止机会主义的出现。

8.1.4 供应链金融自有风险控制体系可以预防中小企业违约风险

供应链金融最大的特点之一是“收入自偿性”,它是基于真实的交易,单纯融资,没有传导,也不会出现资金过剩。确认的是交易核心企业的资信实力和经营实力,把未来交易的现金流作为稳定的还款来源。交易周期与贷款期限相匹配,而且多为单笔授信,交易回款通过封闭账户首先还贷,确保了贷款的“自偿性”。在交易成功的情况下,无论中小企业有无意愿选择偿还银行贷款,封闭账户都保证了信贷资金及时回笼的安全性。即使在交易出现问题,货款不能及时到位的前提下,依然有核心企业的存货或信用作保证。因此,封闭的回款体系保障了资金的安全,降低了供应链金融风险。

8.2 供应链金融与中小企业集群融资对接的概念模型

中小企业集群大多地理位置接近、从事同一行业;社会文化基本一致,彼此间的信任度较高。它们大多是在农村或乡镇企业的基础上形成的,与农村工业化一起发展。东部沿海地区的中小企业集群在外贸出口中独树一帜,参与全球价值链竞争，为经济发展做出了巨大贡献。

中小企业一般财务制度不健全，公开信息较少，很难获得银行的信任和支持。但中小企业集群在形成和后续发展中，相互之间合作频繁，信任程度较高。在亲缘和地缘的影响下，中小企业处于同一供应链的情形较为普遍。

供应链金融是提高供应链有效性的手段之一，目的是延长支付期、减少成本和加速现金流转。能使信用度较低的参与者利用信用度较高的参与者获得信贷支持（Myers，2002）[337]，简化了支付程序（Hartley-Urquhart，2000）[338]，增强了买卖双方的合作关系。

资金提供方和供应链运作方之间相互信任，是双方实现共赢的一种运作模式（Timme 等，2000）[290]。核心企业在供应链中一般实力雄厚，信用度高，规模较大，银行会倾向于向此类企业授信。弱势中小企业可以借助核心企业良好的信用，通过供应链将信息传递给银行，依赖核心企业的信用，将订单、应收款、存货抵押给银行，使用交易回款直接优先还款。因此，核心企业获得了延长的信用期，中小企业获得了贷款，使供应链交易得以顺利开展，所需要的资金流利用效率得到提高。

中小企业在供应链层面成功实施供应链金融面临许多挑战。例如，在信用环境较为紧张的情况下持续获得资金受到严峻的挑战。这些挑战制约了供应链获得稳定的现金流支持。供应链金融模式要求供应链合作者更好地控制链内资金流，最大程度地利用供应链整体信用。在目前商业环境下，合作风险是重点需要关注的。因此，辨识供应链金融所涉及的概念框架尤为必要。中小企业供应链金融概念框架如图 8.1 所示。

由图 8.1 可以看出，供应链金融与中小企业集群融资对接具有内生性。SCF 对参与各方都是有益的，买卖双方都可以从供应链金融中受益。买方可以采取战略延长付款期而不需要向买方支付额外的成本，从而增加经济附加值。对于卖方，好处是获得低成本的融资额及缩短现金周转周期，尤其在金融危机期间可以降低风险，最终使得卖方信用度增加，在市场竞争环境中更具有竞争力。

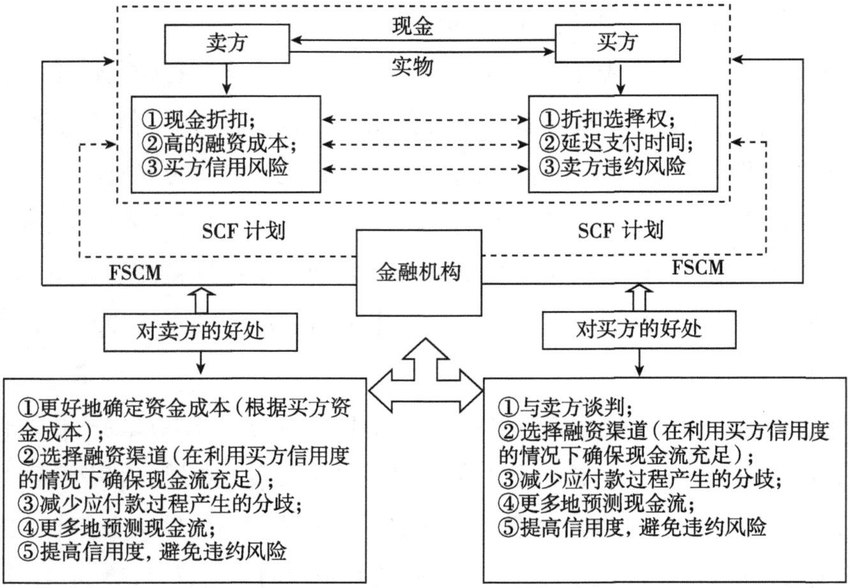

图 8.1 中小企业供应链金融概念框架

注:FSCM 为 Financial Supply Chain Management,即金融供应链管理

SCF 现金周转时间的缩短,供应链周转率的提高,会增加公司的经济附加值,减少资本成本(Hofmann,2003)[294],优化现金流。解决了上下游弱势中小企业的融资难题,使金融资本和实体经济实现了成功对接,保持了供应链的长期、可持续、稳定存续。

供应链金融解决了中小企业融资问题,改变了金融机构对中小企业歧视的现状。基于真实交易的供应链金融使得银行对信贷资金监控变得易于实施,银行对中小企业的戒备与抵触程度逐渐降低。这种融资模式也使得核心企业和弱势企业之间、产业集群和成员企业之间的合作关系更为和谐和密切。节点企业的重复博弈更易于增加互信,加深了成员企业间的长期和稳定的关系。

但同时,由于供应链融资中存在违约风险,因此对大多数参与方来讲,这种脆弱性使得供应链风险管理难度变得更大(Blome 等,2011)[322]。例如,反向保理是卖方将应收账款卖给能为其提供资金服务的第三方,提前获得资金用于生产周转。一般需要卖方有良好的信用,但一旦买方实力小不能及时回款就会带来违约风险。再如,第三方物流在参与监管的过程不可避免地会与中小企业合谋产生道德风险,因此,风险控制也是供应链金融无法回避的重要问题。

供应链金融需要有规模大并且信用度高的企业参与,在其引领下可以强化中小企业参与者的信用度,不断磋商而达成支付周期及形成标准化的支付程序,减少违约风险,使供应链成为一个整体,有助于巩固企业间长期、和谐的合作关系,最终实现双赢。

8.3 供应链金融与中小企业集群融资对接的发展历程

8.3.1 国外供应链金融的发展历程

西方供应链金融的产生,起初是为了解决农民在农业生产中缺少资金的问题,以农产品抵押为农民提供信贷支持。西方供应链金融的演变经历了三个阶段,如表 8.1 所示。19 世纪中期之前,业务单一,以存货抵押贷款为主。19 世纪中期至 20 世纪 70 年代,出现了应收账款等保理业务。美国于 1952 年出台《统一商法典》,规范金融机构和资产评估机构的经营行为,使供应链金融的发展进入正常阶段。20 世纪 80 年代至今,随着供应链理论的完善和物流业的发展,预付款融资、保险等融资产品不断创新,供应链金融进入繁荣发展阶段。西方国家金融机构的供应链金融业务,是各银行竞争的主要领域,是银行金融产品中主要的利润增长点。

表 8.1 国外供应链金融的发展历程

时间	内容
19 世纪中期之前	早在 1905 年俄国沙皇时代,出现最早的供应链金融模式:农产品质押贷款
19 世纪中叶至 20 世纪 70 年代	供应链金融业务应用行业随之从农业领域开始向多元化行业延伸,如应收账款等保理业务;1952 年,美国公布《统一商法典》,首次从监管层面对供应链金融相关业务进行规范,为供应链金融发展提供制度支持
20 世纪 80 年代至今	物流企业与银行合作,深度参与供应链融资,为银行和中小企业提供质物评估、监管、担保等服务,与此同时,互联网技术的升级换代进一步加速了供应链金融业务的繁荣发展

8.3.2 国内供应链金融的发展历程

我国供应链金融的产生和持续健康发展,主要和破解中小企业的融资问题有关,大致经历了三个阶段,如表 8.2 所示。20 世纪 70 ~ 80 年代末,没有真正的供应链金融，票据贴现只是雏形；20 世纪 90 年代初～21 世纪初，随着贸易融资的出现，2001 年，深圳发展银行试点存活融资业务，始创国内供应链金融产品；21 世纪初至今，国内供应链金融从无到有，从简单到复杂，逐步升级，经历了中心化（1.0）、线上化（2.0）、平台化（3.0）、智能化（4.0）四个阶段，如表 8.3 所示。国内近 20 年来，以深圳发展银行为代表的多家银行也纷纷将供应链金融纳入金融创新的内容。深圳发展银行于 1999 年推出企业可以以存货质押获得授信；2003 年，率先提出并实施 1 个核心企业加 N 个上下游中小企业的供应链融资模式；2005 年，全面推出“供应链金融”品牌产品，物流企业作为新的监管主体被纳入风险控制系统中。授信运作中信贷资金汇出和回款均在封闭账户中运行，资金流真正做到了支持实际交易的顺利开展，降低了信贷风险。2007 年，得到授信的企业增幅明显，达到 52.2%，但坏账损失率下降，不到 1%。在深圳发展银行的引领下，中国建设银行、中国招商银行等都在供应链金融产品的开发上投入巨大，与此业务相关的金融产品创新层出不穷。

表 8.2　国内供应链金融的发展历程

时间	内容
20 世纪 70 至 80 年代末	票据贴现成为我国供应链金融发展的雏形
20 世纪 90 年代初至 21 世纪初	贸易融资为供应链金融模式的出现奠定基础，银行基于进出口中的动产、应收账款、预付款等资产向企业提供信贷资金
21 世纪初至今	从基于核心企业的现在“1 + N”模式（供应链金融 1.0），到基于系统直连核心企业线上“1 + N”模式（供应链金融 2.0），再到基于云计算和大数据的“M + 1 + N”模式（供应链金融 3.0），再到发展智能化（供应链金融 4.0）

表 8.3　国内供应链金融四次迭代历程

分类	供应链金融 1.0	供应链金融 2.0	供应链金融 3.0	供应链金融 4.0
主导者	银行主导线下模式	供应链参与者主导	互联网供应链平台构建者主导	产融结合
特点	中心化	线上化	平台化	智能化

续表

分类	供应链金融 1.0	供应链金融 2.0	供应链金融 3.0	供应链金融 4.0
一般模式	基于核心企业 1 + 上下游中小企业 N	资金方、服务方、核心企业加上下游中小企业的线上化融资	基于多维度的数据的准确判断。$M+1+N$ 基于 1 供应链综合服务平台加 M 上、N 下游中小企业	供应链金融生态圈
业务模式	保兑仓融资、仓单质押融资、融通仓融资、应收账款质押融资及物流保理等	供应链三流从线下模式转为线上,加入第三方信息平台,如物流、支付等	以电子商务为背景,以交易过程为中心的、围绕中小企业自身交易而展开的动态融资	去中心、实时、定制、小额,以数据质押为主的供应链金融动态融资
评价	存在严重的信息不对称;过度依赖核心企业;银行潜在风险增加	减少对核心企业所提供唯一数据的依赖;增加获取上下游企业的真实经营信息;技术突破在于互联网应用及动产质押	大数据核心企业及上下游产业链数据、多维度风控数据相结合,实现去中心化	借助物联网、人工智能、大数据、区块链等技术,供应链全程信息集成和共享,提高服务效率,降低信贷风险

中小企业融资难的问题久而未决,供应链金融的创新和发展的步伐就不能停滞不前,为中小企业提供融资服务在广度和深度上都应该有较大的提升空间。从表 8.3 可以看出,伴随着互联网、物联网与供应链金融的深度融合,智能化的、植入区块链技术的供应链金融 4.0 将在重构信用价值链方面产生新的突破。对于中小企业集群来讲,所处地域不同,区位优势、资源禀赋都会有差异。因此,各级地方政府在搭建供应链投融资平台方面,应提供政策支持,为中小企业进行精准服务,打造区域投融资一体化平台。

8.3.3 我国政府支持供应链金融发展的相关政策梳理

供应链金融的参与主体是企业与金融机构,通过链内核心企业或者信用度高的关联企业对上下游中小企业进行信用增级和辐射,中小企业凭借真实的交易关系以权利质押和动产质押获得信贷支持。在供应链金融的推广过程中,市场机制发挥了资源配置的功能,政府优化营商环境,完善政策法规,搭建银企合作平台。

多年来,政府支持政策不断出台,原因是银企信息不对称问题依然存在,中小企业融资难的问题依然没有得到缓解。银保监会、中央银行等部门不断谋划新举措,为中小企业供应链融资顺利进行升级加大支持力度,引导金融机构为中小企业"输血"。

根据网上文件资料,表8.4梳理了2014—2020年相关机构出台的支持供应链金融发展的主要政策。

表8.4　支持供应链金融发展的主要政策梳理

年份	发布机构	文件名称	主要内容
2014	国务院	《物流业发展中长期规划(2014—2020年)》	鼓励物流企业搭建第三方供应链管理平台,拓展信息追溯服务至制造业供应链上下游企业,并对其进行供应链金融授信
2015	国务院	《关于大力发展电子商务加快培育经济新动力的意见》	开展供应链金融、商业保理服务的主体拓展至电子商务企业
2015	国务院办公厅	《关于推进线上线下互动加快商贸流通创新发展转型升级的意见》	支持线上线下互动企业上市融资,发展第三方支付、股权众筹等互联网金融
2015	工业和信息化部	《关于贯彻落实〈国务院关于积极推进"互联网+"行动的指导意见〉的行动计划(2015—2018年)》	创新小微企业电子商务信用融资、供应链金融等新模式
2016	中国人民银行等八部委	《关于金融支持工业稳增长调结构增效益的若干意见》	应收账款融资的普及应用被提上历史日程
2016	国家发展和改革委员会	《物流业降本增效专项行动方案(2016—2018年)》	将智能技术应用于供应链管理,建立"商贸+互联网+物流"一体化融合模式
2017	中国人民银行等五部门	《关于金融支持制造强国建设的指导意见》	鼓励金融机构依托制造业产业链核心企业,积极开展各种形式的产业链金融业务

续表

年份	发布机构	文件名称	主要内容
2017	中国人民银行等七部委	《小微企业应收账款融资专项行动工作方案(2017—2019年)》	肯定了应收账款融资对提高小微企业融资效率的重要意义
2017	国务院办公厅	《关于开展供应链金融创新与应用试点的通知》	鼓励建立供应链金融服务平台,主要服务供应链上下游中小微企业
2018	商务部等八部门	《关于开展供应链创新与应用试点的通知》	推进符合条件的中小微企业享受创新的供应链金融模式
2019	中国银保监会办公厅〔2019〕155 号	《关于推动供应链金融服务实体经济的指导意见》	鼓励建设应收账款融资服务平台,发展线上供应链金融模式,健全担保、抵押、质押机制
2010	中国银保监会〔2019〕52 号	《中国银保监会关于推动银行业和保险业高质量发展的指导意见》	倡导金融科技在供应链金融风险管理方面的应用
2020	中国银保监会、商务部、国家外汇管理局	《关于完善外贸金融服务的指导意见》	鼓励外贸应收账款融资及进行业务创新

从表 8.4 可以看出,从 2014 年至今,基于供应链金融对解决中小企业融资难题具有重要的作用,政府相关部门密集出台了一系列的制度措施,推动金融机构创新供应链金融产品,为促进中小企业发展提供支持,有效地满足产业链上下游中小企业的融资需求,借助智能信息技术,防范金融风险。2018 年发布的《关于全国供应链创新与应用试点城市和企业评审结果的公示》,标志着供应链金融服务创新试点已经进入实质性阶段。

8.3.4 中小企业集群融资与供应链金融现状分析

国内供应链金融如火如荼发展的背后,中小企业融资难题一直悬而未决,中小企业创新滞后、管理落后,受经济下滑环境的影响,关停并转的问题越来越突出。中小企业资金问题不解决,其长远发展就无法实现,最终会威胁到整个国民经济的繁荣和兴旺。因此,供应链金融改变了银行传统授信模式在针对中小企业群体时风险不可控的僵局,也使中小企业在抵押品不足、信用度不够的情况下获得信贷资金的支持。

我国中小企业集群的产生和发展是与中小企业的兴起和集聚相伴而生的,主要集中在东南部长江三角洲和南部珠江三角洲沿海地区,民间资本富集的天然优势使得浙江、江苏、广东的中小企业集群各具特色,发展迅猛。中西部处于孵化期的企业集群主要分布在山西、湖南、四川。

(1)"商圈"打包整体融资

2010 年,《关于促进商圈融资发展的指导意见》由商务部会同中国银监会出台,主要对实力小、规模小、抗风险能力差,难以获得信贷资金的单个商贸企业提供支持。商圈融资以所在供应链和商贸市场为单位,或以整个供应链中的中小企业、核心企业打包,或以商贸市场打包,集体向商业银行申请授信。商业银行根据打包整体企业的特点,提供适销对路的金融产品和服务。

(2)供应链"易透"为产业集群融资解困

浙江绍兴集聚了大量的中小企业集群,遍布紧密联系的产业链,但融资贵、融资难的瓶颈依然存在。2014 年,中国工商银行绍兴分行根据绍兴市不同的中小企业集群,推出若干供应链金融产品,以产业链为单位,如诸暨刺绣业、大唐袜业等,根据其中的核心企业历史交易信息、信用度水平,由核心企业提供担保,核定其上下游的中小企业贷款额度,最终实现三方共赢:银行扩大了利润增长点,同时基于真实交易可以实现有效监管,风险可控;中小企业的资金困境解决了,生产经营又恢复了活力;核心企业之间的交易更为顺畅,资金周转更为快捷。

(3)"集群贷"搭建产业集群批量服务模式

江苏银行深圳分行于 2013 年创新"集群贷",实行针对中小企业集群的批量化授信,在风险控制方面,贷后交给第三方集中监督,既支持了小微企业、科技企业缺少核心客户的特色个性化授信,也降低了银行产生不良贷款的风险。

(4)供应链金融与"会员制"中小企业集群对接情况

福建省有一个以制造服装闻名的石狮市,集中了众多服装行业的中小企业集群。在长期的摸索实践中,中小企业集群在对外融资方面摆脱了传统的单打独斗的模式,以企业集群整体,采用互助担保、互联担保等方式从外部筹资。具有特色的是实行“会员制”贷款，运作方式类似社会保障基金，由所有成员预先缴纳会费汇聚成池，作为担保基金。当企业集群个体成员对外筹得贷款，但后续经营不善，不能按期还款，或恶意违约到期拒不还款，就由担保基金代为偿付。企业集群群内会对违规成员进行一定的惩罚，保障了中小企业集群的整体声誉。

8.4 本章小结

从减少交易成本、缓解信息不对称、社会资本约束机制降低供应链融资风险，以及供应链金融自有风险控制体系四个方面分析了供应链金融与中小企业集群融资对接的机理。

概念模型反映了供应链金融为产业链中的中小企业与核心企业既提供了机遇，也带来了挑战。在政府相关部门的政策激励下，国内供应链金融从以“中心化”为主基调，过渡到凭借互联网、大数据及 AI 技术的“智能化”供应链金融。我国供应链金融与中小企业集群对接模式不断创新，实现了多方共赢，满足了中小企业灵活多样的融资需求。

第9章

供应链金融与中小企业集群融资对接的模式创新研究

9.1 “条状”联系的供应链金融与中小企业集群融资对接模式创新研究

“条状”联系的中小企业集群是指借助企业集群中的龙头企业,围绕产业链的垂直方向和水平方向不断延伸,上、中、下游企业构成有向的投入、产出链条,形成互通协作关系,包括供应商企业群、制造商企业群、经销商企业群,以及为供应链正常运行提供服务的行业协会、中介机构、第三方物流企业等。

供应链融资从产业链整体来看,还款的资金来源基于真实交易,回款首先还贷的特点。从银行给予中小企业信贷资金开始,额度根据真实交易所需要的资金量确定,通过封闭账户直接用于该笔真实交易,交易最终产生的收入货款回笼也通过封闭账户优先换转给银行,用于偿还贷款。贷款期限根据交易周转期划定,弥补了传统的银行信贷企业经营“两张皮”的弊端,使资金直接进入供应链的供、产、销环节,有利于银行监控资金流向。

9.1.1 产业集群内与核心企业有交易关系的中小企业供应链融资模式

在形成完整的供、产、销链条,存在核心企业的前提下,核心企业可以为有交易关系的中小企业实现信用增级,获取金融机构的资金支持,激活“链条”的不断运转,如图9.1所示。依托核心企业良好的信用保证,加上对中小企业授信有真实的商品交易作保证,可以有效地避免信贷资金改变用途,有利于多种多样的金融产品进入供应链金融体系，如 P2P(Peer to Peer Lending，互联网借贷平台)、融资租赁、小额贷款公司；有利于产业链中的上、中、下游企业的信息流、物流、资金流的有效整合；有利于金融机构和核心企业利用互联网平台实现对授信企业的实时监控。

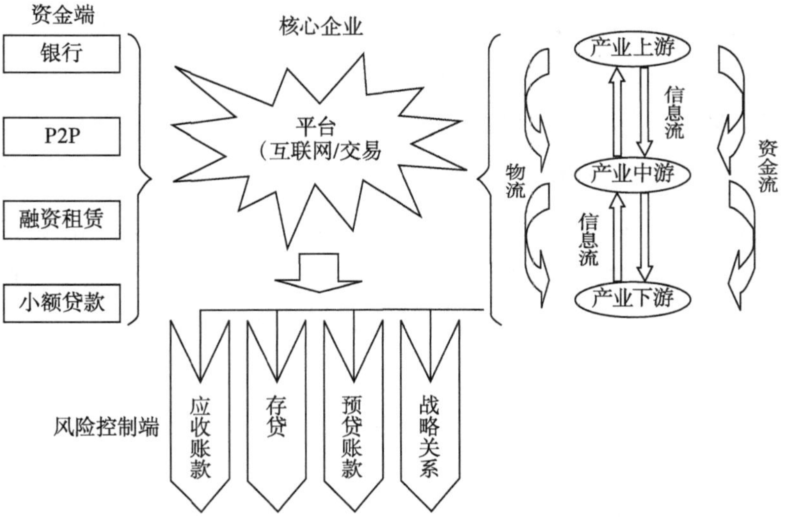

图 9.1 “条状”联系的中小企业集群供应链金融关系

资料来源：国信证券经济研究所。

(1)核心企业的信用“光环效应”和中小企业的“现金缺口”

①核心企业的信用“光环效应”。“条状”联系的中小企业集群中的核心企业的信用度较高，对整个供应链具有控制的能力，其影响力和信用辐射能使金融机构提升对上下游中小企业的信用评级，即产生“光环效应”，如图 9.2 所示。信用辐射的范围延伸到产业链中与其有交易关系的各节点企业，增强了这些企业的商业信用，这种效应衍生的信誉链使中小企业获得资金支持，同时坚定了中小企业与核心企业合作的信心。

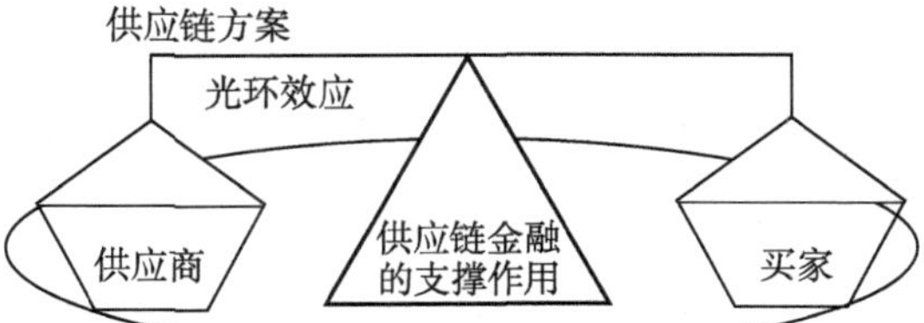

图 9.2 供应链中的融资光环效应[339]

②中小企业的“现金缺口”。在供应链运作过程中,采购方在购买环节要支付现金,销售环节收回现金,但两者会有时间间隔,如果在时间间隔期企业的自有资金不足以补缺,就会出现资金紧张问题,也就是“现金缺口”,如图 9.3 所示,即应收账款回收期加上存货周转期,再减去应付账款周转期。

应收项目和货币资金减去应付项目的差额为“现金缺额”。例如,企业存货周转期是 90 天,应收账款回收天数是 60 天,应付账款支付期为 50 天,则该企业的现金缺口为 60 天 + 90 天 - 50 天 = 100 天。要解决现金缺口问题可以尽量缩短应收账款的回收天数,在不损害信誉的情况下延长应付账款的支付天数。但是,买卖双方如果都基于这种理念,博弈的结果是既不能将收款期把控得太严,也不能将付款期延长。因此,解决“现金缺口”问题需要另辟蹊径。

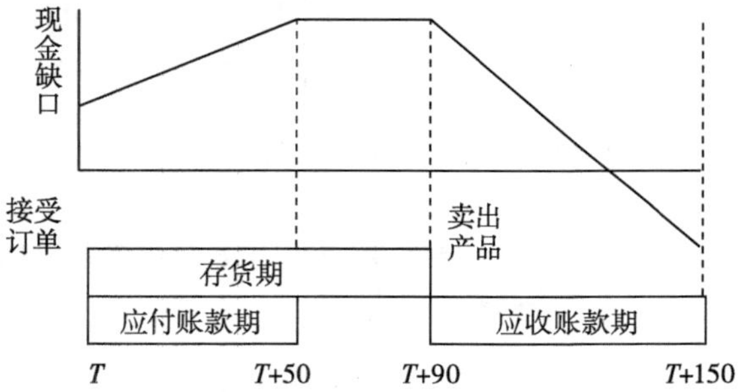

图 9.3　现金缺口[340]

(2)核心企业上游采购端供应链融资模式

①“条状”联系的中小企业集群集合订单融资模式。中小企业集群供应商将核心企业为其开具的订单汇聚成“订单池”,向金融机构申请订单融资。金融机构要审核核心企业的信用状况,以此为依据确定授信额度。提供的贷款在封闭账户中支付“订单池”中所列订单的采购款,且仅限于“订单池”中的订单。核心企业支付货款后要优先在封闭账户中偿还贷款,如图 9.4 所示。

对核心企业而言,可以延长付款期,缓解流动资金的压力,而仅仅是让渡了闲置的信用额度。对上游供应商(中小企业)而言,个体订单额度较小,企业集群分散订单汇聚成池,可以循环融资。在资金紧张的情况下,利用核心企业信用,提前收款,融到了资金,解决了困境。对银行而言,扩大了业务范围,利用上下游企业资金需求“空档期”,提高了资金的有效占用。封闭账户保证了信贷资金回笼,降低了风险。

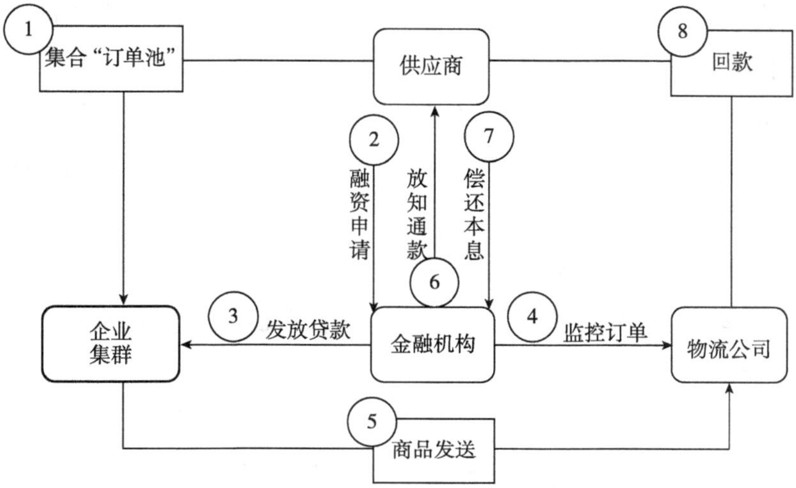

图 9.4 “条状”联系的中小企业集群集合订单融资模式

②“条状”联系的中小企业集群保理池融资模式。根据中小企业集群所在供应链成员企业之间的交易对手、结算方式、赊销账期、交易频率等交易要素,采用应收账款池融资模式。因为中小企业集群中的成员企业一般单笔业务规模小,客户多,应收账款笔数多但较为分散,如果采用应收账款质押融资模式,对应单笔获得的信贷资金数额较小,且增加了交易成本。而中小企业集群可以将成员企业分散的应收账款集中起来,将不同中小企业的应收账款蓄水成“池”(图 9. 5),只要保证每笔应收账款对应的是核心客户,以应收账款池的规模确定授信额度,在整体容量内贷款期限、金额不必与单笔应收账款一一对应,而是根据应收账款整体容量授信,每收回一笔应收账款,除了优先结清贷款外,一定要保障贷款额度和整体应收账款池容量相匹配。以应收账款回款为风险保障措施,既满足了核心企业赊销采购需求,又能使中小企业提前收到应收账款,实现了产业链条中的核心企业和中小企业共同受益。银行可以简化频繁的融资手续,只要重点关注应收账款池余额的管理即可,真正实现了多方共赢。

应收账款池融资模式具体运作:集中中小企业集群成员的小额分散的应收账款,形成“应收账款余额池”。银行仔细审核“应收账款余额池”的质量,包括基于中小企业的下游核心企业是否为信誉度较好的国内外大企业、上下游企业的历史交易记录是否良好、物流管理是否规范、有无不良信用情况，由此确定授信额度。核心企业支付货款后，供货商中小企业可以用新的符合条件的应收账款置换出相应资金。

在日常监管中，对于已经结算的或成为坏账的应收账款要给予自动出池。对于已到期但尚未收回的应收账款，可以给予适当宽限期。只有超出宽限期的应收账款才出池。

银行的授信额度不能高于应收账款池的规模。当应收账款池不足以覆盖信贷额度，需要中小企业集群及时补充池余额，否则，必须归还贷款。

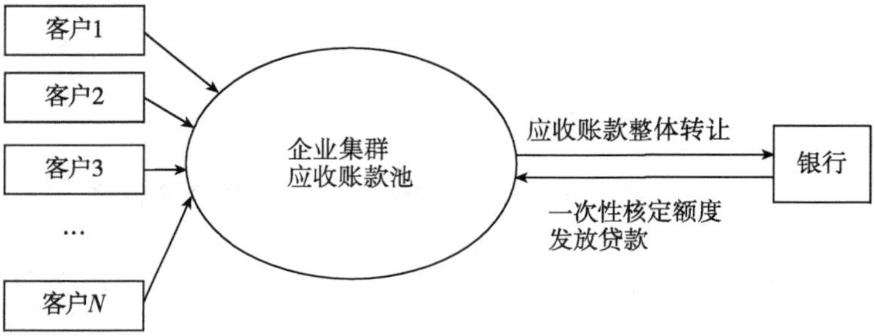

图 9.5　应收账款池融资

(3)核心企业下游购货商供应链融资模式

①存货动态集中质押模式。存货动态集中质押是将中小企业集群从核心企业购进的动产集中质押的授信业务。质押的存货由物流公司接受银行的委托进行监管，存货的出库必须由银行核定，不得低于授信核定的限额。

存货动态集中质押一般涉及四个主体：银行、中小企业集群、物流公司、核心企业。汇集核心企业与中小企业集群成员企业签订的购销合同，由核心企业将交易存货交由银行质押，为中小企业申请贷款，除留一定比率的保证金外，该贷款作为销货款回笼给核心企业。物流企业接受银行委托监管存货，监管费由银行支付。银行根据保证金给予中小企业提货单，中小企业提货后销货款用于补充保证金再次提货，如此周而复始，直到商品全部提完，货款全部回笼偿清贷款。

存货动态集中质押对中小企业来讲，在没有其他抵、质押物品或担保的情况下，可以集中企业集群从核心企业订购的存货从银行获得授信。中小企业集群的存货质押贷款弥补了抵押品不足的问题，获得了流动资金，使生产和销售正常进行。从核心企业批量购置存货又降低了采购成本;银行贷款质押从固定资产衍变到存货,变现力增强,风险下降;物流公司的加入增大了盈利空间,使供应链金融这一新的融资模式内涵更为丰富。

②核心企业退款承诺下融资模式。核心企业与中小企业集群签订的购销合同中设有退款承诺项,由核心企业承担货物滞销风险。银行接受交易货物抵押为中小企业提供信贷,其他运作类似于存货集中质押融资。一旦出现市场风险,由核心企业收回商品,退还货款给银行,如图 9.6 所示。

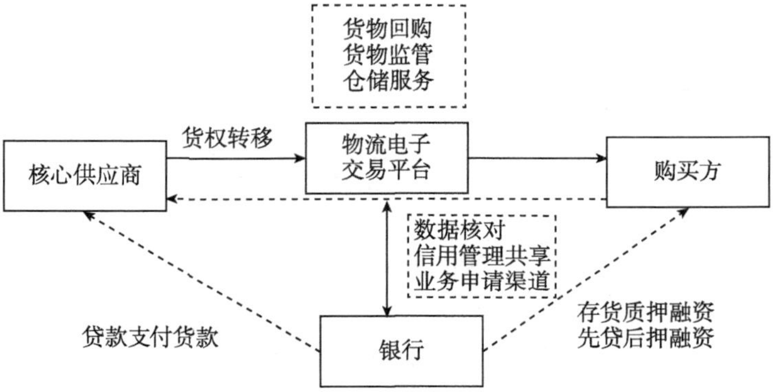

图 9.6　退款承诺担保项下经销商链式融资①

——→ 货权转移; - - - -→ 资金流转移

核心企业退款承诺下的中小企业融资运作流程如下：银行与核心企业、中小企业集群签订合作协议；银行根据质押存货给中小企业授信，资金除留一部分保证金外，其余交给核心企业；中小企业根据保证金提货，保证生产和销售，货款回笼后交回银行作为保证金再次提货，如此循环，直到保证金足以清偿贷款和核心企业的货款；银行向物流企业支付监管费；如果贷款到期，中小企业没有全部提货，银行通知核心企业提货或退款。

9.1.2　产业集群内与核心企业没有交易关系的中小企业供应链融资模式

中小企业集群中的成员企业与核心企业没有交易关系，因而不能借助核心企业信用获得融资的，可以采用集中采购融资业务。

① 参考北京银联信投资顾问有限责任公司相关信息,2012。

图 9. 7 为集中采购业务运作流程。中小企业集群集中采购融资，由银行为中小企业和核心企业牵线，中小企业集群组织集合多个成员企业的需求和资金，与核心企业签订购销合同，银行提供担保，中小企业集群获得的商业折扣大大高于单个成员采购所获得的商业折扣。

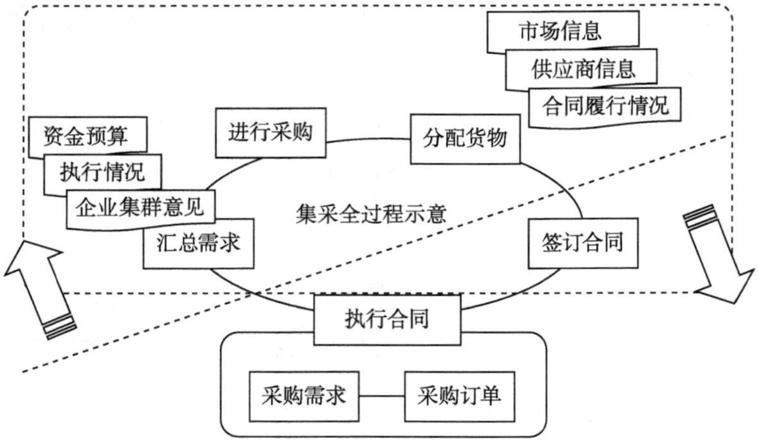

图 9. 7　集中采购业务运作流程①

中小企业集群与银行签订采购资金委托管理协议。银行接洽核心企业，签订集中购销合同。提货单由银行保管，中小企业集合采购资金交给银行，成员企业按出资份额获取订单。

中小企业一般订单小，达不到核心企业规定的商业折扣条件。银行居间牵线，中小企业集群汇集资金，签订集中采购合同，可以最大限度地获得商业折扣。同时，银行担保可以保证资金安全。

9. 2　“块状”分布的供应链金融与中小企业集群融资对接模式创新研究

“块状”中小企业集群兴起于城市边缘，产业相对集中，专业化特色明显，如濮院羊毛衫、海宁皮革、东莞厚街家具、绍兴柯桥轻纺等。构成“块

① 杨文彦，吕文胜，赵瑞. 中国联通产品式集中采购信息化建模分析[J]. 信息通信技术，2012(5)：12 - 17.

状产业集群”的通常不少于10家，这种类型的中小企业集群一般地域集中度较高，尤其以浙江省为最，“扎堆”现象较为普遍。近年来浙江省以互联网企业为龙头打造“塔式经济体”，作为座基的是大量的“块状经济”产业“集团军”。富有活力的“块状”中小企业集群不仅吸纳了大量当地劳动力，还推动了城乡一体化的进程，在优化经济结构、增加经济总量方面扮演的角色举足轻重。

在企业融资方面，浙南民间借贷源远流长。“块状”中小企业集群中的“金兰会”“盟兄弟”等组织，在资本市场欠发达的年代，对解决中小企业融资问题起到了极大的纽带作用。但进入21世纪，民间融资演化为高利贷的现象越来越普遍，无力还贷的中小企业主有的“跑路”，有的甚至以“自杀”的方式逃避债台高筑、难以偿债的困局。中小企业集群互联担保借贷发生风险传染，多米诺骨牌轰然倒塌。因此如何利用供应链金融破解“块状”中小企业集群融资难的问题既迫切又具有现实意义。

9.2.1 “块状”中小企业集群借助供应链融资的内在机理

典型的供应链金融一般凭借核心企业信用，对其上下游企业进行订单抵押、存货抵押或应收账款抵押贷款。目前能够获得供应链金融支持的都是与大型国有企业、上市公司等龙头企业有业务往来的中小企业。但令人尴尬的是，“块状”中小企业集群成员的实力相当，没有龙头企业保驾护航，所以需要挖掘“块状”中小企业集群供应链融资的可行性。实践中，“块状”中小企业集群除了拥有完整的上下游供应链外，还具有以下可以借助供应链融资的优势。

（1）“块状”中小企业集群成员企业之间存在关联性

“块状”中小企业集群成员企业之间在产品生产技术方面有机关联，它们一般同属于一个价值链，但又联而不合，独立决策，自主经营。成员企业之间的关联性有以下三种类型：纵向关联，如组装生产机器的企业，有群内多家企业为其提供零部件；横向关联，如接到大订单超过自己生产能力的企业，可以再向群内其他企业下单，有优先购买群内其他同类生产企业产品的权利；通过相互参股实现成员企业之间高关联度的关系。所以，“块状”中小企业集群成员之间的这些关联性，为企业利用供应链融资提供了先天有利条件。

（2）“块状”中小企业集群成员企业所处地域具有集中性

“块状”中小企业集群成员企业一般处于同一地域，这种布局决定了相关信息的扩散和传递较为迅速，邻里响应和连带效应较为显著。尤其像供应链金融中的存货抵押不需要重建库房，而且可以做到随时不定期监管，制定质押政策更为灵活，交易成本和风险管理成本都会随之下降。

（3）“块状”中小企业集群存在天然内生的信誉机制

“块状”中小企业集群中天然内生的信誉机制包括中小企业集群内内生的奖励机制、惩罚机制和监督机制。对于有纵向关联的中小企业集群，可以通过商业信用的形式进行隐性内源融资，当成员出现财务困境不能按期结算款项，由于集群内监督机制的存在，债权人能够主动给予对方延期付款的可能。但如果出现恶意违约行为，“块状经济”优越的信息传递机制就会起作用，企业会自然地在惩罚机制的作用下，集体将违约者摒弃于产业链之外，除非违约者整体搬迁（需付出巨大的机会成本），否则在隐性惩罚机制下，违约者会没有生意可做。当债务人能够按期还款，在奖励机制的作用下，其他产业链企业会增加与其交易的次数。对于有横向关联的中小企业集群，在“抱团”融资的情况下，有严格履约、恶意违约、非恶意违约三种情形，同样受信誉机制的制约。“块状”中小企业集群成员之间较为熟悉，这种“一言一行”都受瞩目和围观的监督机制的存在，使得成员企业如果隐瞒真实情况就需要付出巨大的声誉成本，因此会约束企业自身培养契约精神。

9.2.2 “块状”中小企业集群“双池”联保联控融资模式

对“块状”中小企业集群而言，单纯依赖集群内部内源融资很难解决成员企业普遍存在的资金不足的问题。外源融资开拓供应链融资方面，集群内成员一般实力相当，具有核心地位的龙头企业较为稀缺，所以要满足目前供应链金融的要求还存在一定的困难。对金融机构而言，主要是缺少有效的增信手段和银企之间存在严重的信息不对称问题，很难正确判断中小企业的偿债能力和信用水平，难以有效把控风险。因此，需要探索能够契合“块状”中小企业集群特点的供应链金融新模式，既能为久处困境的“块状”中小企业集群成员企业“输氧送血”，又能使实体经济真正获得发展动力，将金融机构资金真正用在“刀刃”上，实现良性互动。根据企业实践，这里提出“块状”中小企业集群“双池”联保联控的融资模式。

（1）“块状”中小企业集群“双池”联保联控融资模式的内涵

“双池”一是指“块状”中小企业集群建立的“联保资金池”，成员企业汇入资金池的比例以自身一定时期内（如一年）融资规模的一定比例缴纳，一般要考虑成员企业的承受能力不高于融资规模的 5%。注入的资金既可以是现金，也可以是信誉度高的订单、应收款，还可以以不动产和存货替代。二是指地方政府建立的“助保资金池”，整个资金池实质上是政府建立的风险补偿资金池，代替了供应链金融中龙头企业的角色。政府利用大数据筛选信誉度高的“块状”中小企业集群，为其进行组织增信。“双池”资金使原来无法提供足额抵押物和担保金的中小企业被纳入银行授信对象中，最大限度地缓解了信息不对称问题，使中小企业可以获得信贷支持。

集群企业成员在申请授信时，由政府和金融机构联合筛选，确定授信对象和授信额度，成员企业拿到 80% 的授信资金，20% 的资金作为保证金由政府扣留并委托金融机构管理。成员企业交易回款由银行直接扣留，直到还足 80% 的本金及 100% 的利息。如果成员企业不能按期还款，银行将 20% 的资金划回，不足部分由“块状”中小企业集群建立的“联保资金池”支付贷款，其余由政府和银行各自承担 50% 分担风险，政府承担部分由建立的“助保资金池”代为支付。代偿后，金融机构继续追偿，追回的资金在扣除追款费用后，按比例返回给银行、政府及中小企业集群“联保资金池”。

（2）“块状”中小企业集群“双池”联保联控融资模式的增信逻辑

金融机构的授信对象一般针对优质客户。在寻找潜力客户的过程中没有科学的社会征信体系可利用，因此存在“贷款难”的问题。而中小企业难以获得信贷支持的主要原因是缺少有效资产抵押，银企之间既存在严重的信息不对称问题，又存在缺失社会征信体系无法挤入金融机构授信门槛的问题。而“块状”中小企业集群“双池”联保联控融资模式解决了银行授信不足的问题，为中小企业提供了双重增信机制，如图 9.8 所示。

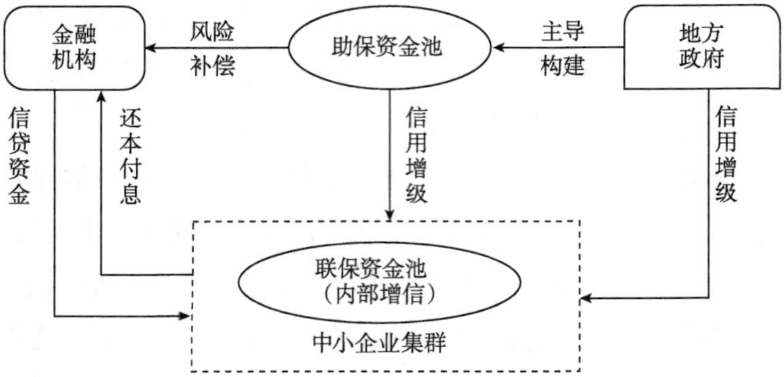

图 9.8 “双池”联保联控融资模式的增信逻辑

①内部“抱团增信”机制。针对“块状”中小企业集群存在单个成员实力弱、规模小的短板，“块状”中小企业集群“双池”联保联控融资模式要求产业集群内所有成员共同出资形成“联保资金池”。以所有成员个体信用整合成整体信用为基础，在产业集群内部实现了个体成员的增信，产生 1 + 1 > 2 的效用，增强了个体获得外部信贷的可得性。这样的组合关系形成产业集群的内部信用网络，贷款企业和其他资金池出资企业之间就形成一种新的契约信用关系，银行承担的贷款企业的信用风险由整个产业集群所有成员承担。

对于产业集群所有成员来讲，实质上是把自己未来所获得的贷款提前拿出一小部分组成资金池，实现资金流优化配置，将所有成员利益联系在一起，放大了个体信用，使得缺少抵押品的个体中小企业获得了贷款机会。同时，在产业集群成员的贷款期限内，信用契约的履行关系到所有人的利益，“一荣俱荣、一损俱损”。如果有个体违约，带来的损失可以由其他成员的收益增值来弥补，降低了金融机构可能承担的损失。当然，其他成员会通过内部制裁和惩罚机制增加其违约成本，严重的可以集体联合金融机构向法院申请其破产。

但是，因为“块状”中小企业集群所有成员距离较近，信息较透明，很容易发现贷款企业出现财务困难的情形，此时可以迅速做出集体决策采取措施将损失降到最低限度。尽管如此，产业集群联保基金委员会也要建立相应的风险阻隔机制。例如，对于恶意违约的企业，除了事先要有相关条款规定取消其凭借资金池获得贷款资格外，还要在事后通过法律手段对违约者进行一定的惩戒，以此达到治理中小企业的违约风险，提升整个产业集群整体信用水平的目的；坚持成员企业先还后借的原则，以保持资金池的稳定和后续联保贷款的持续顺利运行。

“块状”中小企业集群“双池”联保联控融资模式在使单个成员信用升级的基础上，产业集群整体信用度会得到放大和增级，这种信用增级产生的规模效应可以使中小企业获得外部信贷的可能性大大提高。抵押资产范围的扩大有助于企业获得供应链金融形式的银行贷款。

②外部“借力”增信机制。“块状”中小企业集群“联保资金池”的形成主要因为中小企业缺少抵押物从而很难获得金融机构的资金支持。对于本来就存在资金短缺的中小企业，能够提前拿出的资金有限，而且加入“联保资金池”本就受到中小企业财务状况的影响，规模有变动，因此，单纯依赖中小企业集群内部的“联保资金池”从外部获得贷款的数量也受到限制。因此除了利用中小企业集群内部联系紧密的优势实现内部增信以外，还可以借助外力实现外部增信。外部增信，是指高信用拥有者将“信用效应”外溢给低级别信用主体。实践中，高信用主体有政府、担保机构等。

从政府角度来讲，对中小企业经营情况的知悉程度，地方政府比金融机构更具有天然优势。它们通过统计部门和行业主管部门掌握了更多的有关中小企业发展前景的信息，知道哪些企业有前途，哪些企业将要被淘汰，哪些企业是优质企业，哪些企业融资困难，哪些企业的发展项目需要扶持等。因此，地方政府设立风险补偿基金，在中小企业集群“联保资金池”的基础上，再添“助保资金池”，可以进一步为中小企业集群增信，深度解决中小企业信贷申请中，缺抵押、缺担保、缺信息的窘境。政府“助保资金池”的规模取决于金融机构当年给予中小企业集群的信贷总额，一般以能撬动银行贷款业务为上限。具有“以小博大”财政资金放大效用的政府风险补偿金实际上是一种信贷杠杆，使得“块状”中小企业集群通过外部增信，由低级别信用主体提升为高级别信用主体。

从担保机构来讲，在出借信用给中小企业后，中小企业获得从金融机构贷款的资格，但担保机构因此承担了较大的信用风险，与自身获得收益似乎不太匹配。因此，近年来通过担保机构获得贷款的大多是优质中小企业，弱势中小企业依然被担保机构拒之门外。

所以中小企业集群通过外部增信，按优先次序来讲，首先是地方政府。一方面，政府具有公信力，金融机构对政府牵线更信任，接受度更高。另一方面，政府承担此角色的主要目的是促进地方经济发展，将取之于民的财政收入又用之于民，通过设立“助保资金池”，利用财政资金的资金撬动效应，为为数众多的中小企业解决资金困境，推进中小企业为地方经济发展添砖加瓦。中小企业的通过政府增信的手段解决了燃眉之急，实现了地方政府、金融机构及中小企业集群三方共赢。

③内外约束实现风险共担。“块状”中小企业集群内部的“联保资金池”只是企业的或有成本，如果贷款企业能按期还款，联保资金会如数返还。如果贷款企业到期未能还款，除了中小企业集群内部起监督和惩罚作用的声誉机制外，由“联保资金池”中的资金代为偿贷，不足部分由政府“助保资金池”和银行共同承担。三方共担损失的融资模式极大地提高了中小企业的信贷可得性。

（3）“块状”中小企业集群“双池”联保联控融资模式运行程序

“块状”中小企业集群“双池”联保联控融资模式运行程序如图 9.9 所示。

①组建中小企业集群“联保资金池”。中小企业集群成立独立联保资金管理中心，由各成员企业财务经理组成联保资金管理委员会，进行集体决策，并对资金来源、去向进行监督。“联保资金池”的账务由联保资金管理中心指派专人记账。自愿加入的成员企业要向联保资金管理委员会递交申请，由各成员企业财务经理集体讨论，审核借款项目的真实性及开发前景、历史信用、还款能力，进行投票筛选，遴选出信用度好、符合联保融资条件的优质企业。加入联保资金池的企业，得票率要超过 50%。每年年初，“联保资金池”成员企业将自己本年度的融资规模计划报联保资金管理委员会，委员会根据总的融资计划确定“联保资金池”的规模和成员出资比例。对于以信誉度高的订单、应收款、存货做“代金券”的，要求其资金回笼后首先汇入资金池。

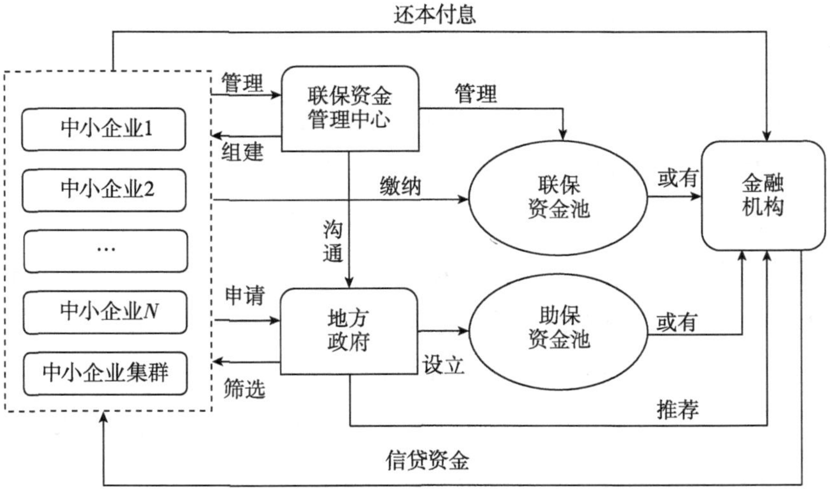

图 9.9 “块状”中小企业集群“双池”联保联控融资模式运行程序

中小企业集群的联保资金管理中心设立的“联保资金池”，汇集了整个产业集群成员的个体信用，并将其嵌套在中小企业集群整体信用中，实现了个体企业的信用增级。打包后的资金池可以帮助成员企业对外开展融资活动，解决了成员企业一部分融资需求。

②设立政府“助保资金池”。对地方政府来说，根据当地金融机构助力中小企业发展的贷款规模计划，考虑符合政府政策导向，产业发展需要重点扶持中小企业数量，以政府资金 10 倍的放大效应确定当年“助保资金池”的规模。地方财政投入的“垫底”资金，起到了撬动银行信贷的杠杆作用，银行以放大至少 10 倍的资金规模配给中小企业集群，解决了部分优质中小企业融资难的问题。

按照“大数定理”，优质中小企业的违约概率较小（除非发生严重的财务困难），即使有个别企业不能按期还款，在中小企业集群的“联保资金池”覆盖部分风险的基础上，地方政府的“助保资金池”与银行共担风险，所需支出的风险补偿金的资金损失比较小，并且“助保资金池”资金可以长期循环使用，还有一部分存款利息的收入。与政府对中小企业单纯的财政补贴相比，杠杆作用更大，运作更符合市场化规则，惠及的中小企业更多，可持续发展更强。

对即将纳入助保范围内的中小企业集群，政府部门要通过科学筛选，合理引导信贷资金流向有利于提升地方经济发展的实体经济，达到“定向”扶持需要优先发展的行业，实现信贷投向与产业政策有效对接。

③金融机构放贷流程。在“块状”中小企业集群“联保资金池”和地方政府“助保资金池”的联合作用下，由中小企业提出贷款申请，地方政府审核后同意给予助保，交由金融机构放贷给企业。企业只能拿到80%的信贷资金，20%的贷款由政府扣留并委托金融机构管理。贷款利率适当下浮，以降低企业的资金成本。贷款到期，企业还回80%的本金和100%的利息即可。如果不能如约还贷，先由中小企业集群“联保资金池”清偿，不足部分由地方政府“助保资金池”和金融机构各自承担50%。

对银行来说，以自身的资源优势，借助政府的信息优势，不仅丰富了金融产品，实现了批量化的营销，而且在双重增信机制的保障下，使风险得到了有效控制。

（4）“块状”供应链金融与中小企业集群融资进一步对接的策略

①寻找“准龙头企业”降低风险。中小企业借助供应链融资，链内拥有龙头企业是基础。而“块状”中小企业集群在缺少龙头企业的情况下，可以发掘集群内的准龙头企业。例如，从事收购和分散中小企业商品，并进行进一步深加工再出售的企业，其规模虽然不大，实力无法和大型企业相媲美，但只要有稳定的销售渠道，货款回笼有保障，金融机构经过实地调研掌握实际情况以后，就可以为准龙头企业和上游的中小企业集群牵线。当然要让准龙头企业对上游企业进行筛选，因为通过长期、稳定的合作，准龙头企业已经了解上游企业的信誉度及经营实力，将收购的商品为其担保，能够使上游被选中企业获得批量授信。准龙头企业的销售款回笼到银行，以偿还完贷款为限。

②解决准龙头企业缺少参与动力的问题。在“块状”中小企业集群供应链融资中，准龙头企业承担的风险较大。所以地方政府和金融机构在激发准龙头企业参与动力的机制上要实地调研，听取准龙头企业的诉求，帮助合作各方建立利益平衡机制，同时给予准龙头企业一定的政策补贴和利率优惠，这样才能从根本上解决准龙头企业参与动力不足的痛点问题。

9.2.3 借助保险公司作为核心企业的中小企业集群供应链融资模式

保险作为风险分担的主体，参与中小企业供应链融资可以降低应收账款产生的坏账风险，保障在途存货的安全。国际上知名的金融机构在推行供应链金融业务时，已经尝试和保险机构合作。缺少核心企业的“块状”中小企业集群供应链融资可以借助保险公司作为核心企业，解决信用保障的问题。

借助保险公司作为核心企业的“块状”中小企业集群供应链融资是商业银行、“块状”中小企业集群、保险公司三方建立的一种风险共担合作模式。其中，“块状”中小企业集群管理的主体有开发园区、行业协会等，是对优质企业具有聚集效应的单位；金融机构与保险公司在供应链融资（图 9.10）中的协作要点包括：买卖双方签订购销合同；卖方向保险公司购买信用保险；卖方、保险公司和金融机构签订协议，卖方将获赔权利转让给银行；当保单约定的违约风险发生，保险公司支付保险赔偿金给银行。

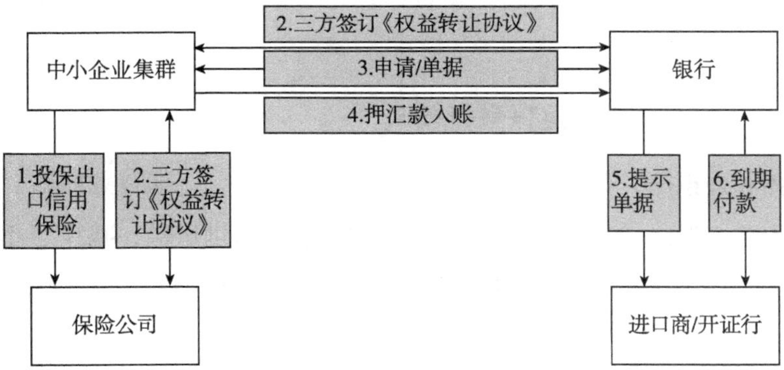

图 9.10 借助保险公司作为核心企业的“块状”中小企业集群供应链融资

9.3 “商圈”性质的供应链金融与中小企业集群融资对接模式创新研究

“商圈”是指集聚在某一地域的从事商业贸易企业的集合，如购物中心、物流园区。近年来，随着互联网的普及和发展，电子商务兴起，构成互联网环境下的“商圈”。虽然实体的商业街区、商品交易市场门前冷落，但能够顺应形势积极转型的“商圈”从线下转战到线上。淘宝、京东的小商户构成跨界和跨地域的内涵更为多元化的“商圈”。它们的资金需求较稳定，上下游交易客户一般以中小商户为主。

无论是线下还是线上的商贸企业，由于经营规模小，财务制度不健全，因此处于小商户占多数。除了民间融资以外，小商户缺乏抵押物和良好的信用记录，一般很难获得银行信贷资金的支持。融资难的问题制约和束缚了“商圈”内企业的健康发展，要解决“商圈”内商品流通企业的资金难题就需要创新与之相适应的金融产品。《关于促进商圈融资发展的指导意见》的出台，让该类具有融资困境的企业看到了一线曙光。

《关于促进商圈融资发展的指导意见》提出，无论是线下实体的“商圈”，还是线上虚拟的“商圈”，都应该探索符合该类企业的融资模式，可以以“商圈”整体与金融机构合作，建立企业商业信用评价和认证机制。以“商圈”整体融资，解决了小商户单个信用不足的问题，同时交易成本的降低也推动了金融机构积极与商圈企业合作，在承担风险降低的前提下扩大了业务范围。

9.3.1 “商圈”担保融资模式

实体和虚拟的“商圈”企业可以借助第三方平台，如行业协会，在授信过程中为其担保。借助“商圈”整体信用为成员提供担保，减少了小商户和银行间的信息不对称。金融机构有了“定心丸”，就会积极展开与“商圈”企业的合作。

例如，佳利商贸城为江西省上饶市的知名“商圈”，为了从农村信用合作社获得贷款，接受第三方机构担保公司、商会连同农村信用合作社对所有商户的信用情况进行评价和筛选，最终有247家商户脱颖而出，被列为可以授信的对象。具体运作如下：先由市场管理机构推荐，担保公司提供担保，申请农村信用合作社信贷支持。有了市场管理方与“商圈”商户的批量对接，有了担保公司牵线搭桥，为商户提供担保，可有效地解决单户商户申请授信担保难的问题，有利于商户做大、做专市场，使客户违约风险得到有效控制。小商户与银行“联姻”成功，不仅使分散的小商户有了“娘家人”，背靠

“商圈”还从整体上放大了单个企业的信用，使融资难题迎刃而解，而且有了市场管理方的监督平台，银行承担的风险随之降低。

9.3.2 批量对接服务模式——商铺经营权集合质押融资

实体商圈中的个体商户一般拥有商铺和柜台的使用权和续租权，但这些商户一般没有法人资格，规模小，没有会计，没有担保和抵押资产。它们所需要的资金数额小、周转快、借款期限短，主要用于购进商品的预先垫支，所以银行可以接受商铺的使用权质押即权利质押，为其提供信贷资金。

例如，义乌国际商贸城作为规范的交易市场，管理和经营集中，商铺和柜台有 7 万多个，由政府出台使用权指导价，后续由市场调控，使用权价值有迹可循，容易评估，而且实际转租价值也较大，银行对此类质押物更易于接受，因此批量“商铺贷”成为义乌国际商贸城主要的融资模式。对于商户，商铺质押融资解决了抵押物缺乏的囧境，盘活了商铺使用权；对于银行，商铺转让较为容易，有合理的转让价格保证更易于变现。

9.4 本章小结

不同类型的中小企业集群供应链融资要有与之相适应的供应链金融产品。针对与核心企业有交易关系的“条状”联系中小企业集群，可以采用集合订单融资模式、保理池融资模式、存货动态集中质押模式、核心企业退款承诺融资模式；与核心企业没有交易关系的“条状”联系中小企业集群则适合采用集中采购融信模式。对于“块状”中小企业集群，设计了“双池”联保联控融资模式，分析了借助保险公司作为核心企业的中小企业集群供应链融资模式。对中小商户集中的“商圈”，则可以采用商圈担保融资模式、商铺经营权集合质押融资模式。

第 10 章

案例分析：以循环经济体集聚的农村中小企业分层融资模式

乡村振兴不仅要建设美丽乡村，而且要实现农业强，农民富足。粗放式经营的传统农业，使得农村污染和生态退化有蔓延之势。而绿色农业的发展，则有效遏制了生态恶化，是美丽乡村可持续发展的基础。农业循环经济将农业发展建立在与环境和谐共处上，是在农业生产过程中，尽可能减少自然资源的消耗，特别是控制不可更新资源的投入量及末端废弃物排放量，注重生态保护，实现资源的物尽其用和农业清洁生产。

农业部的《循环农业促进行动实施方案》于 2007 年实施，2015 年提出 2020 年在粮食主产区基本实现农业资源循环利用，2030 年实现农业废弃物趋零排放。之后，为了鼓励绿色农业发展，2017 年，《关于创新体制机制推进农业绿色发展的意见》出台。它是对之前相关举措的有益补充，这些文件为农业循环经济发展扫清了制度障碍。

与此同时，由众多农村中小企业形成的农业循环经济体，强调资源的节约和高效利用，强调以先进的技术为支撑。通过技术创新改进传统生产模式，这无疑需要充足的资金来保障。基于生态产业链视角，农业循环经济生产环节，既涉及农作物的种植、农畜的饲养、废弃物的再加工等，也包括产、供、销等管理环节。各产业的不同农村中小企业之间，通过商品流、资金流、物流、信息流进行融合，形成废弃物循环再利用的新的生态农业新格局，实现了经济与生态环境的“双赢”。这种独具特色的产业链需要有创新的绿色金融来支持，既倡导了绿色环保生产，又解决了资金流不足的难题。农业循环经济运行的多层次性，决定了其融资方式的需求也呈现多样性。

目前，虽然国家对循环经济给予资金补贴和税收优惠，但以政策主导的融资工具，远远不能为农业循环经济提供足够的资金支持，绿色农业发展道路持续面临融资困局。因此，市场经济体制下，还需要更多的资金供给者支持循环经济产业链的健康运行，需要从农业循环经济运行机制视角创新农村中小企业分层绿色融资模式，识别不同融资模式对农业循环经济不同层次主体的影响效果，优化绿色金融助力绿色农业发展的保障机制[341]。

10.1 以农业循环经济体集聚的农村中小企业融资现状

10.1.1 农业新型经营主体融资面临的困境

发展绿色农业、实现现代化，都需要资金供给。绿色融资对于新兴经济体来说不仅关系到环境治理，还可以提高绿色产品产出效率，改善人类健康需求（Forstater 等，2016）[342]。但由于绿色项目认证度难、周期长，在缺乏有效的激励相容机制的条件下，银行开发绿色金融产品的动力不足（鲁政委和方琦，2018）[343]。在德国，金融扶持农业发展的力度比较大，几乎所有金融机构都有针对农业发展的金融产品，并且其贷款利率有上限要求。对于需要优先发展的农业项目，要求降低利率予以支持（赵志刚，2015）[344]。在美国，不同层次的农业金融体系对接农业现代化过程中的不同主体融资需求，是传统农业向现代化农业转型的重要的助推器（叶前林，2014）[345]。在我国，农业发展大多依靠财政补贴。但王永华和王泽宇（2017）指出，政府对农业企业补贴是一把双刃剑，既有政策激励效应，也有外部融资的抑制效应。负面效应不是政府扶持农业发展政策的初衷，所以政策制定要根据补贴的多样性和异质性合理定位资金投向[346]。

像家庭农场、合作社等农业新型经营主体，具有明显的示范功能，可以集聚资源、集约经营。由于其实行规模化生产，无论是在销售渠道开拓方面，还是在辐射引领作用方面，都优越于小农户分散经营（张红宇，2017）[347]。金融助力这些经营主体的成长，也面临机遇和风险的挑战。

对于家庭农场，农户积累的自有资金远远不能满足长远发展的需求。当家庭农场面临资金极度紧迫时，能否顺利获得外部融资是决定其能否生存的关键（Jane 和 Reay，2015）[348]，外源资金主要来自正规银行和民间借贷（高彦彬，2013）[349]。家庭农场的特征及农场经营者的背景既影响其获得正规贷款的可能性，也影响其对外源融资渠道的选择。在正规金融机构抵押贷款约束下，家庭农场往往因为缺乏抵押品，难以取得信贷融资（许兆春，2013）[350]。受自然天气不确定状况的影响，以及对市场预判不准，可能会出现农产品价格波动较大的风险，金融机构对家庭农场贷款资格的审核较为审慎和苛刻，真正能获得银行信贷支持的较少（付剑茹和吴程灵，2019）[351]。宋磊和李俊丽（2006）等针对山东新泰市调查发现，农村正规金融机构对农业发展的资金需求缺少有效供给[352]。农业关系民生，是社会前进的基石，而金融机构提供给农业发展的资金支持严重不匹配，资金供给不足，由此造成农业发展出现资金缺口，并呈现逐年上升趋势。东部地区由于资金投入农业发展的机会成本高，配置下滑趋势明显。而西部地区存在农业发展资金严重不足和利用效率低下的双重瓶颈（王静等，2014）[353]。无论是农业银行还是农村信用合作社，商业化经营倾向使得资金流向非农企业。加上农业贷款受农户信用度的影响，当政府财政贴息和税收优惠力度较小时，缺少相应的风险分担机制，高风险得不到相应的补偿，这些金融机构就会失去支农的积极性（赵海燕，2013）[354]。习皓萌等（2018）主张在农村土地确权的基础上，建立和完善土地流转交易机制，发挥中介机构桥梁纽带作用，促进土地适当集中，降低交易成本，拆解家庭农场扩容过程中的壁垒，保持正规金融机构资金供给顺畅。同时，引导更多资本进入新型农业，缓解家庭农场的资金压力[355]。

对于农村信用合作社，Lerman 等（1993）提出，农村信用合作社存在股权融资约束，农村信用合作社核心“能人”在财富存量上具有优势，普通农户投资激励不足，合作社股权安排严重依赖核心“能人”[356]。Bijman（2005）发现，合作社成员存在异质性，普通农户对合作社的忠诚度和信任度不高，因此，合作社中成员的联保贷款违约风险较大[357]。姜松（2018）认为，依托合作社的各成员相互担保的融资方式，仍然没有脱离小额贷款的制度安排[358]。王睿和周应恒（2019）从深层次分析提出，新型农业经营主体，如合作社，虽然从表面看是公司化运营，但实际融资决策依然驻足在农户自主决策水平上。低交易成本获得资金，成为其理性优先选择。但从实质上来讲，融资成本之外的无限连带责任才是新型农业经营主体需要正视的重要问题[359]。

10.1.2 支持农业发展的新的融资模式分析

随着家庭农场、农业合作社等主体嵌入产业链，与越来越多的上下游企业展开纵向协作，供应链金融开始运用于农业领域（刘冬文，2018）[360]。供应链金融在农业领域的应用，使得小农户借助龙头企业获得信贷支持。因为供应链金融特有的信用捆绑机制、信息互通机制及违约惩罚机制，使交易成本减少，农户获得银行贷款的难度降低（Simmons，2003）[361]。农户参与供应链金融，有利于获得订单，而订单农业又会增加农户对经营性资金的需求，会更多借助价值链获得所需借款，这样不仅解决了农户资金不足的问题，还能促进订单农业融入供应链融资，促进其良性循环和发展（董翀等，2015）[362]。张焙（2018）提出改进的“贷投传递”农业供应链融资模式，核心涉农企业贷款后对家庭农场投资，之后，家庭农场以分红和农产品折价转让的方式，对核心企业进行反哺，避免了借贷资金只集中于核心龙头企业，实现了供应链融资向家庭农场的转移[363]。

阮素梅和蔡如雪（2019）提出了基于社交媒介的互联网众筹模式。社交平台不仅传递农产品信息，给涉农项目进行技术指导和持续跟踪报道，而且挖掘背后感人的故事，加强受众的情感认可，提高了农业项目的众筹绩效[364]。但互联网融资平台的支持范围只限于电子商务圈内的农业企业，而且贷款直接提供给龙头企业，由龙头企业再为上下游企业提供二次融资，金额较为有限，电子商务圈以外的家庭农场无法惠及。涉农众筹平台一般要求供给特色农产品。大众化的粮食、蔬菜缺乏众筹吸引力，因此生产非特色农产品的家庭农场被排除在外（杨菁和张焙，2018）[365]。

10.1.3 金融供给对接农业循环经济现状

传统资源密集型农业经营模式向绿色经济转型，既需要技术和运行机制创新，更需要大量的资金支持（Coenen 和 Truffer，2012）[366]。随着乡村振兴战略的实施，绿色金融支持农业转型备受瞩目。绿色投资存在的极大外部性，知识的溢出效应使得绿色项目必须有较强的“调控推拉效应”做后盾，需要很强的政策调控，推动供给、拉动需求（Rennings 和 Rammer，2009）[367]。因此，政府补贴成为我国农村发展绿色循环经济的主要推动力。但是，政府补贴也滋生了循环经济建设项目随意化，财政补贴不能有效配置，资金使用效益低的问题。在绿色农业发展资金供给中，财政拨款只要起到引导作用即可。政府要通过政策优惠和税收减免动员社会资本、工商资本投资生态农业，从而达到生产转型、提高环境质量的最终目的（周淑芬等，2017）[368]。

农业循环经济融资难的问题需要借助金融支持，但由于其具有高风险性，长期以来银行惜贷。由于农业产业经营风险大，农业保险产品少，覆盖面有限，使得新型经营主体从金融机构筹到贷款的难度加大。而转型发展生态农业、循环经济，可以和新的金融产品如绿色信贷深度融合（杨铁军，2018）[369]。近年来，中国绿色信贷领域发展迅速。截至 2014 年年底，作为绿色金融的主力——绿色信贷余额已达 7.59 万亿元（21 家中国主要银行），是 2010 年的 2.25 倍，年均增长速度达到 27%（中国银行业协会，2015）[370]。据中国银行业协会报告，截至 2019 年年末，21 家主要银行绿色信贷余额超过 10 亿万元。但是，中国的绿色金融仍然以间接融资为主，包括债券、股票、保险投资等在内的直接融资却很少，这不利于降低绿色融资的成本。杨林等（2019）经过研究提出，绿色金融对农业循环经济的支持，主要关注生态循环产业各生产经营环节的资金需求。针对生态农业废弃物的循环再用的绿色金融产品较为缺失，这些环节如有牲畜粪便的处理，秸秆的回收再利用，绿色种植改善土地质量等[371]。周淑芬等（2017）对河北省农业绿色融资情况进行了调查，发现 37.5% 依靠银行贷款，85% 的农户资金来源于亲朋好友和民间借贷。虽然涉农企业都有融资需求，但对相关的绿色金融产品和政策并不了解[368]。

从上述现状可以看出，我国新型农业经营发展面临资金难题。除了有限的财政补贴外，无论是家庭农场，还是农村合作社，虽然通过担保形式、供应链融资模式获得一定数量的正规金融机构贷款，但远远不能满足需求。近年来互联网金融解决了一部分“触网”的“精英农户”资金问题，但对于大量远离互联网的农户来讲，依然远水难解近渴。传统农业转型为对接绿色金融提供了契机。通过大力发展农业循环经济获得金融机构绿色金融的支持，是解决农业产业资金短缺的可行路径。这样才能使金融供给真正发挥促进作用，最终达到金融改革和发展生态农业双丰收。

因此，需要不断创新绿色金融产品支持农业循环经济。同时也要考虑到，不同的农业循环经济实体运行机制不同，产业链连接关系也有差异。所以绿色金融产品也要根据不同层次的运行主体组成的特点来创新。本书基于此背景，根据农业循环经济在实践运行中不同层次主体构成的异质性，设计了不同层次主体的绿色融资模式，并借助案例进行实证分析，可以为完善金融扶持政策，继续推进乡村振兴战略落地提供理论参考。

10.2 农业循环经济参与主体

农业循环经济项目的融资风险和成本较高，导致经营活动成本增加，再加上绿色项目存在高度不确定性、复杂性和异质性，新技术和环保项目的回报率及回报时间的限制，使得本就存在融资困难的乡镇企业缺少动力投资此类项目(Robert 和 Waldemar，2015)[372]。这些企业即使从事一些环境保护活动，也是直接与经营目标挂钩，减少污染物排放、降低环境负面效应也是为了更好地获取经济利益，所以参与农业循环经济项目的多数是农户。这些农户如果只是简单聚集在一起，就会出现其信息渠道不畅通，不能掌握先进的农业技术，产品附加值低、不能保证有足够的资金等，这些客观条件很难支持农业循环经济的持续运行。而且当生产的产品市场占有率不佳，可能还会出现“环保不经济”，这样会削弱农户参与循环经济的积极性（刘佳奇，2015)[373]。

随着农村更多的土地实行集约化管理，农业现代化技术升级换代，循环经济规模扩大，农业循环经济体的组成层级越来越分明，各层级成员构成、实力出现异质性。例如，实力雄厚的家庭农场、合作社会成为核心示范基地，上游的种粮、养殖大户随着规模壮大会随时实力加盟。为数较多的松散型农户，有意愿参与发展绿色农业的会接受培训和技术指导。财力、经营实力均处于弱势地位的小农户是辐射带动的对象，需要政府、村组织及金融机构给予专门帮助。这些不同层级的循环经济参与主体需要有相匹配的融资模式，这样绿色金融才能有效地促进农业循环经济蓬勃增长，还能吸引社会资本积极投资绿色农业。

10.3 农业循环经济典型事例及运行机制

10.3.1 “金—海—绿”农业循环经济典型事例

浙江东海岸宁海县，有一个闻名遐迩的农业循环经济体，即由金龙浦农业合作社主导，由海联牧业有限公司、绿丰生态有机肥有限公司参与的示范农业循环经济体（以下简称“金—海—绿”）。它们处于种植—养殖—绿肥生产完整的产业链中。该农业循环经济体生产运作流程如图10.1所示。

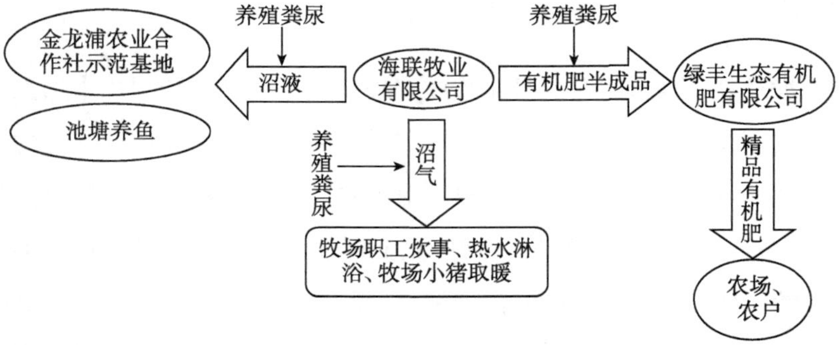

图10.1 “金—海—绿”农业循环经济体生产运作流程

金龙浦合作社是种植精品西瓜等农产品的龙头产业，建有培育种苗的现代温控育苗室、成品保鲜库等。海联牧业有限公司以畜牧养殖为主，涉及猪、牛等。无论是牲畜的存栏还是出栏数量都较大，日产尿液量达到20吨，再加上冲栏的废水，这些废液都需要处置。海联牧业有限公司用这些废水和终端的废渣制作沼气，除了满足牧场内照明、燃气和取暖以外，也为周边群众解决了燃气来源，满足了循环经济体对燃气的使用需要。金龙浦农业合作社对沼液采用一定技术变废为宝，沼流沼渣作为西瓜种植的有机肥，避免了沼液二次污染，节约了购买化肥的资金，降低了成本，培育了绿色、无公害的优质农作物，最终实现了增收节支。牲畜粪便与尿液干湿分离，由绿丰生态有机肥有限公司再加工成精品有机肥，部分产品再卖给金龙浦农业合作社。这种“瓜—牧—沼—肥”农业循环经济模式，不仅实现了海联牧业有限公司牲畜粪尿的有机回收，减少了对周边环境的污染，而且使土壤也得到了改良。金龙浦农业合作社绿色农产品达到了有机食品标准，提高了经济效益。

10.3.2 农业循环经济四级运行机制

循环经济体是典型农业循环经济的核心。“金—海—绿”采用四级运行机制以增强合作效应，如图 10.2 所示。第一级为核心示范级，其目的是通过核心示范基地的建立，培育多个核心示范坊，发展一批核心示范社员。核心示范基地培养的核心社员，具有引领和示范作用。第二级为紧密合作级，以第一级为标杆，利用其示范效应，吸引产粮大户、养殖大户及经济作物种植大户等有实力的成员加盟，建立“以一带多”的紧密的合作生产关系；第三级为松散服务级，主要针对没有参加第一级、第二级合作的实力较弱的社员，提供培训教育和技术咨询服务，使它们的生产经营能力和农业科技水平都能得到提升。第四级为辐射带动级，即在前三级示范引导下，影响其他农户复制、模仿、改进经济行为，隐性起到传、帮、带的作用。

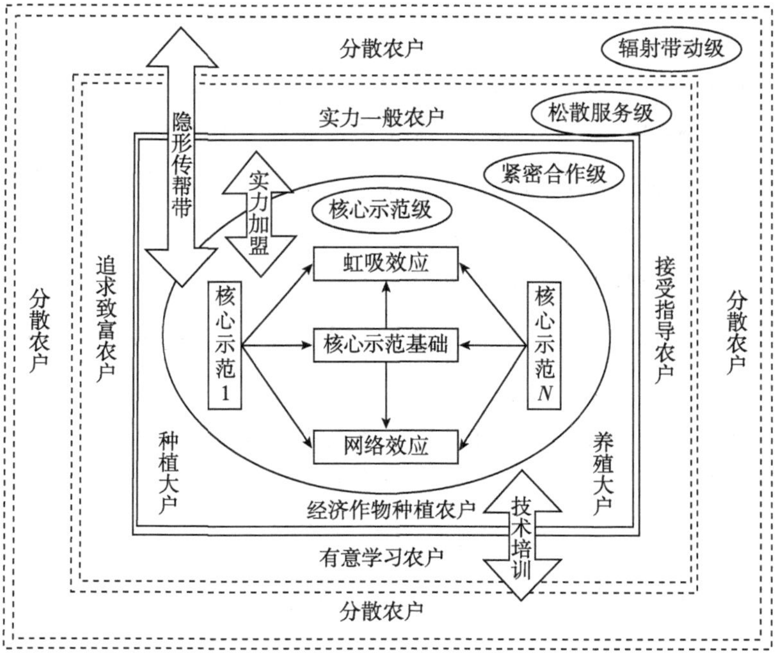

图 10.2 “金—海—绿”循环经济运行机制

10.4 基于运行机制不同参与主体的农业循环经济分层融资模式

10.4.1 核心示范级绿色供应链融资模式

（1）融资模式运行原理

“1 + N”即核心企业加上下游若干中小企业的供应链金融，在实践中已经得到广泛推广。但根据“金—海—绿”循环经济产业链，绿色的“N + N”模式更适用。绿色供应链融资业务是金融机构通过考察整个循环经济体的整体运行环境绩效，根据循环经济产业链上下游买卖关系，为链上企业提供金融支持。在银行审核整个产业链环境绩效信息后，供应商提供订单信息可以得到商业银行的融资支持（预付货款）。购买方可以凭借存货抵押获得银行信贷。每一方的融资成本取决于其他家所提供的增信措施（如担保等），以及整个产业链环境绩效的优劣。环境绩效的优劣既会影响到链上公司持续经营的能力，也会影响到循环经济体的健康运行。

（2）实证检验

①某民营银行“农金通之奶金快线”实践运作模式。“农金通之奶金快线”批量业务模式，是“某银行 + 原奶供应企业（奶牛以吃草为主） + 收奶企业”的合作模式。银行与贷款方（原奶供应企业）的下游奶制品加工企业（若干大型企业）签订战略合作协议，保证原奶生产企业每月鲜奶销售款回笼。由下游奶制品加工企业向银行推荐绿色鲜奶生产优质客户，并积极配合调研，确保取得信息的真实性、准确性。贷款利率为基准利率的 150%，期限为 2 年以内。

贷款采用三户联保，A 合作社为某银行奶牛批量户中的一户，根据半年度月均供应奶量计算的半年度月均奶款约 40 万元。由 B 合作社和 C 合作社提供保证担保，B、C 合作社的半年度月均奶款也均为 40 万元左右。奶制品加工企业每月将合作社的鲜奶销售款打入借款人在银行开立的账户，用来归还原奶供应企业的银行贷款。

银行对原奶供应企业 A 授信额度为其月均奶款的 2 ~ 3 倍，且三户借款人一个月的销售奶款之和需要覆盖此户授信额度，全部以流动资金贷款形式发放。资金用来经营周转购买奶牛、饲料。

②业务总体效益分析。贷款发放对企业 A 购买奶牛及饲料帮助很大。此种模式一是有利于批量获取有真实交易背景的中小企业客户，供应链业务的自偿性及封闭性操作降低了业务风险；二是与客户 A 的经营、货款结算高度融合，有助于批量开发客户（例如，“农金通之奶金快线”同时开拓有 A、B、C 三家客户，类似于核心示范基地的各个示范坊），提升客户活跃度。

10.4.2 紧密合作级绿色结构授信融资模式

（1）融资模式运行原理

农业循环经济体的第二级为紧密合作级，包括产粮大户、养殖大户及经济作物种植大户等。对于这些加盟农户，金融机构实行绿色结构授信有利于分散和降低风险。结构授信是针对整个供应链节点所有企业整体授信，是银行基于真实交易，针对供应链上下游企业总的资金需求，根据供应链成员所在行业特征、总体风险承受度主动授信。单个企业的授信额度受供应链整体信贷额度的限制，一旦达到临界值，单个成员企业就不能获得贷款。以“金—海—绿”农业循环经济体为例，可以凭借整体信用，一方面解决多个农户的资金需求问题；另一方面以整体信用捆绑来授信，解决单个主体信用不足的难题。但是金融机构要关注农业循环经济体的整体风险，一旦出现整体信用度下滑，就立刻终止贷款支持。

（2）实证检验

①“金—海—绿”农业循环经济体“信用担保”融资模式。“金—海—绿”农业循环经济体对于紧密合作层的相关农户出现的资金不足问题，多年来联系信用联社和农保中心根据金龙浦农业合作社整体信用授信。“资金池”中的资金主要分配给缺少资金的农户，由合作社提供信贷担保。在循环经济体运转初期，强台风两次袭击了生产基地，给有些大农户造成了惨重的损失，使其不能按期还款。合作社自愿替这些农户还清贷款本息，一方面保持了良好的信用，另一方面在最困难的时候帮助农户解了燃眉之急，获得了贷款农户的信赖。

②融资模式适用性分析。“金—海—绿”农业循环经济体为紧密合作级农户提供“信用担保”的融资模式，实质上是商业银行以产业链整体信用和循环经济体良好的环境绩效为基础进行的主动授信模式。这种绿色金融严格把握新模式“收益覆盖风险”的原则，独具特色地关注循环经济体的经营能力，关注农业循环经济体社会责任主动承担情况，密切关注资产质量，辨识和确认循环经济体可能发生的坏账风险，及时止损。

10.4.3 松散服务级“互联网+绿色金融”融资模式

（1）融资模式运行原理

农业循环经济体为松散服务级农户提供培训服务和技术咨询。如果还承揽“信贷担保”，可能造成循环经济体的包袱过多，容易陷入违约风险传染、资金链断裂的困境。因此，可以引导农户进入门槛较低的互联网金融。“互联网+绿色金融”是指农户以绿色产品生产和销售为主打项目，以互联网为载体，建立社会资本、金融资本与农户融资对接的融资模式。扶持生态农业的“互联网+绿色金融”覆盖面广，降低了融资成本，打破了传统金融时间、空间的约束，使农户信贷可得性大大提高。农户不需要提供抵押物和办理烦琐的信贷手续，足不出户，利用手机移动网络就可以办理相关业务。

（2）实证检验

①阿里巴巴蚂蚁金服。电子商务的蓬勃兴起和飞速发展，第三方支付平台的成熟和普及，为电子商务拓展基于网络的供应链金融提供了契机。

阿里巴巴从电子商务跨界到金融领域，除了支付宝，蚂蚁金服支撑了2014年启动的“农村淘宝”。为了普惠三农，阿里巴巴推出了旺农贷等平台。基于互联网的农业供应链金融涉及的节点主体有农村电子商务、养殖户、农户等，撬动了生态合作伙伴。

2016年，阿里巴巴“升级”蚂蚁金服，经历“线上贷款”—“线上+线下熟人平台”—“供应链+定向支付”—“融资租赁平台”，服务方式逐步提升。新型农业合作社作为规模化农村组织，也参与到供应链金融中。2016年5月开始，阿里巴巴与农业龙头企业如蒙牛集团、易果生鲜等合作，集中“农村淘宝”、天猫，为农户提供供应链融资服务[374]。

②“蚂蚁金服”风险控制分析。以与易果生鲜合作为例，蚂蚁金服提供的贷款直接从淘宝购买合作社所需的农药、农资，并将信息线上通知易果生鲜，既保证了资金用于真实交易，解决了合作社农资困难，又为易果生鲜监控水果品质提供了便利，同时，还扩大了淘宝的客户群。为了保证淘宝产品质量，蚂蚁金服与保险公司合作，成立保险事业部，为农药等农产品进行质量保险，以保障合作社利益的实现。

阿里巴巴基于互联网信息平台实行动态监管。根据众多交易数据掌握农户的信用状况，利用互联网“大数据”平台，记录参与各方运作信息，沟通更快捷，监督更及时。传统“三流”加“商流”有效整合，银行追踪“痕迹”进行客观评价和科学判断，做到适时提醒，防范可能发生的风险发生。

10.4.4 辐射带动级“多元化”融资模式

（1）融资模式运行原理

农业循环经济体中的辐射带动级农户属于边缘地带的成员，外部的影响内化为农户对利益的追求。其对资金产生需求、需求额度的大小均由其尝试参与循环经济的意愿派生出来的，因此需要多元化融资模式适应不同融资意愿的农户需求。

分散的农户可以借助第三方平台对其信用进行评价和筛选，如农村基层党组织，并由担保公司出面担保，通过金融机构审核以后，最终可以确定为授信对象。这样金融机构有了“定心丸”，会积极展开与小农户的合作。

具体运作先由农村党组织推荐，担保公司提供担保，申请农村信用合作社信贷支持。有了农村基层党组织对农户的帮助，有了担保公司牵线搭桥，单户农户难以申请到贷款担保的问题就可以迎刃而解。对金融机构来讲，客户违约风险也得到了有效控制。

（2）实证检验

①“双基联动合作贷款”模式。2015 年，青海省选取了网点较多、与农牧区交易和互动程度较高的农村合作社、农业银行及青海银行等金融机构，与农牧区基层党组织合作，完成对农牧户的信用评价、贷款授信及贷后管理，为资金困难的分散农牧户搭建了获得银行信贷的平台，同时集聚了基层党组

织行政、信息资源和金融机构资金、风险管控优势，解决了分散农牧户的资金难题。截至2019年年底，青海省“双基联动”贷款余额达到152.87亿元，惠及农牧户87.01万户[375]。

②从被动接受“输血”到自主“造血”。浙江省海盐县澉浦镇六里村于2017年6月开始打造美丽乡村，发展循环经济，投入共计500多万元，均来自村、镇政府补贴。农户一开始有抵触情绪和不解，但至2017年10月，美丽乡村吸引了大量外来旅游度假的客人，而此时正是橘子成熟大批上市的季节，以前靠农户走街串户、低价推销的状况发生了彻底改观，游客大量涌入橘园现场采摘，橘子价格从原来1元上涨到2~3元，农户收入均翻倍增长。受益以后的农户参与农业循环经济发展的热情大大提升，从原来的被动接受到主动投资，参与美丽乡村建设。自主“造血”功能增强，收获后再次反哺循环经济发展，使得政府补贴引导作用真正实现落地生根。

③案例成功经验。无论是“双基联动”信贷模式，还是农户自主“造血”模式，都为辐射带动级农户解决了资金难题。因此，针对不同地区不同农户，在被动参与农村循环经济建设中出现的资金难题，可以创新具有差异化、适销对路的融资模式，在破解绿色农业发展资金困境的同时，也解决了银行的后顾之忧，还减轻了政府财政压力，可谓一举多得。

以上基于农业循环经济运行机制不同层次的运行特点，探索符合绿色项目运营特点的融资模式，选择典型案例，对各种融资模式运作原理和蕴含风险进行实证分析，主要得出以下几个方面的结论。

第一，核心示范级中若干核心示范坊都是优质客户，且实力较为均衡。各个示范坊生产的农产品或养殖品有差异，所以在交易中可能面对不同的核心企业，呈现绿色的“N+N”模式。采用“N+N”的绿色供应链融资模式，整个示范基地可以凭借不同核心企业的推荐获得优质绿色生产的口碑，赢得金融机构的认可，提高融资可得率。

第二，紧密合作级由若干种植和养殖大户组成，他们的生产经营受天气、瘟疫等自然条件的影响较大。金融机构采用绿色结构授信，捆绑的是所有成员的整体信用，当单个成员遇到困难时，其他成员可以帮着临时代为偿还，解决了单个主体因信用不足而得不到贷款的难题。

第三，松散服务级农户数量众多，信用度良莠不齐，采用“互联网 + 绿色融资”模式更为可行。对于授信主体来讲，因为互联网积累的大数据，可以科学筛查出哪些农户适合授信，授信期限多长合适，风险可以降到最低。对于农户来讲，贷款手续简单，无需抵押物，更方便快捷。

第四，辐射带动级处于最弱势的地位，其成员组成差异较大，因此应该根据不同成员的不同情况，设计多元化的行之有效的绿色融资模式。例如，由金融机构委托村民委员会、村党组织对农户的信用情况进行评价，然后确定授信额度。或者金融机构和农业技术服务机构合作，提供资金与技术一揽子支持，提高边缘农户自主造血能力等。这些多元化模式没有固定模板，需要根据具体情况不断探索。

10.5　保障农业循环经济分层融资模式成功运行的举措

针对农业循环经济不同层次设计的不同的融资模式，将对农业可持续发展中出现的贷款难、风险高的问题解决产生积极的推动作用。但要保障每个层次不同绿色融资模式的成功运转，预防可能发生的风险和出现的瓶颈，还需要从以下四个方面着手。

10.5.1　利用区块链技术，保障“N + N”绿色供应链金融模式顺畅运行

“N + N”绿色供应链金融模式打破了以一家企业为核心的传统供应链融资模式，让所有的核心示范坊成为供应链金融真正的“核心”，其示范效应和虹吸效应会使更多农户有欲望成长为有实力的示范坊成员。但在多主体协作的价值链内，相互的信任与过程风险控制是绿色供应链良好运转的基础。区块链技术可以很好地达到这个目的。

区块链的主要特点之一是去中心化信任机制，这与解决“N + N”绿色供应链金融痛点恰好耦合，是维护供应链金融健康运行的最合适的技术。区块链技术打造的平台，使参与各方能够平等协作，不同主体间的协作信用风险、关系协调成本大大降低。区块链冲破各层级交易壁垒限制，打通了底层数据，信息的安全性、透明性增强，各主体沟通更为顺畅。基于供应链实时信息，

不同层级可以实现数据共享、实时同步与实时对账，使“四流”（物流、商流、信息流及资金流）真正实现融合落地。在透明的信息呈现环境中，每个链上企业的信用情况会一目了然，再加上之后连续的交易留下的各类单证不断验证，交易各方的信任度得以提高。另外，区块链具有的“智能合约”机制，促使交易各方必须依照合约履行义务，缓释了可能发生的违约风险。

数据的不可篡改性是区块链的又一个主要特点。这项技术使数据可靠性得到保证，金融机构不会再对数据存疑，对贷款的回收更有信心。数据的可靠性也会极大程度地防范票据造假风险和交易风险。对于票据造假风险，区块链可以自动生成电子票据，优于不易保存的纸质票据，并有视频监测和记录农产品的进出库的动态信息，数据不会丢失且无法篡改，不仅能够降低仓单造假风险，而且更易获取银行的信任。对于交易风险，在购买环节，由于平台留存了示范坊的农资购买记录，准入平台的农资经销商不敢轻易销售假冒伪劣农资。在销售环节，因为示范坊在短时间内便可收到农资款，既不用赊销，也少了后续赊销催账带来的各类成本支出，使资金回收速度加快，资金的使用效率也因此得到提高。

10.5.2 促进事中履约增信，防范“羊群效应”带来的违约风险

对于紧密合作级绿色结构授信，可以避免多头授信的问题，但种植和养殖大户存在跟风投资的问题。当某种农产品市场价格较高，下年就会一哄而上，“羊群效应”导致风险偏好趋同，一荣俱荣，一损俱损。盲目扩张致使经营失败，贷款的违约风险加大。

要预防“羊群效应”导致的风险爆发，一方面，对于金融机构来讲，应该和专业农业机构合作，在给予农户进行技术指导的基础上，客观评判种植大户的整体风险。在确定整体授信额度时，根据种植和养殖大户的生产能力、成本预测情况，环境保护举措到位程度，有效地控制授信规模，避免过度信贷带来的坏账风险。同时，要和专业环保专家对项目的“绿色”性质进行客观的评价和认定，避免项目“洗绿”套取资金的情况出现。另一方面，紧密合作级成员相互之间，既有竞争也要有合作。在决定大面积种植某种农产品或养殖某种畜牧产品之前，要互通信息。不仅要咨询相关技术人员，重要的

是关注市场的动态变化，针对某区域多做市场调查，做到有的放矢。无论在丰年还是歉收年份，都要和上一级核心示范坊进行沟通，以农产品深加工替代传统直接出售初级农产品，提高产品附加值，把损失减少到最小。同时，为了实现利益均衡，紧密合作层成员要在有限的授信额度内，根据不同绿色项目的盈利前景、规模和信用积累情况（主要观察以往贷款有无不良信用记录）评定等级，不同等级匹配不同额度的授信金额。可实行“绿色增信提限”的方式，有成员出现信用改善的，农户生产规模有变化的，可以向银行申请提高“资金池”信贷额度，并调整成员评级分配的额度。

对于紧密合作级的成员项目的绿色增信，可以借助保险实现。由于农业绿色项目的盈利前景不明朗，实际运行效果和项目筹划阶段的设计预想差距较大，会使社会资本望而却步。因此，可以借助保险为农业循环经济项目增信的方式吸引更多的投资者。保险公司聘任专业的第三方机构对农业循环经济项目绿色认定和发展前景进行评估。政府补贴应转换扶持模式，改直接扶持为保费补贴，放大财政补贴效应，借助保险为投资者和债权人提供保障，为农业循环经济项目增信。一旦绿色项目运行不理想，保险的随时跟进监控可以及时止损，既有利于绿色农业项目获得多渠道的资金支持，也实现了政府、保险、金融多方风险共担。

10.5.3 借助他山之石，间接面向松散服务级农户提供金融增值服务

“互联网＋绿色金融”融资模式的核心在于，通过大数据分析确定贷款额度。对于有交易记录的松散服务级农户来讲，其农资购买、销售等在网站上都留有痕迹，根据大数据评判互联网授信风险较为容易。但是，目前互联网在农村并不普及，大多数农户采购涉农物资仍然是通过本村销售门店，把农产品销售给上门收购的商贩，或是依赖当地市场沿街叫卖，无论是涉农产品的种植还是销售都没有电子化的数据记录，这使得贷款前信用甄别成了无米之炊。“互联网＋绿色金融”要惠及大多数的松散服务级农户，需要跨越这个门槛。

令人欣喜的是，就全国范围来讲，大型涉农企业对农业种植和养殖行情

走势都有深入的调查分析，对农产品的价格和风险把握也较为准确，同时它们的网点和交易遍布全国各地。这些交易数量巨大、分布较广的线下销售网点把成千上万的分散农户连接起来，自然形成了非正式网络化结构。多年来积累的采购和销售数据量大、信息丰富，例如，不同区域农户周期性的采购、销售数据，不同类型农户的付款周期数据等应有尽有。

这些大型涉农企业一般实力雄厚，在信誉度、客户满意度方面有一定的积累，借助这种类型的企业推广互联网金融，能够准确辨识线下客户的信用度和需求，能够了解涉农项目是否符合“绿色”标准和要求，解决了历史信用数据缺失和项目“染绿”的问题。同时，将这部分农户引导进入移动端互联网金融平台，逐渐将线下信用数据入库进入线上大数据库，最终实现线上线下相对接。

此外，金融机构也可以通过“银政结合”“银村结合”方式，多渠道搜集、整理松散服务级农户的信息，为每个农户建立线上信用档案，筛选授信人员，辨识项目是否环保，最后确定贷款额度，为农户发放线上信用贷款。

10.5.4 齐聚多方力量，助力绿色金融惠及边缘地带农户

辐射带动级的农户属于农业循环经济体的帮扶对象，他们有绿色生产的意愿但无实力，受资金、技术的制约，往往以生产收益低的初级农产品为主。这些小农户处于弱势地位，易遭遇农产品压价、货款拖欠等风险。他们与市场的结合先天不足，需要政府、金融机构和循环经济核心力量的“联、帮、带”。

（1）政府层面

为了鼓励更多农户转型绿色农业，有必要以财政补贴缓解弱势的小农户的融资约束，重点扶持带动这些小农户尽快摆脱困境，使处于边缘地带的小农户也能享受到财政支农红利，帮助他们与农村合作社或其他经营主体建立紧密的利益联结关系，吸引他们参与到发展绿色农业的经济体内，逐渐获得自主“造血”的能力。村级党组织在了解和搜集农户信息资源方面具有优势，可以和农村金融服务机构、担保公司开展对接，帮助建设小农户绿色融资平台，并协助监督农户贷款是否真正用到绿色农业生产项目上。同时，政府应

制定税收优惠政策，引导社会资本进入绿色农业，有效地增加农业循环经济体的资金供给。

（2）金融机构层面

有效地满足小农户绿色生产的资金需求，是金融机构承担社会责任的必然要求。所以，金融机构应加快适合小农户需求的绿色金融产品的创新，使绿色信贷能够实现普惠。在小农户缺少抵押物的情况下，金融机构应该进一步推进农民土地经营权和住房财产权纳入抵押范围的进程，降低小农户违约风险，增强正规金融机构开发小农户客户群的热情。

（3）农业循环经济体层面

可以与农户签订"订单"合同。涉农物资由核心企业统一采购并直接发放给农户，农户按绿色生产标准种植、管理。产品按协议价由核心企业统一收购。采购物资价款借助核心企业信用从农村信用合作社取得，最终从农产品收购总价款扣除后归还贷款。与此同时，如果这种利益联结机制只考虑小农户利益，势必会挫伤核心企业的积极性，因此，在制定政府扶持新型农业经营主体相关政策时，可将其是否对小农户具有带动能力作为主要审核指标，引导其带动边缘地带的小农户发展绿色农业，实现脱贫致富。

总之，农业循环经济不同层次的农户、养殖业主、种植业主同在一个价值链，彼此之间协同合作才有利于可持续协调发展。在抱团融资过程中，不同主体适度进行成本共担，利益共享。通过信用捆绑，改变绿色项目融资因分散、小额、短期不易获得投资者青睐的窘境。

10.6 本章小结

农业循环经济不仅实现了运作过程的现代化，也兼顾了建设美丽乡村的愿景。解决农业循环经济健康运行的资金问题，不能单纯依赖政府补助，需要创新突破路径。基于中小企业组成的农业循环经济体运行机制视角，分析了循环经济体中，不同层级参与主体适用的差异化绿色融资模式，并选取典型案例，验证了各融资模式的运行原理及蕴含的风险。在此基础上，提出了保障分层绿色融资模式成功运用的对策建议。

第11章

供应链金融与中小企业集群融资对接协同收益研究

11.1 动产质押供应链融资协同收益研究

供应链合作伙伴以实现个体目标为最优导向，会偏离供应链金融的初衷，降低综合收益。存货抵押融资能显著提高核心企业和经销商的收益，虽然经销商破产风险依然存在。

11.1.1 研究假设与变量设置

市场需求不确定，经销商为中小企业，供货商为核心企业，但中小企业资金不足，需要借助核心企业信用以订购商品质押向银行贷款。银行根据供应链企业信用历史记录、信用等级、资产流动性、业绩情况评定其信用度系数。在不超过存货采购价的前提下，核心企业给以建议，银行根据核心企业的信用度系数确定对中小企业的授信额度。在时间点0点，银行根据核心企业信用度系数设定贷款利率；核心企业设定T期内批发价。

中小企业（经销商）与核心企业签订商品买卖合同，订购的商品数量为q。以该商品质押中小企业从银行获得贷款额度为L，但其中qp_w作为货款支付给核心企业。核心企业将q数量的商品发给物流公司，物流公司受托监管质押存货，按质押物数量、性质向银行收取储存和监管费用。针对该笔贷款，银行设立封闭账户，中小企业的销售回款必须打入此账户，用来偿还贷款。在贷款期T内，经销商在提货前需在专用账户上存入银行规定的保证金，银行核实保证金足额到位后向物流公司开具提货通知单，物流公司根据提货通知单发货给中小企业。如果受市场影响，中小企业难以将订购的商品全部销售，到期无法偿还贷款，核心企业需要回购商品将款项归还银行。

假设：①借款人，即经销商风险中性。②物流公司厌恶风险，但有下向倾向。物流公司能获得经销商较为真实的销售信息，能控制经销商出售此存货的物流，能确保最先出售这批抵押存货（在经销商不能偿还贷款时）。物流公司能利用特有优势控制存货，以确保销售款可以在封闭账户中首先偿还贷款。③在存货抵押融资的情况下，贷款额不会超过经销商总的采购成本。

变量设置如表 11.1 所示。

表 11.1　动产质押供应链融资协同收益模型变量设置

变量代码	含义	备注
p_w	核心企业每单位存货的批发价	
p_r	经销商每单位存货的销售价	
p_d	存货无法正常售出，打折后每单位存货的销售价	
s	物流公司单位存货的储存成本	
m	物流公司单位存货的监管成本	
q	经销商从核心企业订购商品的数量	抵押的存货数量
ω	贷款价值比；$\omega \in [0,1]$	
L	经销商获得的贷款	$L \leqslant \omega q p_w$
α	银行贷款利率	
V_D^0	经销商初始财富	大于 0
α_f	贷款期内无风险利率	
D	市场随机需求	
c	核心企业每单位产品的生产成本	

11.1.2　动产质押供应链金融各参与主体收益模型构建与分析

Bank 为银行，Manufacturer 为核心企业，Dealer 为经销商，Logistics 为物流公司。

如果贷款期 T 满，经销商销售商品的收入不足以偿还贷款，但其 T 时点拥有的财富可以偿还贷款，则银行收回贷款，并将存货的储存成本、监管成本支付给物流公司。在此模型中，经销商、核心企业、物流公司最终都实现了收益最大化，银行获得了利息收益。

如果贷款期 T 满，经销商销售商品收入加上其他财富不足以偿还贷款，则会宣告破产。核心企业则会因为供应链金融以整体信用授信的原因而承担连带责任，在经销商宣告破产后代经销商向银行偿还尚未偿还的余款。物流公司丧失保管和监管的收益。

（1）经销商

因为市场对存货需求是随机的，经销商不能准确地预测市场需求 D，但可以确定需求的分布函数 $F(X) = P(\varepsilon < x)$，分布密度函数为 $f(x) = F'(X)$。

V_D^0 为经销商初始财富，且为正。从核心企业订货数量为 q；从银行取得贷款为 $\omega q p_w$（ω 为贷款价值比，也叫信用度系数；p_w 为商品批发价）。则经销商时点 0 财富变为 $V_D^0 + \omega q p_w - q p_w$。在 T 时点，经销商销售了商品，销售收入加初始财富足额偿还了银行贷款本息，支付因为借用核心企业信用而承担的边际成本 α'，α'' 为支付给物流公司的费用率。经销商决策问题可以表示为在 T 时点最终财富最大化，如式（11.1）所示：

$$V_D^T(q) = (1 + \alpha_f)(V_D{}^0 + \omega q p_w - q p_w) + p_r \min(q, D) - \omega q p_w (1 + \alpha + \alpha' + \alpha'') \tag{11.1}$$

式（11.1）中，目标函数右侧第一项为经销商 T 时点的现金流，第二项为报童模型决定的收入，第三项为归还的贷款本息。α_f 为 $[0, T]$ 期内的无风险报酬率。当式（11.1）大于 0，表明经销商可以偿还全部债务。

当经销商不能足额偿债，宣告破产，其收益如式（11.2）所示，为 0。

$$V_D^T(q) = 0 \tag{11.2}$$

（2）核心企业

斯塔克尔伯格模型反映了在不完全竞争市场，大厂商和小企业之间的不对称竞争关系。一般大厂商处于“领导者”地位，实力雄厚；小企业的规模和实力弱小，为“追随者”，两者地位并不对等。斯塔克尔伯格模型中，大厂商能够观察到小企业对自己生产量的反应函数，能够了解自己对小企业的影响，因此，其决定的生产量能够实现利润最大化，但以小企业反应函数为约束条件。

在 0 时点，核心企业作为斯塔克尔伯格模型的“领导者”，根据经销商的订货量 $q(p_w)$，设定的批发单价为经销商订货量 $q(p_w)$ 的反函数 $p_w(q)$，产

品投资成本为 $cq(p_w)$ 。

由于经销商借助核心企业信用优势，因此核心企业将收取信用边际收益。当经销商到期足额偿还贷款，核心企业收益如式（11.3）所示。

$$V_M^T(q) = (1+\alpha_f)[p_w(q)-c]q+\alpha'\omega qp_w \tag{11.3}$$

如果 T 时点经销商商品销售收入和拥有的财富不足以偿还贷款，将宣告破产，核心企业支付贷款利息 αL 给银行。

当经销商到期不能足额偿还贷款，核心企业将尚未销售的存货按单价 p_d 的价格折价拍卖，代经销商偿还尚未偿还的贷款本息余款，收益如式（11.4）所示。

$$V_M^T(q) = (1+\alpha_f)(V_D{}^0+\omega qp_w-qp_w)+p_r\min(q,D)+p_d\max(0,q-D) - \omega qp_w(1+\alpha) \tag{11.4}$$

（3）物流公司

物流公司在供应链金融中扮演存货保管和监控的角色，向经销商按贷款收取费用率为 α'' 。同时，发生的存货保管和监控单位成本为 s、m。当经销商到期能足额还款，物流公司收益如式（11.5）所示。

$$V_L^T(q) = \alpha''qp_w-(s+m)q \tag{11.5}$$

当经销商到期不能足额偿还贷款，物流公司丧失监管存货的收益，但仍需负担监管成本，如式（11.6）所示。

$$V_L^T(q) = -(s+m)q \tag{11.6}$$

（4）银行

在供应链金融中，由核心企业信用作保证，通常贷款价值比 ω（信用度系数）低于单独给中小企业授信的利率，而且核心企业负连带清偿贷款的责任。所以贷款到期除非核心企业破产，无论中小企业是否能足额还款，银行都不会承担中小企业违约风险，其收益如式（11.7）所示。

$$V_B^T(q) = \alpha\omega qp_w \tag{11.7}$$

11.1.3 经销商破产边际分析

经销商（中小企业）偿债能力受市场影响。如果订货量不能在贷款期内销售，或者订货量超过一定边界，则会出现存货滞压，不能偿债，到期破产。所以需要对经销商破产边际进行分析。

由经验可知，式（11.8）成立，即经销商选择订货并供应链贷款的预期收益大于或等于0，否则不会做出订货并贷款的决策。

$$(1+\alpha_f)(V_D^0+\omega q p_w-q p_w)+p_r\min(q,D)-\omega q p_w(1+\alpha+\alpha'+\alpha'')=$$
$$(1+\alpha_f)V_D^0+(1+\alpha_f)(\omega q p_w-q p_w)+p_r\min(q,D)-\omega q p_w(1+\alpha+\alpha'+\alpha'')=$$
$$(1+\alpha_f)V_D^0-[1+(1-\omega)\alpha_f]q p_w+p_r\min(q,D)-\omega q p_w(1+\alpha+\alpha'+\alpha'')\geqslant 0 \tag{11.8}$$

所以，式（11.9）也成立。

$$\min(q,D)\geqslant \frac{-(1+\alpha_f)V_D{}^0+[1+(1-\omega)\alpha_f]q p_w+\omega q p_w(1+\alpha+\alpha'+\alpha'')}{p_r}=\Phi(q) \tag{11.9}$$

当 $q\geqslant D$，$\min(q,D)=D$，即 $D\geqslant\Phi(q)$，经销商可以将从核心企业订购的商品 $B(q)$ 按 p_r 价格全部售出，所以可以全部偿还贷款本息。

当 $q<D$，$\min(q,D)=q$，若使式（11.10）成立：

$$\begin{aligned}V_D^T(q,\omega q p_w)-V_D^0(0,0)&\leqslant p_r\min(q,D)-[1+(1-\omega)\alpha_f]q p_w\\&\leqslant p_r q-[1+(1-\omega)\alpha_f]q p_w\end{aligned} \tag{11.10}$$

即经销商选择贷款订货，而不是既不贷款也不订货，必要条件如式（11.11）所示。

$$p_r>[1+(1-\omega)\alpha_f]p_w \tag{11.11}$$

而 $V_D^0>0$，所以 $q\geqslant\Phi(q)$ 总是成立，因此经销商能够偿还贷款本息的边界条件是 $\Phi(q)$，即当且仅当市场需求大于或等于 $\Phi(q)$，经销商可以足额还款。且经销商收益模型如式（11.12）所示。

$$V_D^T(q)=$$
$$\begin{cases}(1+\alpha_f)V_D^0+[p_r-(1+(1-\omega)\alpha_f)p_w]q-\omega q p_w(1+\alpha+\alpha'+\alpha'')D\geqslant q\\(1+\alpha_f)V_D^0+p_rD-(1+(1-\omega)\alpha_f)p_w q-\omega q p_w(1+\alpha+\alpha'+\alpha'')\Phi(q)\leqslant D<q\\0D<\Phi(q)\end{cases} \tag{11.12}$$

11.2 权利质押供应链融资协同收益研究

订单、应收账款质押融资都属于权利质押供应链融资。本节以反向保理为例来研究中小企业供应链融资中协同收益分配的问题。

反向保理是指供应商为中小企业，买方为核心企业。但由于核心企业信用度较高，由其推荐中小企业，并且向银行承诺应收账款的质量，银行在此保证下，直接为中小企业授信。如图 11.1 所示为反向保理线上融资流程。

虽然金融机构建立了贷款平台，但中小企业跨地域经营使得供应链融资需要建立不同地域、多家金融机构共同参与的融资平台。多家银行参与对贷款人信息的审核，共同分担贷款项目产生的收入与风险。

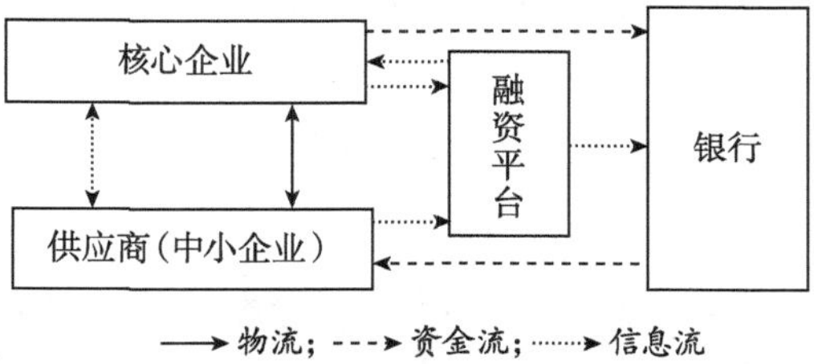

图 11.1 反向保理线上融资流程

反向保理要基于买方和卖方真实交易，双方交易信息，发票、应收款的信息统一通过 SCF 平台传递。供应商在线上供应链金融平台开立在线账户，为平台提供基于实际交易的订单、发票等证明交易真实有效的电子信息，平台可以根据卖方信用决定贷款额度和贷款利率。SCF 平台收到供应商贷款申请，需要向采购商即核心企业核实信息，核心企业确认后，中小企业完成在线申请，银行审批后在线向中小企业发放贷款，之后向核心企业收回贷款。

供应商给予核心企业 30 天的信用期（图 11.2），由于核心企业信用度有保障，中小企业以应收核心企业的款项质押融资。而核心企业可以获得延展 30 天的信用期。

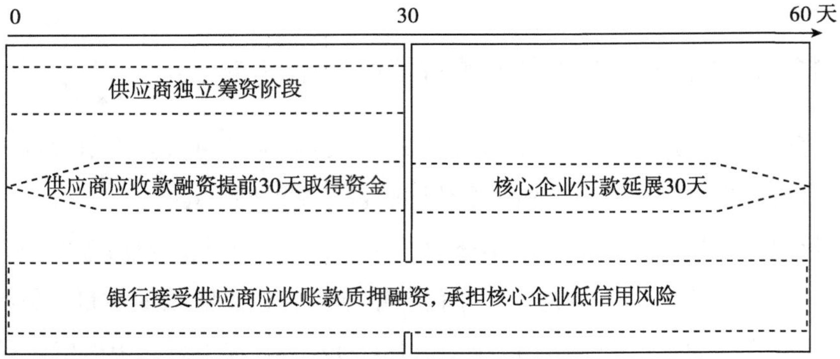

图 11.2 权利融资的三方共赢逻辑关系

11.2.1 核心企业、中小企业与金融机构利率和收入分享分析

核心企业、中小企业与金融机构利率和收入分享模型如图 11.3 所示。

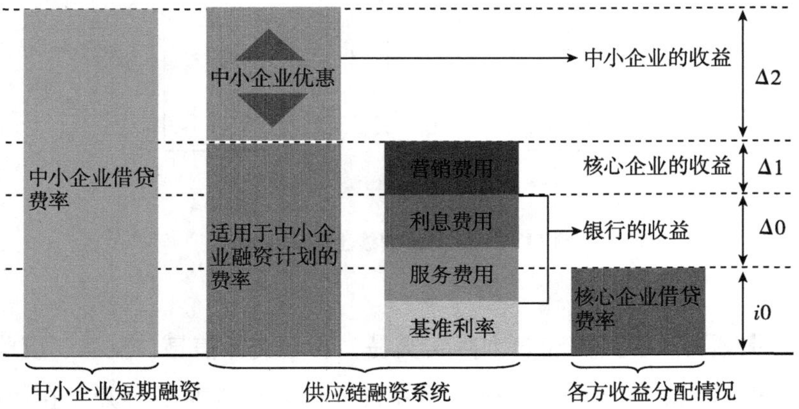

图 11.3 核心企业、中小企业与金融机构利率和收入分享模型①

核心企业、中小企业与金融机构利率和收入分享模型解释如下。

假设金融机构的基准贷款利率为 i，但是上浮的比例要根据授信人的信用水平决定。由于核心企业信用度较高，因此利率可以下浮到 $i0$；中小企业如果不参与供应链融资规划，贷款利率为 $i2 = i0 + \Delta0 + \Delta1 + \Delta2$；但中小企业如果参与供应链融资规划，通过谈判，银行将收取贷款利息（$\Delta0$）和服务费

① Renard A, Blazejewski H. Supplier finance: an alternative source of financing[R]. Mazars white paper, 2012.

($\Delta1$)，还要分给核心企业一部分收益，考虑到这些因素核定，中小企业获得贷款的利率为 $i0+\Delta0+\Delta1$。

通常核心企业获得的收益由中小企业以市场营销费的形式向核心企业支付，或者直接降低核心企业的采购价格，或者银行以贷款利息的形式收取，然后回馈给核心企业，所以供应商中小企业和购买商核心企业之间的博弈体现在 $\Delta1$ 和 $\Delta2$ 之间的变化。

$\Delta2$ 越小，表明中小企业获得的贷款利率越高，核心企业获得的收益越高；当 $\Delta1$ 达到最小，则是核心企业放弃收益以帮助中小企业渡过融资困难期。

现实中不存在供应链融资的标准利率模型，它的高低取决于在银行基准利率的基础上，三方谈判和妥协的程度。

11.2.2 中小企业权利融资的三方均衡收益分析

(1) 变量设置

中小企业权利融资的三方均衡收益分配过程实际上也是核心企业、融资企业、银行三方对收益损失权衡后选择决策的过程。变量设置如表 11.2 所示。

表 11.2 权利融资收益分配模型变量设置

变量代码	含义
AR	应收账款总额
T	贷款期
R_1	贴现率
R_2	服务费率
G	事先向银行交纳的保证金
p	核心企业违约的概率
c	核心企业违约导致信誉下降损失的收益
α_f	贷款期内无风险利率
λ	中小企业融资违约概率

(2) 中小企业在供应链金融中权利融资的三方均衡收益分析

① 中小企业（供应商）。中小企业（供应商）销售商品给核心企业。根

据开具发票后获得的应收账款向银行申请贷款，银行根据核心企业信用水平核定贷款额度。银行接受供应商应收账款贴现申请，扣除贴现息和服务费，并向供应商收取保证金。核心企业支付的货款直接转入封闭账户用来直接偿还贷款。由于核心企业获得延展付款的时间，因此无须再向供应商收取借用整体信用的边际收益。

式（11.13）为中小企业权利融资的预期收益：

$$\begin{aligned} V_S^T &= \lambda[AR(1 - R_1 - R_2)(1 + \alpha_f) - G(1 + \alpha_f)] \\ &\quad + (1 - \lambda)[AR(1 - R_1 - R_2)(1 + \alpha_f)] \\ &= (1 + \alpha_f)[AR(1 - R_1 - R_2) - \lambda G] \end{aligned} \tag{11.13}$$

式（11.14）为中小企业放弃权利融资的预期收益：

$$V_S^0 = \lambda \times 0 + (1 - \lambda)AR = (1 - \lambda)AR \tag{11.14}$$

当供应商两种选择无差异，即式（11.13）等于式（11.14），得：

$$\lambda = \frac{AR[1 - (1 - R_1 - R_2)(1 + \alpha_f)]}{AR - G(1 + \alpha_f)} \tag{11.15}$$

当供应商预期核心企业违约概率大于式（11.15）时，会选择供应链融资，但银行将不会授信。当 $\lambda < \frac{AR[1 - (1 - R_1 - R_2)(1 + \alpha_f)]}{[AR - G(1 + \alpha_f)]}$，中小企业放弃权利融资的收益将大于选择权利融资的收益。但由于中小企业融资困境的现实问题难以解决，在没有其他融资来源的情况下，还是会选择供应链融资。事实上，核心企业一般规模较大，信用度较高，违约概率也较小，中小企业供应链融资付出一小部分代价却能换来融资问题的破解。

② 核心企业（经销商）。核心企业之所以会提供中小企业信用助其获得贷款，原因是可以获得长于信用期的付款期，因此也缓解了资金压力。式（11.16）为核心企业帮助中小企业完成供应链融资的预期收益：

$$V_M^T = \lambda[AR(1 + \alpha_f) - c] + (1 - \lambda)AR\alpha_f \tag{11.16}$$

式（11.17）为核心企业放弃帮助中小企业完成供应链融资的预期收益：

$$V_M^0 = \lambda \times AR(1 + \alpha_f) - c + (1 - \lambda) \times 0 = \lambda \times AR(1 + \alpha_f) - c \tag{11.17}$$

两种选择没有差异的违约概率为 $\lambda = 1$，但显然这是不理性的只关注眼前利益的选择，不具有长期战略意义。对比式（11.16）与式（11.17），很显然选择为中小企业供应链融资获得了展期付款的利息收益。

③ 银行（金融机构）。银行放弃为中小企业提供供应链金融业务，该方面的收益为0；银行如果选择借助核心企业信用为中小企业融资，如果一切顺利会获得贷款利息收益。预期损失与核心企业违约密切相关，但事实上核心企业信用度较高，违约风险较小，所以银行会根据核心企业信用水平选择为中小企业权利质押贷款。

综上所述，通过权利融资，银行拓展业务获得贷款利息收益，核心企业信用期延长获得相关收益，中小企业融资难题得以破解，从而达到了三方共赢。

11.3 本章小结

对金融机构、物流企业来说，开展和参与中小企业集群供应链融资业务，能够分得的协同收益既是其最为关注的问题，也是其拓展服务领域，赢得市场份额的关键诱因。有了谋取经济收益的动力，才能在供应链金融中寻找商机，并结合行业和自身优势设计出满足市场需求的产品及服务。动产质押供应链融资协同收益研究：在提出相关假设的基础上，构建了动产质押供应链金融各参与主体收益模型，推导了各方收益均衡条件，进行了经销商破产边际分析；权利质押供应链融资协同收益研究：构建了权利质押供应链金融各参与方协同收益模型，分析了核心企业、中小企业与金融机构利率和收入均衡分配的节点。

第 12 章

供应链金融与中小企业集群融资对接的风险控制机制研究

12.1 中小企业集群供应链融资：内生风险治理机制与效应

中小企业集群供应链融资面临外部环境不确定性和内部管理问题带来的风险，即外生风险和内生风险。外生风险一般指系统风险，不受合作各方行为因素的影响，来自外部因素干扰，如市场风险和政策风险，会影响到供应链经销商的产品能否成功实现销售，从而影响银行贷款能否按期回笼。内生风险产生于供应链金融合作网络内部，与合作各方行为有关。中小企业集群供应链融资有效的关键是预防和控制链条内部非系统性风险。将防止合作伙伴非正式社会资本关系可能断裂作为内部治理的突破点，是防范中小企业集群供应链融资信用风险的新思维。

我国农村中小企业数量巨大，农村经济的发展及农民就业及生活水平的改善很大程度上依赖中小企业。但由于农村中小企业管理不规范、历史信用情况缺少记录、规模较小、没有足够资产做抵押，财务不透明、金融机构贷款运作费用高，因此农村中小企业融资难问题比较严重，这个问题也成为其发展壮大的瓶颈。同时，随着经济的发展，农村中小企业呈现以区域经营集聚的趋势，也就是渐渐形成中小企业集群。

企业集群内的中小企业在供应链中的角色各不相同，上下游节点都有，交易的需要使得各自联系密切。供应链金融将上下游企业作为整体，依托信用良好的核心企业，为中小企业提供了新的融资思路。现代化农产品供应链融资模式，会使农村中小企业从正式机构获取贷款变得相对容易。基于农业产业链，供应链融资将极大提高中小企业的资金筹集与运作能力。

2011 年，浙江各地个别龙头企业经营出现问题，社会资本的脆弱性导致中小企业集群的资金链断裂，因此，如何通过正式治理机制强化农村中小企业集群社会资本，从而提高其供应链融资的有效性，引起学术界和实务界的关注。

浙江、江苏等是我国中小企业集群集中的地区，山西县域中小企业集群数量众多。除北京中关村外，绝大多数中小企业集群是由农村利用土地、廉价劳动力资源与域外资本，或在农村改革中，由应运而生的乡镇企业成长起来的。所以，对农村中小企业集群的范畴界定，浙江、江苏、山西和广东将以发展县域经济为主要任务，布局于县域乡镇，投资主体多元化，发展的目的是适应市场经济，为市场服务的中小企业集群定义为农村中小企业集群，而不仅局限于为农业生产服务的中小企业集群，以此群体为对象来研究农村中小企业集群供应链融资的内部风险治理机制和效应。

自社会资本的脆弱导致中小企业资金链断裂风波爆发以来，如何通过正式治理机制强化中小企业集群社会资本，从而提高其供应链融资的有效性就受到学术界和实务界的重视。Williamson（1985）提出，需要采取防范措施来预防因机会主义而产生的信用风险问题[376]。Zucker（1986）实证研究支持正式控制与信任之间是紧密相关的[377]。但中小企业集群社会资本与正式制度建设存在矛盾，阻碍了其高效发展。正式制度能够通过对中小企业集群供应链融资的治理，激发社会资本发挥正向效应（Barbosa 和 Moraes，2003）[378]。关系资本属于非规范的社会资本，受社会道德约束；制度资本由正式契约制约，两种社会资本对产业集群的发展共同产生影响（陈伟坤等，2010）[379]。

由于中小企业集群供应链融资内部治理机制的重要性，许多学者已经从不同方面对其进行了研究。其中，熊熊等（2009）基于供应链金融存在的风险构建了评价模型[327]。苟文峰（2009）对产业链条内相关主体的非正式决策可能给供应链带来的风险进行了剖析[329]。Banerjee 等（1994）提出“同伴监督”假说，即建立中小企业之间互相监督机制来防范信用风险[380]。陈志新

(2010)从金融机构角度，构建了中小企业供应链融资的授信管理机制和负债履约机制，以强化信用效应[333]。王灵彬（2006）提出，信息共享可以缓释供应链金融风险[326]。徐学锋（2010）构建了中小企业供应链融资风险防范机制[332]。刘丽军等（2010）提出，应采取正向评估授信、逆向供应链融资，加强供应链融资的内部管理[381]。

中小企业集群供应链融资个体可能出现自利违约行为，因此，基于社会规范约束的关系资本就会崩溃，风险传染会危及整个产业链的稳定发展。基于此，从风险可能释放的环节着手，建立正式的事前预防和过程控制机制，抑制和延缓风险的迸发释放、控制并引导风险的耦合具有现实意义（夏喆，2007)[382]。

从现有的文献来看，研究供应链融资风险评价和控制策略的学者比较多。主张构建正式风险控制机制，强化中小企业集群供应链融资的社会资本，阐明事前甄别对中小企业集群供应链融资内部正式治理具有直接和间接效应，并通过实证研究支持这一观点的学者比较少。

杨诚（2005）提出，供应链金融风险控制措施要融入全过程，预防、监控、化解一个都不能少[383]。基于资源基础理论（Wernefelt，1984)[384]，中小企业集群可以集聚成员的资源，这些资源在供应链融资的事前和事后可以多维度地降低非系统性风险。事前决策和选择交易伙伴相关，而事后决策和过程控制相关[385]。本研究借鉴文献［333］和文献［382］，构建内部正式的事前甄别机制和过程控制机制来改善中小企业集群供应链融资的治理效应，并通过实证检验事前甄别机制和过程控制机制与内部治理效应的关系，以及事前甄别机制通过过程控制机制对内部治理效应的中介效果[386]。

12.1.1 理论分析与研究假设

（1）事前甄别

Williamson（1975）认为，联盟中个体的自利主义行为会有意识加大组织间信息不对称的程度，这种机会主义会带来合作风险[387]。Das 和 Teng（1998）通过案例分析发现，合作各方在无法履行预先承诺时，就会出现相互之间不信任，因此会导致合作关系存在风险与不稳定性[388]。

事前甄别，核心企业利用中小企业集群内共享的信息，对需要供应链融资的合作伙伴进行筛选，涉及合作基础辨识和授信准入甄别两个方面，及早剔除风险高发者，切掉社会资本的薄弱环节。交易伙伴的选择和其良好信用历史记录及声誉有关，通过合作基础辨识可以降低潜在逆向选择事件的发生（Sah 和 Stiglitz，1986）[389]。Bygrave（1987、1988）研究表明，中小企业集群不仅具有降低信用风险的作用，而且能够分享信息，它们在基于供应链融资平台的合作伙伴选择和管理中可以获得所需要的资源[390-391]。Khanna 等（2000）提出，审慎选择合作伙伴、信息充分共享等可以提高合作联盟的稳定性[392]。

①合作基础辨识。邹敏（2010）分析了中小企业供应链融资中存在的风险，并提出了审慎选择核心企业，将核心企业和物流企业内部化的方法[393]。闫俊宏等（2007）认为，产业链各节点企业长期合作关系也是一种社会资本，这种社会资本可以降低合作的交易成本[394]，有利于降低核心企业与信贷企业之间的信息不对称，有利于相互了解经营情况、信誉好坏、财务实力，从而方便监督[395]。

但由于环境不确定性的影响，合作各方信赖程度不高，合作关系存在一定的风险。合作的信任度不高是导致协同合作失败的重要原因之一。Kumar 等（1998）指出，联盟伙伴信任能够有效地减少对合作伙伴投机行为的担忧[396]，更好地整合伙伴关系（Das 和 Teng，2001）[397]。联盟中企业之间的信任诱导正向行为（Madhok，1995）[398]，在建立联盟关系初期，一般参与各方有积极的预期，消极预期会影响联盟关系的建立[399]，所以初始信任直接决定联盟关系是否能达成。供应链金融中的资金提供方和供应链运作方之间需要相互信任，是双方实现双赢的一种运作模式（Timme 等，2000）[290]。

Gilson（1997）认为，正式标准化契约约束可以实现关系资本和制度资本的平衡，产业集群内部有遇事协商的基础，才能为集群融资提供意识形态上的保障[400]。

此外，供应链日益全球化，大量可利用的互联网数据和信息，不仅使供应链合作伙伴的选择上升为一个战略决策（Amid 等，2011）[401]，而且使得企业以新的标准选择合作伙伴成为可能并可行。

假设 12.1：稳定的交易关系、良好的信用记录、正向的初始信任、遇事协商及开放的信息共享，能够提高合作基础辨识的质量。

②授信准入甄别。基于博弈论的合作者合作均衡点分析，可以防范道德风险[402]。供应链金融能使信用度较低的参与者利用信用度较高的参与者获得信贷支持（Myers，2002）[337]，简化了支付程序，增强了买卖双方的合作关系（Hartley-Urquhart，2000）[338]。胡跃飞（2007）认为，应该将供应链节点上的授信企业的信用评估和核心企业紧密联系，对授信风险进行整体把握[403]。

因此，考察供应链金融中核心企业的经营业绩至关重要。因为它处于提供供应链金融信用主体的地位（Hald 和 Ellegaard，2010）[404]，财务状况不稳定的核心企业对整个供应链都会产生不利的影响（Gunasekaran 等，2004）[405]。融资主体和核心企业双方要保持协调和合作，既要评估双方在供应链融资过程中可能发生的违约行为，又要考虑在一方违约时替换合作方的困难。陈志新（2010）也将项目质量作为影响供应链金融成功实现的一个重要决定因素。因此，在选择融资主体时，要重视对交易项目的考察，从而将贷款人的信用风险降到最低程度[333]。

中小企业集群供应链成员相互交换自己所掌握的融资主体的项目信息，意味着融资项目信息的不对称将会减弱（Bovaird 等，2003）[406]，核心企业预期的风险降低，就会更加积极地利用自己的信用优势帮助中小企业获取资金。所以，对融资主体经营状况、财务状况的评估，鉴定交易项目是否有可靠的资金来源，本身就是充分获取借款者信息，对借款者进行风险识别的过程。

假设 12.2：合作双方经营和财务状况越好、交易项目的收入来源越可靠，优质融资主体的筛选越有效，授信准入的可能性越大。

（2）过程控制

供应链金融参与各方在合作的过程中一旦融资主体违约，核心企业又没有足够的现金来偿付金融机构的贷款，这种违约风险就会转嫁给核心企业（Leora 等，2012），因此，风险控制是供应链金融无法回避的重要问题[407]。

谢恩（2009）经过实证研究发现，产业链采用正式制度还是非正式社会资本控制风险，取决于合作关系中风险的高低，如果风险较大，采用正式治理的倾向要强[408]。

①监控约束机制。Basel（2004）强调，风险监控确保控制充分、风险管理系统正常运行[409]。日常监控需要持续、实时地进行，通过日常的监督管理活动、反馈调节等，保证风险应对措施的执行和风险管理的有效性（Goldman Sachs 和 SBC Warburg，1998）[410]。

在供应链金融的融资模式中，每个参与者都不可替代，相互合作，履行对交易顺利达成所赋予的责任（胡跃飞等，2009）[411]。供应链成员间的协调机制可以保证契约的顺利执行（Sauvee，2002）[412]。供应链金融电子平台化使日常对融资主体的实时监控成为可能。基于“大数据”的互联网金融将“三流”（物流、信息流、资金流）深度融合，电子商务平台的发展积累了海量数据。互联网“大数据”为互联网金融的发展提供了平台，传统金融因此受到挑战。互联网金融依托的供应链信息整合优势，在供应链金融电子平台化的前景下，通过重点考察中小企业网络平台的经营和交易数据，对中小企业集群供应链融资批量授信风险更易于把控，风险管理的激励不相容问题会得到有效的解决。

供应链各节点成员之间信息互通和共享有利于防范风险，维持合作关系，能保持长远发展。王燕（2005）认为，信息共享能降低违约风险发生的概率，合作效率因此更有保证[419]，因此，可以解决牛鞭效应问题。弯红地（2008）提出，核心企业在供应链信息共享中起主导作用[414]。

最优激励机制可以防范和控制供应链金融风险。在委托代理关系中，约束激励机制发挥着重要作用，能够修正代理人的决策，以防偏离委托人的目标，激励机制实现了个体利益和整体利益的一致性[415]。陈德铭（2000）认为，产业集群内的监督机构与第三方社会监督机构的配合，可以有效实现对合作成员的激励[416]。

因此，假设 12.3：充分利用互联网数据、各主体有效的沟通和交流，制定监督的相关措施，采用激励约束机制对合作企业的行为结果进行激励和处罚，有利于过程控制职能更好地发挥。

②信用捆绑。供应链金融的批量授信，将单个企业的风险转变为整个供应链的风险进行管理。产业集群实质就是一个信用共同体，有助于解决中小企业融资问题[417]。

供应链金融通过成员之间的信用捆绑实现了中小企业信用提升，其实质就是借助核心企业信用，授予与之有交易关系的上下游企业银行信用。这样核心企业甄别交易伙伴的信用水平成为必须。为了规避供应链金融的风险与弊端，需要通过建立金融机构、物流公司与核心企业参与的信用捆绑关系，规避供应链金融风险，而且利益共同体中的参与各方都承担风险分担的角色，还要建立信用捆绑下的惩罚机制，以约束可能发生的违约行为[333]。

因此，假设 12.4：建立物流公司参与的新型供应链金融信用捆绑关系，在授信过程中，供应链参与各方利益与信用联成一体，供应链参与各方对融资主体的债务存在一定的连偿责任，核心企业代银行对融资主体进行债务追讨或代为偿还，提高了信用捆绑的效果。

（3）内部治理效应

中小企业集群供应链融资的内部正式治理机制的成功实施，使得参与各方通过科学决策能够实现利益均衡，并保持长期合作与促进该融资模式的健康发展（Hofmann 和 Belin，2011）[418]。供应链金融的成功运行，要做到利益与风险对等，只有达到共赢，合作才有动力，才保持得更长远[419]。

根据陈志新（2010）的研究结果[333]，事前甄别是治理效应的前置变量，并且通过过程控制机制中介变量间接影响治理效应。

假设 12.5：事前甄别机制与内部风险治理效应正相关。

假设 12.6：过程控制机制与内部风险治理效应正相关。

假设 12.7：事前甄别机制越完善，过程控制机制越合理，内部正式治理效果越好。

12.1.2 研究模型构建

结合中小企业集群供应链融资实践，构建以过程控制为中介变量的内部风险治理机制与效应模型。在这一模型中，将过程控制机制作为中介变量，将事前甄别机制作为前置变量，将中小企业集群供应链融资内部风险治理效应作为被解释变量，利用结构方程模型对理论假设进行检验，揭示中小企业集群强化内部社会资本，成功实现供应链融资的正式治理机制生成机理及效应。研究模型如图 12.1 所示。

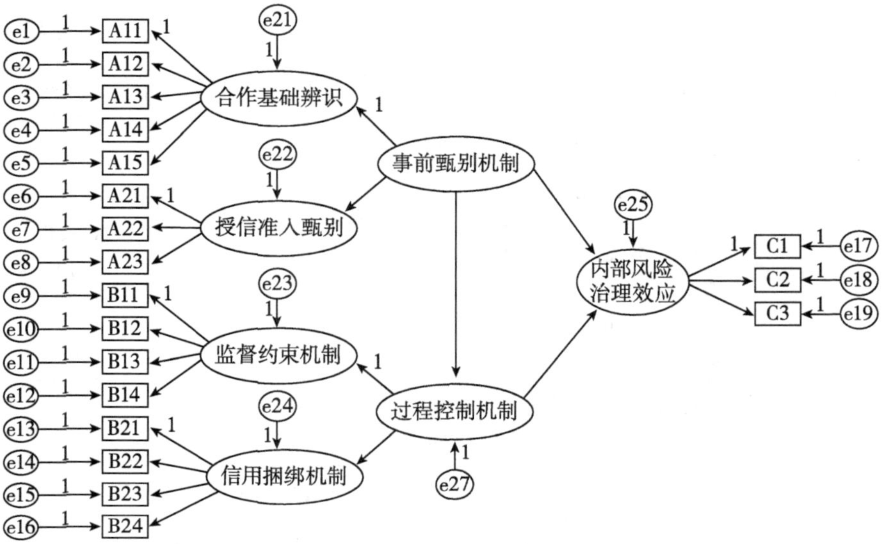

图 12.1　内生风险治理机制与效应结构方程研究模型

参考雍灏（2008）[385]的研究结果，构建内部正式治理机制包括事前甄别机制和过程控制机制（为降低模型复杂度，事后补救措施：将核心企业和供应链各方对融资主体的债务连偿和代偿机制，纳入过程控制机制中的信用捆绑机制中）。

模型中主要的研究变量与相关参考文献如表 12.1 所示。

表 12.1　主要的研究变量与相关参考文献

二阶潜变量	一阶潜变量	观察变量	参考文献
事前甄别机制（外生变量）	合作基础辨识	A11：稳定的交易关系	雍灏（2008）[385]；陈志新（2010）[333]；王小丁（2010）[419]
		A12：良好的信用记录	
		A13：正向的初始信任	
		A14：遇事协商程度	
		A15：管理信息化程度	
	授信准入甄别	A21：合作双方的经营和财务状况	陈志新（2010）[333]
		A22：融资主体的交易项目有可靠的收入来源	
		A23：核心企业会选择优质或信誉较好的融资主体	

续表

<table>
<tr><th>二阶潜变量</th><th>一阶潜变量</th><th>观察变量</th><th>参考文献</th></tr>
<tr><td rowspan="8">过程控制机制（外生变量）</td><td rowspan="4">监督约束机制</td><td>B11：挖掘和监控融资主体互联网交易数据</td><td rowspan="4">王燕（2005）[413]；弯红地（2010）[414]</td></tr>
<tr><td>B12：加强信息共享和沟通</td></tr>
<tr><td>B13：制定对融资主体进行监督的相关措施</td></tr>
<tr><td>B14：采用激励约束机制对合作企业的行为结果进行激励和处罚</td></tr>
<tr><td rowspan="4">信用捆绑机制</td><td>B21：核心企业在融资主体不能及时归还的贷款本息时，有责任代银行进行追讨或代企业偿还</td><td rowspan="4">陈志新（2010）[333]</td></tr>
<tr><td>B22：建立金融机构、物流公司与核心企业参与的新型供应链信用捆绑关系</td></tr>
<tr><td>B23：在授信过程中，供应链参与各方利益与信用联成一体</td></tr>
<tr><td>B24：供应链参与各方对融资主体的债务存在一定的连偿责任</td></tr>
<tr><td colspan="2" rowspan="3">内部风险治理效应（内生变量）</td><td>C1：实现长期成功的融资合作</td><td rowspan="3">Hofmann 等（2011）[418]；弯红地，2008[414]</td></tr>
<tr><td>C2：能够共享收益</td></tr>
<tr><td>C3：共担风险</td></tr>
</table>

12.1.3 数据来源、变量效度和信度分析

（1）数据来源

数据的搜集方法与 Doll 和 Torkzadeh（1988）[420]相同。调查问卷采用李克特七点量表法。样本来自浙江、广东、江苏、山西的农村中小企业集群及金融机构的400个被调查者，收回368份，有效问卷为303份。被调查者包括企业主管、财务人员、一般信贷人员、客户经理，70%的被调查者参与过企业融资决策过程，10%的调查对象为了解企业融资困境和现有融资渠道的、关心企业长远发展的40岁以上的老员工；12%为公司普通员工但关注企业内部管理和企业对外合作；其余为没有关心过企业融资来源的基层员工。除了采用互联网、邮寄、实地问卷调查以外，还对一些重点样本进行了多次深入细致的访谈。

（2）变量效度分析

根据 Fornell 和 Larcker（1981）[421]，采纳检验潜变量构建效度的三个原则：个别潜变量的效度、组成信度（Composite Reliability，CR）和平均萃取变异量（Average Variance Extracted，AVE）。其中，个别潜变量的效度用因素负荷量评价，应超过 0.5 且达到显著水平（Bagozzi，Yi 和 Phillips，1991）[422]；组成信度需大于 0.7（Bagozzi 和 Yi，1988）[170]；平均萃取变异量需大于 0.5[423]。根据以上原则，计算各潜在变量对应指标如表 12.2 所示。从表 6.2 可以看出，潜变量之间的相关系数均为 0.7 以下，因此采用 *AVE* 检验区别效度。同时也可以看出，各项指标均达到理想标准，表明潜变量具有构建效度。*AVE* 均大于相关系数的平方值，因此潜变量也通过了区别效度检验。

表 12.2　潜在变量相关系数、组成信度与平均萃取变异量

变量名称	标准差	组成信度	合作基础辨识	授信准入甄别	监督约束机制	信用捆绑机制	内部治理效应
合作基础辨识	0.056***	0.851	(0.534)	0.308	0.171	0.054	0.125
授信准入甄别	0.070**	0.749	0.555	(0.500)	0.342	0.109	0.249
监督约束机制	0.089**	0.900	0.413	0.585	(0.695)	0.187	0.266
信用捆绑机制	0.119***	0.884	0.233	0.330	0.432	(0.657)	0.085
内部风险治理效应	0.080***	0.895	0.353	0.499	0.516	0.291	(0.743)

注：①括号中的数据为对应的潜在变量的 *AVE*；

②以 AVE 为对角线矩阵的下三角阵为潜变量之间的相关系数，上三角阵为对应的相关系数的平方。*** 表示 $P<0.01$。

（3）变量信度分析

根据 Bagozzi 和 Yi（1988）[422]，信度用 Crobach's alpha 系数和组成信度来评价，如表 12.3 所示，每个 Crobach's alpha 系数、组成信度均为 0.7 以上，说明具有规模信度（Nunnally 和 Bernstein，1994；Hair 等，1995）[424-425]。

因为没有哪个统计指标在证明模型适配度上是万能的，*P* 值在 200 个样本以上，几乎所有的研究都是显著的，因此佐以其他的配适度指标协助判断 Tanaka（1989）和 Maruyama（1998）[426-427]，如残差平方根（*RMSR*）、拟合度（*GFI*）、卡方值（*Chi Square*）与自由度（*DF*）比值等。

Byrne（1989）、Karl 和 Sorbom（1984）认为，*GFI* 和 *AGFI*（调整后的拟

合度）在0.80至0.89的范围内表示模型的拟合度可接受，大于或等于0.90表示模型拟合好[428-429]。Chin 和 Todd（1995）提出 *Chi Square/DF* 小于3，*NFI*（规范适配度指标）、*GFI*、*AGFI* 大于0.8，模型达到适配度标准[177]。*RMSEA*（近似误差均方根）越小表示模型拟合度越高，低于0.08，表示模型适配度良好（Hu 和 Bentler，1999）[430-431]。

本模型适配度指标为：*Chi Square* = 272.186，*DF* = 145；*Chi Square/DF* = 1.877；*GFI* = 0.915；*AGFI* = 0.888；*RMSEA* = 0.054。从表12.3可以看出，所有因素负荷量量均为0.6以上（Bagozzi 和 Yi，1988）[423]，方差提取均为0.5以上（Fornell 和 Larcker，1981）[421]，所以各项指标均达到理想水平。

表12.3　变量信度衡量指标

潜在变量	观察变量	因素载荷系数	*T* 值	*Cronbach's Alpha*	组合信度	方差提取
合作基础辨识	A11	0.787	95.146 ***	0.850	0.851	0.660
	A12	0.762	102.473 ***			0.658
	A13	0.765	91.372 ***			0.630
	A14	0.726	94.517 ***			0.565
	A15	0.759	105.746 ***			0.615
授信准入甄别	A21	0.722	68.749 ***	0.748	0.749	0.627
	A22	0.749	80.723 ***			0.691
	A23	0.768	66.941 ***			0.699
监督约束机制	B11	0.800	75.234 ***	0.899	0.900	0.754
	B12	0.850	79.168 ***			0.849
	B13	0.825	76.245 ***			0.820
	B14	0.732	85.919 ***			0.670
信用捆绑机制	B21	0.834	59.433 ***	0.884	0.884	0.766
	B22	0.867	54.960 ***			0.804
	B23	0.772	57.814 ***			0.678
	B24	0.862	53.125 ***			0.768
内部风险治理效应	C1	0.854	82.271 ***	0.889	0.895	0.831
	C2	0.877	82.150 ***			0.876
	C3	0.817	76.006 ***			0.760

注：*** 表示 $P<0.01$。

模型所有变量内部一致性检验系数为0.897，标准化的内部一致性检验系数为 0.899，说明所有变量整体信度较好。

12.1.4 模型适配度分析

（1）事前甄别、过程控制分层模型适配度分析

Podsakoff 和 Organ（1986）建议用 Harman 单因子法来检验方法变异[432]，基本假设为，当一个主要的因素不能解释所有变量时，则意味着变量间存在着共同因素变异。用单因子模型对所有变量检验，结果显示 $Chi\ Square/DF=11.532$，$GFI=0.587$，$AGFI=0.459$，$RMSEA=0.187$，表明模型适配度不佳，各变量间相关并非来自一个共同因素，存在着共同因素变异（Mossholder 等，1998）[433]。从理论与实践来看，内部风险治理分为事前、事中和事后补救，而 A11、A12、A13、A14、A15 属于合作基础辨识，A21、A22、A23 属于授信准入甄别，两者又都属于事前甄别；B11、B12、B13、B14 属于监督约束机制，B21、B22、B23、B24 属于信用捆绑机制，两者又都属于过程控制，本书把属于事后补救 B24 纳入过程控制。因此对事前甄别和过程控制机制两个潜变量适合采用分层模型对其进行研究。

备择模型包括以下四个模型。

模型 1 为衡量事前甄别、过程控制机制的 16 个观察变量的一阶单因子模型，如图 12.2 所示。

模型 2 为一阶 4 因子无关模型，如图 12.3 所示。文献［420］利用方差最大旋转验证该模型。该模型基于原始数据结构被认为是一个合理选择的模型。

模型 3 为一阶 4 因子相关模型，如图 12.4 所示。文献［420］对该模型的探讨为该模型的应用奠定了理论基础。

模型 4 包含一阶 4 因子和二阶 2 因子相关模型，如图 12.5 所示，文献［420］认为，如果一阶模型相关，那么以该模型为基础所建立的二阶模型可能也是相关的（Tanaka 和 Huba，1984）[434]。

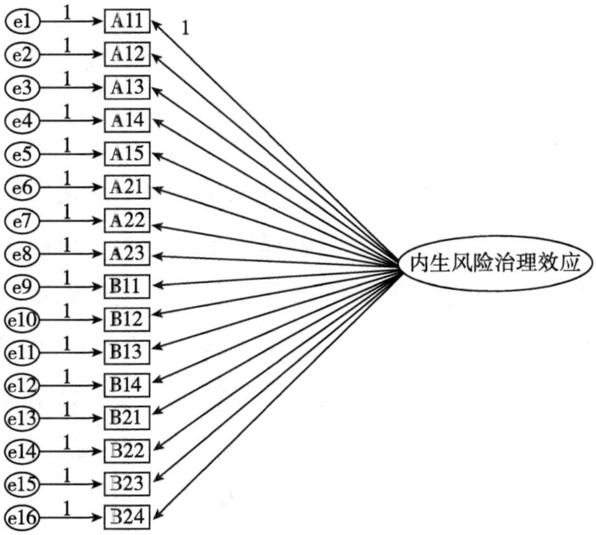

图 12.2　一阶单因子模型

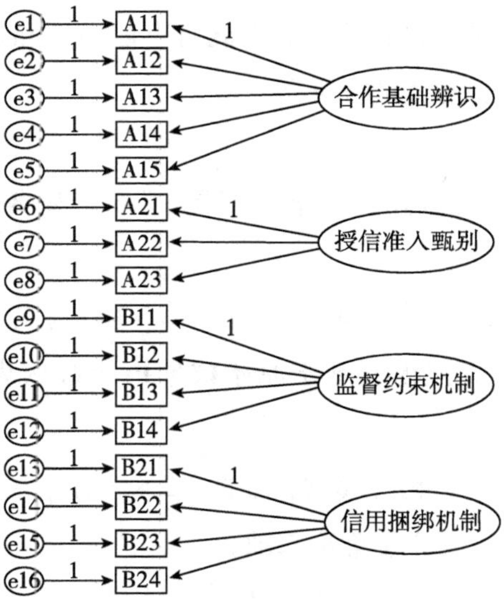

图 12.3　一阶 4 因子无关模型

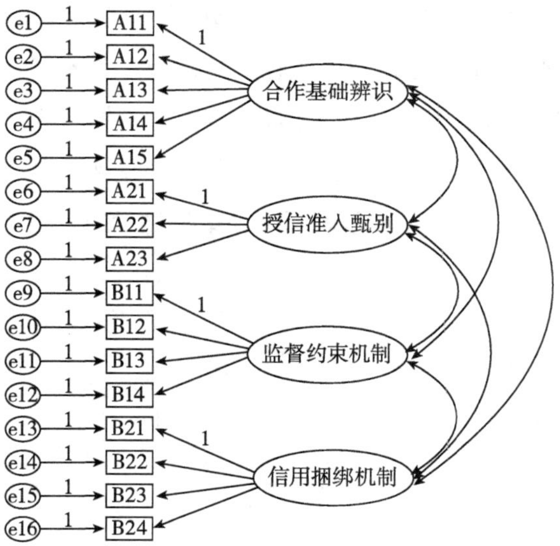

图 12.4　一阶 4 因子相关模型

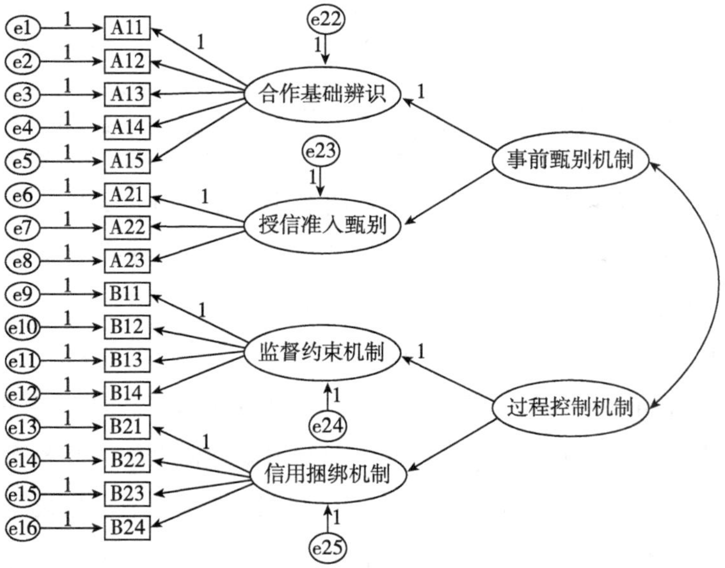

图 12.5　一阶 4 因子和二阶 2 因子相关模型

如表 12.4 所示为分层备择模型的适配度指标。可以看出，零假设模型主要是计算“*Chi Square/DF*”的临界值。正如预期的那样，该模型“*Chi Square/DF*”为 21.945，对数据的拟合度非常差。模型 1 从所有拟合度指标来看，比零假设模型都好。模型 2 相对于模型 1 各项拟合度指标都有了实质的提高，但是模型1和模型2对数据的拟合都没有达到较为理想的程度。模型3从绝对数指标*GFI*、*AGFI*及*RMSR*来看，比模型2都有了实质上的改善，如*GFI*，从0.843上升到0.925。“*Chi Square/DF*”指标从3.967下降到2.022，从经验值判断，模型提供了较为满意的结果。模型4“*Chi Square/DF*”指标显示更合理，尤其是*AIC*、*BIC*显著下降，结果显示二阶模型构建较为合理。

表12.4 备择模型的适配度指标（$n=303$）

二阶验证因素模式	零假设模型	模型1	模型2	模型3	模型4	建议值
Chi - Square	2633.375	1285.860	412.544	198.179	198.273	越小越好
DF	120	104	104	98	99	<3
Chi - Square/DF	21.945	12.364	3.967	2.022	2.003	>0.8
GFI	0.335	0.580	0.843	0.925	0.925	>0.8
AGFI	0.246	0.451	0.794	0.897	0.898	>0.9
CFI	0.000	0.530	0.877	0.960	0.961	<0.08
RMSR	0.263	0.194	0.099	0.058	0.058	越小越好
AIC	2665.375	1349.860	476.544	274.179	272.273	
BIC	2724.795	1468.700	595.384	453.301	409.681	

高阶模型能够更有效地解释因子之间的协方差，但并不是任何二阶模型都比一阶模型优越。从实践来看，风险管理领域一般从事前、事中和事后控制着手，所以模型4比模型3更有坚实的理论依据。

（2）内生风险治理效应与效应模型适配度检验

本书采用Amos19，利用极大似然法估计变量参数。从表12.5可以看出，一阶5个潜变量与其相对应的观察变量间的因素载荷量均为0.863以上，且在99%的置信水平上显示显著。从表12.6可以看出，所有的假设均在不同置信水平水准下达到显著，通过检验。其中：假设H1事前甄别机制与合作基础辨识间相关系数为0.626，假设H2事前甄别机制与授信准入甄别间相关系数为0.886，假设H4过程控制机制与信用捆绑机制间相关系数为0.493，假设H7事前甄别机制与过程控制机制间相关系数为0.755，在99%的置信水平上均达到显著；假设H3过程控制机制与监督约束机制间相关系数为0.875，假设H6过程控制机制与内部风险治理效应间相关系数为0.381，在95%的置信水平上均达到显著；只有假设 H5 事前甄别机制与内部风险治理效应间相关系数为 0.276，在 90% 的置信水平上达到显著。

表 12.6 显示的模型适配度检验结果均收敛。指标分别为：*Chi Square/DF*（272.186/145）为 1.877，小于 3 代表达到理想水平，比值越小，模型适配度越好；*GFI* 为 0.915，*AGFI* 为 0.888；*RMSEA* 为 0.054。上述指标显示模型适配度良好。

表 12.5 路径分析结果

变量性质	潜变量	观察变量	因素载荷量	标准化系数	标准误	*T* 值
内生变量	内部风险治理效应	C1	1.000	0.873	0.040	8.22***
		C2	1.062	0.950	0.048	21.948***
		C3	0.863	0.750	0.055	15.821***
外生变量	合作基础辨识	A11	1.000	0.757	0.043	9.576***
		A12	1.004	0.796	0.075	13.314***
		A13	0.973	0.695	0.084	11.618***
		A14	0.880	0.671	0.079	11.138***
		A15	0.921	0.727	0.077	11.893***
	授信准入甄别	A21	1.000	0.676	0.080	9.482***
		A22	1.105	0.733	0.113	9.785***
		A23	1.124	0.708	0.116	9.667***
	监督约束机制	B11	1.000	0.777	0.048	10.613***
		B12	1.146	0.912	0.066	17.391***
		B13	1.145	0.887	0.069	16.703***
		B14	0.886	0.746	0.064	13.766***
	信用捆绑机制	B21	1.000	0.862	0.055	8.085***
		B22	1.091	0.879	0.056	19.362***
		B23	0.814	0.703	0.061	13.375***
		B24	0.927	0.786	0.060	15.529***

注：* 表示 $P<0.10$；** 表示 $P<0.05$；*** 表示 $P<0.01$。

表 12.6 结构模型实证分析结果

研究假设	变量关系	相关系数估计值	T 值	检验结果
H1	事前甄别机制→合作基础辨识	0.626	6.094***	成立
H2	事前甄别机制→授信准入甄别	0.886	6.341***	成立
H3	过程控制机制→监督约束机制	0.875	2.059**	成立
H4	过程控制机制→信用捆绑机制	0.493	5.613***	成立
H5	事前甄别机制→内部风险治理效应	0.276	1.827*	成立
H6	过程控制机制→内部风险治理效应	0.381	2.389**	成立
H7	事前甄别机制→过程控制机制	0.755	6.514***	成立
模型适配度指标：*Chi Square* = 272.186，*DF* = 145；*Chi Square* = 1.877；*GFI* = 0.915；*AGFI* = 0.888；*RMSEA* = 0.054				

注：* 表示 $P<0.10$；** 表示 $P<0.05$；*** 表示 $P<0.01$；估计值为标准化系数。

12.1.5 过程控制中介效果分析

检验事前甄别 X 通过过程控制 M 影响内部风险治理效应 Y（$a \times b$）是否显著，Baron 和 Kenny（1986）提出，用因果法进行检验[182]，当 X 影响 M 的系数 $a \neq 0$ 且显著，M 影响 Y 的系数 $b \neq 0$ 且显著，表示中介效果存在。X 影响 Y 的直接效果系数 $c \neq 0$ 且显著，则为部分中介；不显著则为完全中介。Sobel（1982）、Arioan（1944）、Goodman（1960）提出，对单一中介变量检验采用的统计检验量如式（12.1）～式（12.3）所示[436-438]：

$$z = \frac{ab}{\sqrt{\alpha^2 SE_b^2 + b^2 SE_a^2}} \tag{12.1}$$

$$z = \frac{ab}{\sqrt{\alpha^2 SE_b^2 + b^2 SE_a^2 + SE_a^2 SE_b^2}} \tag{12.2}$$

$$z = \frac{ab}{\sqrt{\alpha^2 SE_b^2 + b^2 SE_a^2 - SE_a^2 SE_b^2}} \tag{12.3}$$

其中，a 与 b 均为非标准化系数值；SE_a 及 SE_b 分别为 a 与 b 的标准误差，在 $\alpha = 0.05$ 下的 $z > |1.96|$ 为显著。

中小企业集群供应链融资内部风险治理效应模型的中介变量影响效果系数如表 12.7 所示。根据式（12.1）～式（12.3）计算的结果分别为 2.2477、2.2248 和 2.2714，均大于 1.96，说明过程控制的中介效果存在。从表 12.7

可以看出，事前甄别对内部风险治理效应的直接效果为 0.609 且显著，表明事前甄别通过过程控制影响内部风险治理效应存在部分中介效果。

表 12.7 中介变量影响效果系数

效果	变量名称	过程控制	内部风险治理效应
总效果	事前甄别机制	1.246 ***	1.244 *
	过程控制机制	0.000	0.510 **
直接效果	事前甄别机制	1.246 ***	0.609 *
	过程控制机制	0.000	0.510 **
间接效果	事前甄别机制	0.000	0.635 *
	过程控制机制	0.000	0.000

本节的主要目的是通过构建中小企业集群供应链融资的内部正式治理机制来强化非正式的社会资本，避免信用风险导致融资链条断裂。研究结果显示，事前甄别除了以过程控制为中介变量而间接正向影响内部治理效应外，与治理效应也有直接正向的关系。

基于文献提出的企业内部风险管理具有事前预防、事中控制和事后补救的理论基础具有以下两个方面的意义：一是更加支持合作基础辨识、授信准入甄别与事前甄别机制，监督约束机制、信用捆绑机制与过程控制机制的正向关系。二是可以比较事前甄别机制、过程控制机制与内部治理效应相关性的大小，由表 12.7 中的直接效果系数可知，事前甄别机制与内部治理效应因素负荷系数较高，为 0.609；过程控制机制与内部风险治理效应因素负荷系数较小，为 0.510，这一发现更加支持了以往学者认为过于强调事中控制而不一定能提高治理效应的观点（冯福亮，2011）[439]。换句话说，中小企业集群在供应链融资过程中更应该持续强化事前甄别机制，找出社会资本的薄弱环节，建立相应的机制，将可能发生的隐患消灭在萌芽状态。

12.2 “条状”联系的中小企业集群供应链融资风险控制机制

12.2.1 核心企业信用风险控制机制

在供应链金融中，核心企业的经营业绩和信用动态变化情况至关重要，因为金融机构需要根据核心企业的历史信用和整个供应链的信用状况确定为中小企业授信的额度，因此，一旦行业环境变化，如经济整体下滑波及核心企业，即使其有心履约但内力不足，很可能因为链内企业环环相扣，会影响到上下游企业乃至整个供应链融资的信贷安全。

所以银行对核心企业的信用评价不能一蹴而就，而要动态监管，要时刻考察外界经济环境及社会环境的变化，判断有无可能对核心企业产生负面影响。银行要动态监测核心企业的经营状况和财务实力，观察其有无信用资质下降的可能，一旦发现不良情况，立刻停止对其上下游企业授信，同时除了关注核心企业的信用变化情况外，还要科学评估中小企业信用，不能简单地根据核心企业信用对中小企业进行信用增级，要检测其交易数据和回款情况，及时止损停贷。

12.2.2 供应链成员企业合作风险控制机制

上游中小企业提供的产品受实力和规模的影响，质量可能会不稳定，如果难以达到购销合同规定的标准，核心企业可能会拒付货款，导致贷款无法按时回笼。所以金融机构要动态监测交易信息，一旦因产品质量出现资金流的不稳定，要及时采取措施重新评估该项交易，最大限度地减少损失。

下游中小企业存货抵押融资中，存在货款支付与中小企业验货不同步，而且通常货款支付在前，所以在协议约定中一定要明确权利和义务，核心企业应承诺若产品不合格要履行回购商品的义务。同时，市场变化会造成质押品价格下降，金融机构要通知中小企业及时补交保证金。

12.3 “块状”分布的中小企业集群“双池”联保联控融资模式的风险控制机制

“双池”联保联控融资模式为“块状”中小企业集群解决融资问题提供了一条有效的路径。中小企业集群成员企业自发合作，利用信息互通的优势择优抱团增信，开启了信贷风险控制的第一道屏障。地方政府关注区域经济发展，凭借信息优势帮助金融机构筛选并审核信贷对象，并以小额财政资金为担保，构筑了防控违约风险的第二道屏障。两道屏障，内筛外核，既减少了信息不对称，保证了优质中小企业被纳入银行授信范围，又分散了单纯依靠自身可能承担的坏账风险。

12.3.1 中小企业集群内部优质成员筛选监督机制

中小企业集群内部，能够进入“联保资金池”的成员都是经过联保资金管理委员会甄别筛选的。这个筛选过程较为可靠，信息更为准确。因为产业集群成员企业距离较近，彼此较为熟悉。集群内彼此熟知的信息传递机制是筛选优质企业的基础和保证。对于申请入池的成员，联保资金管理委员可能掌握的信息比书面信息更多、更全面。许多信息内嵌在成员日常交往中，联保资金管理委员不仅会审核申请表中的信息是否属实，还会把自己掌握的隐性信息自然而然地融入“身份”甄别中。结果是，集体理性约束可以事前有效地判断入池成员的融资风险，评价更全面，及早切断违约风险的萌芽，保障了抱团融资的可持续运行。

在“联保资金池”运行中，中小企业集群内部特有的信息传递机制和隐性监督机制，能够天然地起到约束成员企业不守信行为，提高诚信意识的作用。“块状”中小企业集群成员之间接触较多，信息传递迅速、真实。任何不诚信的机会主义行为在产业集群内难以隐藏。特有的信息传递机制使中小企业集群内部形成隐性监督。信息传递的有效性使得联保资金管理委员会不需要付出过多的监督成本，就可以协同整合池内成员企业，促进稳定合作。

12.3.2 中小企业集群外部政府审核监督机制

在近年来经济下行的压力下，“促转型、保就业”成为经济发展的主旋律。而中小企业船小好调头，又是解决地方就业的关键力量，因此成为主旋律下的主角。

为了助力中小企业，地方政府设立“助保资金池”无疑是雪中送炭，但中小企业缺少有效的抵押资产，政府在助保的过程中虽然减少了中小企业需要提供抵押物的环节，但同样存在风险。所以，中小企业融资门槛低了，但是入池企业的门槛抬高了，助保对象一定是经过严格遴选的。一般会选择历史信用好、在当地有较好口碑、经营状况良好的中小企业。对于地方要优先发展的产业，或者具备一定发展潜力的中小企业，地方政府掌握更多、更完备的信息。相关部门会制定入池准入条件，在前期甄选后再推荐给银行，这个甄选的过程为银行把好了二道关，使得金融机构承担风险的概率进一步降低。在贷款后，无论是政府部门还是金融机构，或是中小企业集群联保资金管理中心，都承担着“边服务、边监督”的职责，全方位防控风险。企业在获得便利的信贷资金后，受到相关部门的监督约束，违约的动机也会大大降低。

该融资模式使得金融机构获得了双重风险补偿，对其贷款给中小企业也是一种刺激和鼓励。地方政府安排的扶持企业发展的资金以“助保资金池”联合中小企业集群“联保资金池”，通过中小企业集群内部增信和外部补信，政府助保资金发挥杠杆效应，然后对接银行信贷资金，建立了长期、稳定、有效的中小企业融资机制，实现了三方共赢，推动了地方经济持续、健康回暖。

12.4 “商圈”性质的供应链金融与中小企业集群融资对接风险控制机制

商圈融资集合商户集体信用解决了单个商户难以融到资金的问题。但商圈内的企业由于熟人文化氛围浓厚，一旦相互串通和包庇，将资金挪作他用，就会增加银行风险。一个可行的办法是，银行和小额贷款公司合作放贷，一方面为小额贷款公司补充了资金来源，另一方面对银行来说，借助小额贷款公司在小额贷款方面的风险防控技术优势、行业切入要点，以及了解中小企业客户真实信用情况等情况，扩大了自身中小企业客户群，提升了银行综合收益。

12.5 本章小结

将防止合作伙伴非正式社会资本关系断裂作为内部治理的突破点，构建中小企业集群供应链融资的内生风险治理机制与效应模型，根据调查采集的数据，实证检验了事前甄别机制对内部风险治理效应具有显著的直接和间接正向关系，间接效果分析显示过程控制机制是连接事前甄别机制和内部治理效应的中介变量。此外，构建了不同类型的供应链金融与中小企业集群融资对接的运作模式的风险控制机制。

第 13 章

供应链金融与中小企业集群融资对接的制度设计

13.1 政府层面引导推进，制度支持和法律约束保驾护航

供应链金融基于实际发生的交易，通过物流、信息流、商流的有效整合，使资金流在上下游企业之间顺畅流动，能够使中小企业走出筹资难的怪圈，实现多方共赢。

但是，在实践过程中，有些企业将供应链金融作为获取利润的工具，故意拖延应收账款还款期，恶化了营商环境，究其原因就是没有良好的制度和严苛的法律进行约束。没有完善的规则制约，再卓越的融资系统也会因为恶劣的运营环境产生额外的交易成本，增加供应链金融实施的风险。不良的商业习惯和文化，没有法律管制，会造成许多企业钻供应链金融的空子，阻碍先进融资模式的健康发展。可见，找出供应链金融法律盲区，如担保法、动产抵押法、权利质押法等，补充相关具体法规；进行有针对性的制度化建设，规范供应链金融各参与主体的行为，是实现供应链金融可持续运行的重要保障。

13.2 金融机构层面多头并举，产品创新与风险控制与时俱进

13.2.1 金融机构应依据产业链上各类企业的个性化需求创新供应链金融产品

目前，除了银行，部分电商和物流企业也开始涉足供应链金融。对于传统金融行业来讲，竞争压力巨大。鉴于此，金融机构应该根据自身特点，依

据产业链上各类企业的个性化需求创新供应链金融产品，制定差异化发展路径。

“1 + N”模式即核心企业加上下游若干中小企业的供应链金融模式虽然得以广泛推广，并且成效显著，但根据中小企业集群实际情况，“N + N”模式更适用，前提是互联网“大数据”平台的筛选功能更强，商业利益联系更为密切的中小企业集群的信用资质可以通过第三方交易平台获取。

13.2.2 金融机构实行结构授信有利于分散和降低风险

结构授信是针对整个供应链节点所有企业整体授信，是银行基于真实交易，针对供应链上下游企业总的资金需求，根据供应链成员所在行业的特征、总体风险承受度主动授信。单个企业的授信额度受供应链整体信贷额度的限制，一旦达到临界值，单个成员企业不能获得贷款，这与中小企业集群整体组团授信不谋而合。以下为某金融机构案例。

（1）金融机构中小企业业务组织

某分行隶属某国有商业银行，为拓展业务，于2010年组建中小企业业务部。部门内下设总经理、副总经理及风险官。总经理全面负责辖内新模式项下中小企业业务的发展；副总经理协助总经理负责反欺诈管理、进行业务指导；风险官严把审批关，制定并出台风险控制政策，密切关注资产质量，辨识和确认可能发生的坏账。

（2）金融机构中小企业业务风险控制措施

该行中小企业授信审批机制与其他大客户授信审批机制的主要区别在于：中小企业部严格把握新模式“收益覆盖风险”的指导原则，独具特色的是关注法人的人品、经营能力；不仅评估企业的财务状况，还细化到了解企业实际用电、用水情况；关注企业社会责任主动承担情况，尤其是完税情况；实施环境监测、审核、资产组合监控、风险预警、反对欺诈的“五位一体”管控措施。

该行所在省份行业主导和核心企业主要集中于以煤、焦、铁为主的产业集群，供应链金融主要集中在应收账款质押，核心企业以优质钢贸企业为主，为其上游企业提供信贷支持。

在市场经济低迷的大背景下，该行开展供应链融资业务时，审慎选择核心企业，对于煤、焦、铁行业审慎介入，同时加大新型产业优质核心企业的选择和推广工作，优化授信业务行业分布。

13.2.3 引导保险机构围绕中小企业集群供应链融资进行保险产品创新

中小企业近年来受经济整体下滑、汇率动荡的影响，风险管理不到位，发生坏账时有发生，出口规模变小。而现有的短期出口信用险由于对被保险人资质要求严格、业务流程复杂及保险费率较高等因素，导致众多中小企业望而却步。

在与供应链金融对接中，基于中小企业集群的保费承担能力，可以通过投保保险以规避可能产生的风险。银行、保险机构进一步拓宽了客户群体，丰富了产品内涵，提升了业务竞争力，有效地实现了多方共赢。

以下为某公司案例。

（1）案例简介

A 公司为一家中小型贸易公司，主要出口高档服装，根据从欧美接到的订单采购面料，加工生产然后出口。生产周期通常是面料采购 1 个月，加工周期为1 ~2 个月。A 公司出货后 45 ~90 天从进口商处收款。但因为规模扩大，出现了资金问题，2014 年，中国银行某分行为其提供供应链融资业务，助其渡过资金难关。

A 公司在长期的外贸实践中积累了许多经验教训，因此防控风险意识较强。早在 2009 年年底，就已向中国出口信用保险公司投保，项目为中小企业短期出口信用险。该保险系中国出口信用保险公司于 2009 年推出的新险种，中国出口信用保险公司承保的风险为信贷人经营不善到期不能按时偿债，或者出现财务困境导致破产，以及出口国出现政治风险、开证行不能按期承兑风险。

中国银行某分行通过抽查 A 公司与众多进口商近半年的交易记录发现，该公司履约情况良好，收汇正常，且在征信系统无任何不良授信记录和违规记录，2010 年信用评级为 BBB，完全符合办理“出口融信达”业务的条件。根据客户需求，该行为其设计了中小企业综合险保单项下有追索权出口融信达业务（不占用工商客户授信），具体流程如下：

①银行、A公司与中国出口信用保险公司签署承保协议；

②客户提供提单、商业发票（带有应收账款债权转让通知）、出口货物报关单，以及国外买方的收货及验货证明，核实贸易背景的真实性；

③中国银行某分行核定A公司的信贷金额，并将融资款项支付给A公司；

④应收账款到期日，该行从国外买方处收款归还融资本息，余额（如有）归还客户。

（2）案例业务风险和控制措施

①客户履约风险。中小企业融资业务存在一定的履约风险。在办理业务前，该行严格审查了A公司的历史交易记录，了解到该企业内部管理较为规范，成长性较好，履约风险可控。

②买方拒收货物风险。买方拒收货物风险不在中小企业综合险保单承保范围内。经认真调查，A公司的进口商对服装面料及生产工艺流程要求较高，定期指定专人对货物和工艺流程进行检验，出货前还需由上述人员进行全面品质检查，进口商因产品质量原因拒收货物的可能性较低。A公司的产品为中高档服装，基本无淡旺季之分，因货物滞销导致买方拒收货物的风险也较低。此外，该行要求A公司在融资前提交（融资期限较短的业务可补交）货物签收文本，确保买方拒收货物的风险可控。

③操作风险。该行积极加强与中国出口信用保险公司的沟通与联系，及时了解客户最高赔偿限额余额，以及买方信用限额余额的变化情况，将授信余额控制在保单最高赔偿限额内。

（3）案例成功经验

A公司投保了中小企业综合保险，同时在该行办理出口融信达业务，既规避了国外买方信用风险，也解决了流动资金不足的难题。融资业务投保解决了银行后顾之忧，很大程度上降低了国际贸易中不确定性带来的违约风险。保险公司拓展了自身业务，提高了盈利能力。可谓一举三得。

13.2.4 建立基于金融科技信息平台的动态监管和控制机制

（1）金融科技把脉助力，精准挖掘批量授信

随着互联网的普及和应用，虚拟化的“抵押物”逐步增多，根据众多交

易数据可以提炼企业的信用状况，数据资产化的发展趋势也越来越明显，供应链金融的风险控制更为紧迫。因此，利用先进的金融科技，建立互联网“大数据”平台，记录供应链参与各方运作信息，沟通更快捷，监督更及时。传统“三流”加“商流”有效整合，使银行追踪“痕迹”进行客观评价和科学判断，做到防微杜渐，将风险消灭在萌芽状态。

主流的供应链金融不是依赖通过审核中小企业财务报表对其进行授信，而是利用产业链核心企业的信用优势，基于其与授信对象的真实交易，挖掘出符合条件的批量客户，实行精准授信。在此种授信模式下，需要对核心企业的真实信用及运营情况进行多维度判断、评估，掌握其资质和真实的还款能力。对于中小企业集群所在产业链中缺少核心企业的，要实现与供应链金融对接，需要通过一定的技术加速通过资质审核。无论主流供应链金融，还是非主流供应链金融，都需要借助现代金融科技，打造对接平台，快速实现对核心企业和被授信企业的审核，加快信息传递，提高放款速度。利用智能技术使供应链金融中的信息更透明，交易成本得到有效节约，最终实现融资体系内风险平衡。

人工智能 + 大数据的科技要素，融入供应链金融各环节，从技术方面为建立智能融资平台提供了支持。以强大的人工智能 + 大数据驱动的供应链金融，打破了信息孤岛现象，能够智能连接产业链各环节企业，交叉验证多维信息，确保交易数据、资料真实可信，保证核心企业资质符合要求。同时，也使得链外金融机构筛选客户准入数据、资质审查和贷后管理变得更便捷、实时、易于实现。物联网可以通过专有技术，控制货运和仓储等交易过程，提供真实的物流、商流、信息流及资金流数据，可以提高终端交易的可靠性，确保资金及时回笼，大大提高了供应链金融各环节交易和信息的透明度。

（2）区块链技术提升供应链金融的风险防控水平

①区块链技术实现信用多层级传递，造假交易无所遁形。在“人工智能 + 大数据”金融科技应用中，区块链的加入使得智能供应链金融平台功能更强大，风险更可控。

传统供应链金融中，金融机构只对与核心企业有直接交易关系的一级上下游企业授信，对于终端有巨大融资需求的中小微企业，由于核心企业信用难以传递，远水难解近渴，依然难以挤入供应链金融授信行列。同时，中小企业一直深陷信用不佳的泥潭，如虚构交易数据、假仓单骗贷事件屡见不鲜。金融机构在多方委托监管的情况下，交易成本不可避免地上升，风险识别难度不可避免地加大，因此断然放弃这批客户，杜绝风险发生。

将区块链技术植入大数据智能供应链金融平台，一方面，可以多方连接碎片化数据，如供应链各环节企业、金融机构、物流公司、仓储等，复杂交叉的信息能以链接，互相印证，形成一个大的网络。在此基础上，区块链技术能够最大限度地穿透供应链，到达最末端的中小企业，将核心企业信用分享给长尾末端中小企业群，通过核心企业的背书，实现核心企业对没有直接交易关系的多层级企业的信用分享，实现更多的供应链底端小微企业获得金融机构的批量授信。2019 年，位于成都百脑汇电脑城的“冠勇专卖店”，虽然注册资本只有 30 元，但凭借某核心企业的末端供应商身份，受益于所在区块链，拿到其 20 年经营期内的第一笔区块链贷款。这说明区块链技术为小微企业搭建的便捷的信用分享桥梁的优势正在显现。另一方面，核心企业不会因为信用的多层传导而导致连带责任不堪重负。区块链保留的数据可以永久保存，且无法篡改。所有伪造的单证、仓单，在区块链技术应用下都会无所遁形，所有窜通造假行为都逃不过区块链植入的大数据平台的监控。在强有力的监管环境中，所有的企业都会自发遵守融资规则，交易环境因此变得公正可信，违约风险得以最大程度控制，金融机构和核心企业的监管交易成本也会大大降低。

另外，赋能中小企业，在区块链技术的支持下，金融机构要重新定义核心企业标准。只要是历史信用比较好的，经营实力较强的，不需要苛求营业收入必须达到大型企业水准，可以适当降低额度，为它们和中小银行牵线搭桥，搭建供应链金融平台，解决更多中小企业的融资难题。

②区块链技术助力建立信任环境，实现授信额度精准供给。传统的供应链金融，需要在多次重复交易后建立互信。由于参与环节较多，需要多方合作，重复博弈，交易成本、监管成本及违约风险较大。但区块链技术可以识别电子单证，而且将所有参与主体链接成一个大的网络，可以在错综复杂的交叉关系中识别真伪。同时，对电子化票据可以实现分拆和转移，以最大限

度地分拆信用，提升交易中的信任度，为多主体融资提供可操作的解决方案，打造公开透明的信任环境。

互相信任的关系一旦建立，平台就可以集合商业银行、中小银行、保险公司及各投资主体的资金，汇聚成一个资金池。当融资主体手中的存货、应收账款增加，平台会显示交易的真实性、规模及资金的回笼的可能性，自动根据平台构建的动态授信额度计算模型，从资金池调拨资金出池进入供应链金融循环中。

所以中小企业是否能渡过这个难关，关键看是否有商业交易。金融机构需要在供应链金融植入区块链技术，清晰地展示上下游企业之间的贸易关系，不必逐一考察，摆脱了传统鉴别的低效模式。每个中小企业可以背靠商业交易伙伴，拿到供应链金融“入场券”。所以，将互联网、新型金融科技迅速应用到供应链金融业务中，精准地了解中小企业业务运营和资金需求，发展在线数字供应链金融，可助力中小企业走出困境。

13.3 企业层面严防共管，正式激励与契约治理防微杜渐

尽管向智能化发展的供应链金融确实成为中小企业突破融资困境的重要途径之一，但实践中具有商业性质的供应链金融最终还要依赖中小企业集群成员的诚信与守规则。例如，有些企业钻空子，不违规但肆意拖延货款，恶化商业环境。所以供应链金融的发展瓶颈，最终要通过中小企业集群建立规范制度来约束，而技术性因素只是辅助制度有效执行的保障。

13.3.1 建立正式激励约束机制，引导准龙头企业发挥效用

供应链金融从线下到线上，又从平台化到智能化，去中心化趋势越来越显著，但是不是意味着供应链金融从此不再需要核心企业了呢？答案显然不是，因为供应链金融中核心企业的作用不可小觑。即使区块链技术在辨识交易真伪时几乎能够覆盖大部分风险，但在风云变幻的国际大环境中，真正能够经得起大风大浪的还是实力雄厚的核心企业。就像大厦坚挺，还需要根基厚重。当外部经济环境、政治环境、市场环境出现大的波动，依赖核心企业能够保持供应链金融运行的稳定性。所以当中小企业集群所在供应链缺少核

心企业时，可以引导准龙头企业发挥效用。

但无论是核心企业还是准龙头企业，要参与签订供应链金融合同，承诺承担连带责任，同时又缺少有效手段约束上下游成员企业，因此实践中介入供应链金融的意愿并不强。所以对于融资意愿强烈的中小企业集群要给予核心企业一定的利益分享，并明确订立违约惩罚契约。激励约束机制的建立，有利于促进核心企业和准龙头企业积极参与供应链金融，主动帮助中小企业集群解决资金难题，渡过融资难关。

但同时，核心企业的信用状况和经营前景决定了整个供应链金融的稳定性，一旦核心企业的交易质量下降，会传导至整个供应链上下游企业，影响供应链金融运行的安全性。因此，中小企业集群要对选择的核心企业的支付能力和担保规模进行详尽细致的调查。如果其信用捆绑企业较多，承担的或有负债超过其承受能力，就要审慎选择与其合作，以避免出现整体兑付危机。

13.3.2　完善中小企业治理机制，规范制度惩治恶意商业行为

随着智能化金融科技的应用，供应链金融去中心化步伐逐渐加快。但是当供应链金融所有节点都成为核心，相互之间增信成为可能，那么风险也就覆盖了整个供应链。在智能化趋势下，传统交易的真实性风险降低，但每个节点的偿付能力和信用水平成为新的关注焦点。中小企业的治理结构缺陷、经营不稳定等短板依然存在，这些短期不可逆转的因素势必会影响链条上其他环节企业的融资安全。

所以中小企业集群要从源头上控制可能发生的风险。选定优质企业做典范，带动弱势成员加快建立现代企业制度，完善公司治理结构。制定有效机制，奖优罚劣，逐步提高成员的诚信意识，使供应链金融真正发挥调节成员企业资金需求的“蓄水池”功能。

另外，要采取措施治理供应链相关节点企业的延迟支付行为。延迟支付行为是违背商业信用的行为，会破坏供应链金融的正常运行。对于恶意延迟支付的商业行为，应该将其排除在供应链金融授信范围外，甚至可以实施更严厉的制裁措施限制其后续的融资可得性。

13.4 本章小结

供应链金融与中小企业集群融资对接需要有科学的法律制度作为保障，需要金融机构在产品创新与风险控制方面有序推进，需要中小企业集群层面从完善企业治理机制和惩治恶意商业行为方面不懈努力。基于以上三个层面，提出供应链金融与中小企业集群融资对接的配套保障措施。

第14章

结论与展望

中小企业集群供应链融资能够实现规模经济效应，供应链金融自有的风险控制体系减缓了中小企业集群融资风险传染。本书通过对供应链金融与中小企业集群融资对接的运作模式、协同收益和授信风险进行理论分析、创新设计、模型推导、实证检验，得出以下结论。

第一点，对接运作模式创新要考虑不同中小企业集群的特点。

①“条状”联系的中小企业集群中与核心企业有交易关系的成员可以采用集合订单融资模式、保理池融资模式、存货动态集中质押模式等；集中采购获得商业折扣适用于与核心企业没有交易关系的中小企业集群。

②针对“块状”分布的中小企业集群，设计了“双池”联保联控融资模式，分析了借助保险公司分担风险的供应链融资模式。

③“商圈”性质的中小企业集群，适合所在商圈担保，集合商圈商户经营场地使用权质押，能够使其顺利实现融资。

第二点，以农业循环经济体集聚的中小企业可以基于运行机制采用分层融资模式。分层融资模式包括核心示范级绿色供应链融资模式、紧密合作级绿色结构授信融资模式、松散服务级“互联网＋绿色金融”融资模式、辐射带动级“多元化”融资模式。在此基础上，提出了保障农业循环经济分层融资模式成功运行的举措。

第三点，对接协同收益的实现需要立足各参与方的协同配合。

①供应链下游企业动产质押融资。金融机构承担的风险降低，获得利息收益；核心企业提前收到货款，并且获得信用边际收益；中小企业在抵押物

不足的情况下利用从核心企业订购存货质押获得资金支持；物流公司获得运费、保管费收益。

②供应链上游企业权利质押融资。银行依然获得利息收益；中小企业借助应收账款或订单质押解决融资问题；核心企业得以延展付款。

第四点，中小企业集群供应链融资的风险控制主要考虑企业集群内的内生风险。构建了中小企业集群在供应链融资过程中建立事前甄别机制（包括合作基础辨识、授信准入甄别）、过程控制机制（包括监督约束机制、信用捆绑机制，并把事后补救的相关变量加入过程控制的信用捆绑机制），既验证了治理机制与治理效应的关系，也证实了事前甄别通过过程控制影响内部风险治理效应存在部分中介效果。

总之，本书虽然对供应链金融与中小企业集群融资对接的运作模式、协同收益和风险控制进行了系统而深入的研究，并取得了一些有价值的成果，但是也存在一定的局限性。例如，协同收益分配在理论研究中如果寻求两方的均衡点则较为简单易行，但如果涉及三方或三方以上的参与者，对均衡点的求解将变得复杂，这也是本书目前没有解决的难题，所以只能从理论分析中探讨各自的收益结果。在未来的研究中，希望对模型进行进一步的改进和研究，使其更具有适用性，从而使参与各方的收益分配更合理和科学，实现促进供应链金融与中小企业集群融资成功对接的最终目的。

参考文献

[1]张在旭,李明,张菲菲. 中国能源消费、经济增长和碳排放的互动关系研究[J]. 中外能源,2015(12):14-18.

[2]王丽萍,刘明浩. 企业自愿实施环境管理体系的动因和障碍性因素分析[J]. 经济与管理,2016,32(9):1104-1107,1046.

[3]Bowen H R. Social responsibilities of the businessman[M]. New York: Harper and Row, 1953.

[4]Davis K. Can business afford to ignore social responsibilities? [J]. California management review, 1960,2(1):70-76.

[5]Freeman R E. 战略管理:利益相关者方法[M]. 王彦华,梁豪,译. 上海:上海译文出版社,2006.

[6]Johnson H L. Business in contemporary society:framework and issues[M]. Belmont: Wadsworth, 1971.

[7]Carroll A B. The pyramid of corporate social responsibility: toward the moral management of organizational stakeholders[J]. Business horizons,1991,34(4):39-48.

[8] Carroll A B. Corporate social responsibility evolution of definitional construct [J]. Business and society, 1999,38(3):268-295.

[9]Commission E. Promoting a European framework for corporate social responsibility[R]. Brussels: Commission of European Communities, 2001.

[10] Xuan Bai, Jeanine Chang. Corporate social responsibility and firm performance: the mediating role of marketing competence and the moderating role of market environment[J]. Asia Pac J Manag, 2015(32): 502-530.

[11] Ansong A. Corporate social responsibility and firm performance of Ghanaian

SMEs: the role of stakeholder engagement[J]. Cogent business & management, 2017,4(1): 1-17.

[12]Hawn O, Chatterji A, Mitchell W. How operational legitimacy conditions the impact of changes in social legitimacy on firm's economic value: the Dow Jones sustainability index addition and deletion (working paper) [Z]. Duke University, 2011.

[13]Indartono S, Sari R C, Mustikawati I. The effect of ethical sensitivity of SME's owner on the corporate social responsibility intentions to promote SME's reputation[J]. International journal of current advanced research, 2017,6(7):4933-4940.

[14]Pastrana N A, Sriramesh K. Corporate social responsibility: perceptions and practices among SMEs in Colombia[J]. Public relations review, 2014, 40(1): 14-24.

[15]Turyakira P, Venter E, Smith E. The impact of corporate social responsibility factors on the competitiveness of small and medium-sized enterprises[J]. South African journal of economic and management sciences, 2014,17(2): 157-172.

[16]Gompers P, Lerner J. The venture capital cycle[M]. Cambridge MA: MIT Press, 1999.

[17]Ritter J. The long-run performance of initial public offerings[J]. Journal of finance, 1991(46):3-27.

[18]Almeida H, Campello M, Weisbach M S. The cash flow sensitivity of cash [J]. Journal of finance, 2004,59(4):1777-1804.

[19]Fazzari S, Hubbard R, Petersen B. Financing constraints and corporate investment[J]. Brookings papers on economic activity, 1988(1):141-206.

[20]Kaplan S, Zingales L. Investment-cash flow sensitivities are not valid measures of financing constraints [J]. The quarterly journal of economics, 2000, 115 (2): 707-712.

[21]Alessandrini P, Presbitero A F, Zazzaro A. Bank size or distance: what hampers innovation adoption by SMEs? [J]. Journal of economic geography, 2010(10): 845-881.

[22]Hauswald R, Marquez R. Relationship banking, loan specialization and competition[A]. Indiana university working paper, 2000.

[23]Cole R A, Goldberg L. G, White L J. Cookie cutter vs. character: the micro structure of small business lending by large and small banks[J]. Journal of financial and quantitative analysis, 2004(39):227 -251.

[24]Diamond D W. Monitoring and reputation: the choice between bank loans and directly placed debt[J]. Journal of political economy,1991(99):689 -721.

[25]Degryse H, Cayseele P V. Relationship lending within a bank-based system: evidence from European small business data[J]. Journal of financial intermediation, 2000(9):90 -109.

[26]Petersen M A, Rajan R G. The benefits of lending relationships: evidence from small business data[J]. The journal of finance, 1994(49):3 -37.

[27]Stein J. Agency, information, and corporate investment[A]. Constantinides G, Harris M, Stulz R . The Economics of finance. Amsterdam:Elsevier, 2003:111 -166.

[28]Cheng B, Ioannou I, Serafeim G. Corporate social responsibility and access to finance[J]. Strategic management journal, 2014,35(1): 1 -23.

[29]Goss A, Roberts G S. The impact of corporate social responsibility on the cost of bank loans[J]. Journal of banking & finance, 2011,35(7): 1794 -1810.

[30]Cheah E T, Jamali D, Johnson J E, et al.. Drivers of corporate social responsibility attitudes: the demography of socially responsible investors[J]. British journal of management, 2011,22(2): 305 -323.

[31]Sparkes R. Socially responsible investment: a global revolution[M]. Chichester: Wiley, 2002.

[32]Freeman R E, Harrison J S, Wicks A C, et al.. Stakeholder theory: the state of the art[M]. New York, NY: Cambridge University Press, 2010.

[33]Kapstein E B. The corporate ethics crusade[J]. Foreign affairs, 2001, 80(5): 105 -119.

[34]Choi J, Wang H. Stakeholder relations and the persistence of corporate financial performance[J]. Strategic management journal, 2009, 30(8): 895 -907.

[35]Jo H, Harjoto M. The causal effect of corporate governance on corporate social responsibility[J]. Journal of business ethics, 2012,106(1): 53 -72.

[36]Benabou R, Tirole J. Individual and corporate social responsibility[J]. Economica, 2010,77(305), 1-19.

[37]Eccles R, Ioannou I, Serafeim G. The impact of a corporate culture of sustainability on corporate behavior and performance (working paper) [Z]. Harvard Business School, 2012.

[38]Dhaliwal D S, Radhakrishnan S, Tsang A. Nonfinancial disclosure and analyst forecast accuracy: international evidence on corporate social responsibility disclosure[J]. The accounting review, 2012, 87(3):723-759.

[39]Waddock S, Graves S. The corporate social performance-financial performance link[J]. Strategic management journal,1997,18(4): 303-319.

[40]Giulio A D, Migliavacca P O, Tencati A. What relationship between corporate social performance and the cost of capital (working paper)[Z]. Bocconi University, 2007.

[41]Orlitzky M, Benjamin J D. Corporate social performance and firm risk: a meta-analytic review[J]. Business & society, 2001,40(4): 369-396.

[42]Spicer B H. Investors, corporate social performance, and information disclosure: an empirical study[J]. The accounting review, 1978,55(1): 94-111.

[43]Andriof J, Waddock S A. Unfolding stakeholder engagement[A]. Andriof J, Waddock S A, Husted B W, et al.. Unfolding stakeholder thinking: theory, responsibility, and engagement. Sheffield: Greenleaf Publishing, 2002:19-42.

[44]Bandeira-de-Mello R, Marcon R, Alberton A. Performance effects of stakeholder interaction in emerging economies: evidence from Brazil[J]. BAR-Brazilian administration review, 2011,8(3): 329-350.

[45]Guillen M. Business groups in emerging economies: a resource-based view [J]. Academy of management journal, 2000,43(3): 362-380.

[46]Khanna T, Palepu K. The future of business groups in emerging markets: long-run evidence from Chile[J]. Academy of management journal, 2000,43(3): 268-285.

[47]Wan W. Country resource environments, firm capabilities, and corporate diversification strategies[J]. Journal of management studies, 2005,42(1): 161-182.

[48]Dhaliwal D, Li O Z. Tsang, A,et al.. Voluntary nonfinancial disclosure and

the cost of equity capital: the case of corporate social responsibility reporting (working paper)[Z]. University of Arizona and The Chinese University of Hong, 2011.

[49]Simnett R, Vanstraelen A, Chua W F. Assurance on sustainability reports: an international comparison[J]. The accounting review, 2009,84(3): 937 –967.

[50]Hassett K A, Hubbard R G. Are investment incentives blunted by changes in prices of capital goods? [J]. International finance, 1998,1(1): 103 –125.

[51]吴宗法,张英丽. 所有权性质、融资约束与企业投资:基于投资现金流敏感性的经验证据[J]. 经济与管理研究,2011(5):72 –77.

[52]王芳,段贵宝,王岩. 融资约束文献综述[J]. 财政金融,2011(7):72 –73.

[53]田原. 激励性金融合约设计、金融发展与企业融资约束的关系研究[D]. 武汉:华中科技大学,2013.

[54]冯筱旸,肖翔. 企业社会责任与融资约束:基于深沪两市A股的实证研究[J]. 煤炭经济研究,2012(6):51 –56.

[55]戴小洋. 社会责任信息披露与融资约束[D]. 乌鲁木齐:新疆财经大学,2012.

[56]姚玥. 企业社会责任对债务期限约束的影响[D]. 北京:北京交通大学,2014.

[57]于丽丽. 公司社会责任与融资约束的实证研究[D]. 成都:西南交通大学,2014.

[58]李姝, 谢晓嫣. 民营企业的社会责任、政治关联与债务融资:来自中国资本市场的经验证据[J]. 南开管理评论,2014,17(6):30 –40.

[59]高帆,汪亚楠,方晏荷. 慈善捐赠:企业增加融资的有效渠道——基于中国私营企业调查数据的实证研究[J]. 学术研究,2014(10):70 –76.

[60]费文颖. 实物期权、企业慈善与融资约束[J]. 金融理论与实践,2016(11):1 –6.

[61]翟淑萍,顾群. 融资约束、代理成本与企业慈善捐赠:基于企业所有权视角的分析[J]. 审计与经济研究,2014(3):72 –74.

[62]翟淑萍,顾群,霍欣欣. 慈善捐赠、融资约束与股权再融资:基于A股上市公司面板数据的经验分析[J]. 中南财经政法大学学报,2015(2):134 –142.

[63]彭镇，戴亦一. 企业慈善捐赠与融资约束[J]. 当代财经,2015(4):76－84.

[64]冉戎,王丁,谢懿. 非政府组织关联、责任战略延续性与融资约束[J]. 南开管理评论,2016,19(3):178－192.

[65]黄荷暑,许启发. 企业社会责任、银行信贷与投资行为:基于中介效应的检验[J]. 商业经济与管理,2017(11):47－59,96.

[66]曹亚勇,刘计含,王建琼. 企业社会责任与融资效率[J]. 软科学,2013,27(9):51－54.

[67]朱永明,薛文杰,安姿旋. 融资约束、企业社会责任表现与企业绩效[J]. 财会月刊,2016(29):27－31.

[68]李长青,毛翔飞. 所有权集中度、企业融资约束与企业社会责任[J]. 金融与经济,2016(6):11－16.

[69]韩金红,曾晓. 碳信息披露、产权性质与融资约束:基于2012—2014年CDP中国报告的实证研究[J]. 中国注册会计师,2015(12):75－81.

[70]袁建辉,张灵灵. 碳信息披露对上市公司融资约束影响的实证研究:基于资源型企业的经验证据[J]. 生态经济,2017,33(8):42－47.

[71]赵红建,范一博,贾钢. 慈善捐赠、企业绩效与融资约束[J]. 经济问题,2016(6):109－115.

[72]肖红军. 国有企业社会责任的发展与演进:40年回顾和深度透视[J]. 经济管理,2018(10):5－26.

[73]马军丽. 企业社会责任信息披露与融资约束关系研究[D]. 青岛:青岛理工大学,2013.

[74]苏强. 企业社会责任与融资约束关系的实证研究[D]. 成都:西南财经大学,2013.

[75]何贤杰,肖土盛,陈信元. 企业社会责任信息披露与公司融资约束[J]. 财经研究,2012,38(8):60－71.

[76]倪恒旺,李常青,魏志华. 媒体关注、企业自愿性社会责任信息披露与融资约束[J]. 山西财经大学学报,2015,37(11):77－88.

[77]钱明,徐光华,沈弋,等. 民营企业自愿性社会责任信息披露与融资约束之

动态关系研究[J]. 管理评论,2017,29(12):163-174.

[78]杨雪. 环境信息披露视阈下的企业融资约束:基于现金——现金流敏感性模型[J]. 金融发展研究,2016(8):79-82.

[79]彭镇,戴亦一. 企业慈善捐赠与融资约束[J]. 当代财经,2015(4):76-84.

[80]管亚梅,王嘉歆. 企业社会责任信息披露能缓解融资约束吗?:基于A股上市公司的实证分析[J]. 经济与管理研究,2013(11):76-84.

[81]莫勇. 企业社会责任对融资约束影响的实证研究[J]. 中国注册会计师,2017(5):74-78.

[82]冯丽艳,肖翔,赵天骄,等. 社会绩效、信息披露与融资约束:来自中国上市公司的经验证据[J]. 北京交通大学学报(社会科学版),2016,15(1):74-86.

[83]罗珊梅,李明辉. 社会责任信息披露、审计师选择与融资约束:来自A股市场的新证据[J]. 山西财经大学学报,2015,37(2):105-115.

[84]陈玉清,马丽丽. 我国上市公司社会责任会计信息市场反应实证分析[J]. 会计研究,2005(11):76-81.

[85]宋献中,龚明晓. 社会责任信息的质量与决策价值评价:上市公司会计年报的内容分析[J]. 会计研究,2007(2):37-43.

[86]李正,向锐. 中国企业社会责任信息披露的内容界定、计量方法和现状研究[J]. 会计研究,2007(7):3-10.

[87]刘冬荣,毛黎明,李世辉,等. 基于企业价值的上市公司社会责任信息披露实证分析[J]. 系统工程,2009,27(2):69-72.

[88]徐光华,谢琪,钟马. 社会责任信息披露与融资约束:基于强制披露时代的证据[J]. 财会通讯,2017(9):3-8.

[89]张铁铸,金豪. 融资约束视角下的企业信息披露行为研究:基于增值税转型自然实验的经验证据[J]. 审计与经济研究,2017(6):102-115.

[90]Fitzgerald M A, Haynes G W, Schrank H L, et al.. Socially responsible processes of small family business owners: exploratory evidence from the national family business survey[J]. Journal of small business management,2010,48(4):524-551.

[91]肖丽萍,孙艳玲. 欧盟中小企业社会责任政策对我国的启示[J]. 现代经济

探讨,2015(6):37 -41.

[92]Castka P, Balzarova M, Bamber C. How can SMEs effectively implement the CSR agenda? A UK case study[J]. Perspective corporate social responsibility and environmental management, 2004,11(3): 140 -149.

[93]Spence L, Schmidpeter R, Habisch A. Assessing social capital: small and medium sized enterprises in Germany and the UK[J]. Journal of business ethics, 2003,47(1): 17 -25.

[94]Murillo D, Lozano J. SMEs and CSR: an approach to CSR in their own words[J]. Journal of business ethics, 2006(67): 227 -240.

[95]Williamson D, Lynch-W G, Ramsay J. Drivers of environmental behaviour in manufacturing SMEs and the implications for CSR[J]. Journal of business ethics, 2006, 67(3): 317 -330.

[96]Jenkins H. Small business champions for corporate social responsibility[J]. Journal of business ethics, 2006(67): 241 -256.

[97]Russo A, Perrini F. Investigating stakeholder theory and social capital: CSR in large firms and SMEs[J]. Journal of business ethics, 2010,91(2): 207 -221.

[98]张兆国,靳小翠,李庚秦. 企业社会责任与财务绩效之间交互跨期影响实证研究[J]. 会计研究,2013(8): 32 -39.

[99]Sen S, Cowley J. The relevance of stakeholder theory and social capital theory in the context of CSR in SMEs: an Australian perspective[J]. Journal of business ethics, 2013,118(2):413 -427.

[100]项喧,熊伟. 中小企业社会责任驱动因素与推进机制研究:以浙江为例[J]. 管理现代化,2017(3):80 -82.

[101]Torugsa N A, Donohue W, Hecker R. Capabilities, proactive CSR and financial performance in SMEs: empirical evidence from an Australian manufacturing industry sector[J]. Journal of business ethics, 2012,109(4):483 -500.

[102]Battaglia M, Testa F, Bianchi L, et al.. Corporate social responsibility and competitiveness within SMEs of the fashion industry: evidence from Italy and france[J]. Sustainability,2014,6(2):872 -893.

[103]陈承,张俊瑞,李鸣,等.中小企业社会责任的概念、维度及测量研究[J].管理学报,2015,12(11):1687-1694.

[104]高凡雅,田高良,王喜.中小企业履行社会责任能缓解融资约束吗?[J].科学学与科学技术管理,2017(6):133-143.

[105]Kaplan S N,Zingales L. Do investment-cash flow sensitivities provide useful measures of financing constraints? [J]. The quarterly journal of economics,1997,112(1):169-215.

[106]Almeida H,Campello M,Weisbach M. The cash flow sensitivity of cash[J]. Journal of finance,2004,59(4):1777-1804.

[107] Whited T M,Wu G. Financial constraints risk[J]. Review of financial studies,2006,19(2):531-559.

[108] Charles J, Hadlock J R P. New evidence on measuring financial constraints: moving beyond the KZ index[J]. Review of financial studies, 2010, 23(5): 1909-1940.

[109] 张金鑫,王逸. 会计稳健性与公司融资约束:基于两类稳健性视角的研究[J]. 会计研究,2013(9):44-50.

[110]Pouraghajan A,Tabari N A Y,Mansourinia E,Emamgholipour M. The effect of free cash flows and agency costs on performance of listed companies in Tehran Stock Exchange[J]. World of sciences journal,2013,1(6):1-10.

[111]李华燊,吴家曦,李京文. 浙江省中小企业社会责任调查报告[J]. 管理世界,2011(9):1-6,73.

[112]Mazzarol T. Strategic management of small firms: a Proposed framework for entrepreneurial ventures[C]. Brisbane Australia Small Enterprise Association of Australia and New zealand Conference,2004.

[113]王筱萍,高慧敏.中小企业履行社会责任能够降低代理成本吗?[J].财会通讯,2018(10):103-107.

[114]Cooper S, Crowther D, Davies M,et al.. Shareholder or stakeholder value? The development of indicators for the control and measurement of performance[M]. London: CIMA, 2001.

[115]Sweeney L, Coughlan J. Do different industries report corporate social respon-

sibility differently? An investigation though the lens of stakeholder theory[J]. Journal of marketing communications, 2008,14(2): 113 -124.

[116]Hopkins M. The planetary bargain: corporate social responsibility[M]. London: Matters Earthscan Publications Ltd, 2003.

[117]Kinnie N, Purcell J, Hutchinson S, et al.. Employment relations in SMEs: market-driven or customer-shaped? [J]. Employee relations, 1999,21(3): 218 -235.

[118]Maloni M J, Brown M E. Corporate social responsibility in the supply chain: an application in the food industry[J]. Journal of business ethics, 2006(68): 35 -52.

[119]Lev B, Petrovits C, Radhakrishnan S. Is doing good good for you? How corporate charitable contributions enhance revenue growth[J]. Strategic management journal, 2010,31(2): 182 -200.

[120]McGuire J B, Sundgren A, Schneeweis T. Corporate social responsibility and firm financial performance[J]. Academy of Management Journal,1988,31(4): 854 -872.

[121]Balakrishnan R, Sprinkle G B,Williamson M G. Contracting benefits of corporate giving: an experimental investigation[J]. The accounting review, 2011,86(6): 1887 -1907.

[122]Jenkins H M. Corporate social responsibility-engaging small and medium sized enterprises in the debate[M]. Cardiff, UK: The Centre for Business Relationships, Accountability, Sustainability & Society,2004.

[123]Vyakarnam S, Bailey A, Myers A,et al.. Towards an understanding of ethical behaviour in small firms[J]. Journal of business ethics, 1997,16 (15): 1625 -1637.

[124]Russo A,Tencati A. Formal vs. informal CSR strategies: evidence from Italian micro, small, medium-sized, and large firms[J]. Journal of business ethics, 2009, 85(2): 339 -353.

[125]Izzo M F, Magnanelli B S. Does it pay ordoes firm pay? The relation between CSR performance and the cost of debt[Z]. Luiss University:Working paper,2012.

[126]唐鹏程,杨树旺. 利益相关者满足能缓解中小板上市公司融资约束吗? [J]. 中国地质大学学报(社会科学版),2015,15(4):103 -108.

[127]肖翔,孙晓琳,谢诗蕾. 企业社会责任对融资约束的影响[J]. 统计研究,

2013,30(6):106 - 107.

[128]Edmondson B. What is corporate social responsibility? [EB/OL]. (2020 - 7 - 7)[2018 - 8 - 1]. https://www. the balance. com/corporate-social-responsibility-csr - 4772443.

[129]Fox T. Small and medium-sized enterprises (SMEs) and corporate social responsibility[M]. London: International Institute for Environment & Development,2005.

[130]Enderle G. Global competion and corporate responsibilities of small and medium-sized enterprises[J]. Business Ethics: a European review,2014,14(1):51 - 63.

[131]Vives A. Social and environmental responsibility in small and medium enterprises in Latin America[J]. Journal of corporate citizenship, 2006(21): 39 - 50.

[132]Curran M M. Assessing the rate of return of the adoption of corporate social responsibility initiatives[D]. Edinburgh: University of Edinburgh, 2005.

[133]Serafeim G, Ioannou I, Cheng B. Corporate social responsibility and access to finance[J]. Strategic management journal, 2014,35(1): 1 - 23.

[134]Karnani A. The case against corporate social responsibility[EB/OL]. MIT sloan management review. http://sloanreview. mit. edu/executiveadviser/articles/2010/3/5231/the-case-against-corporate-social-responsibility/, 2010.

[135]Balakrishnan R, Sprinkle G B, Williamson M G. Contracting benefits of corporate giving: an experimental investigation[J]. The accounting review, 2011,86(6): 1887 - 1907.

[136]Baron D P. Managerial contracting and corporate social responsibility[J]. Journal of public economics, 2008(92): 268 - 288.

[137]Izzo M F, Magnanelli B S. Does it pay or does firm pay? The relation between CSR performance and the cost of debt[D]. Roma: LUISS Guido Carli University,2012.

[138]Hajiha Z, Sarfaraz B. The investigation of the relationship between corporate social responsibility and debt cost in tehran stock exchange listed companies[J]. Journal of European theoretical & applied studies,2014,2(2):95 - 108.

[139]Serafeim G, Ioannou I, Cheng B. Corporate social responsibility and access to finance[J]. Strategic management journal, 2014,35(1):1 - 23.

[140]Mishra D R, Sadok E G,Guedhami O,et al.. Does corporate social responsibility affect the cost of capital? [J]. Journal of banking & finance, 2011,35(9):2388-2406.

[141]Sharfman M P, Fernando C. Environmental risk management and the cost of capital[J]. Strategic management journal, 2008(29): 569-592.

[142]Ang J S, Cole R A, Lin J W. Agency costs and ownership structure[J]. Journal of finance, 2000(55): 81-106.

[143]Freeman R. Strategic management: a stakeholder perspective[M]. Piman: Boston, MA,1984.

[144]Cronbach L J. Coefficient alpha and the internal structure of tests[J]. Psychometrika,1951(16): 297-334.

[145]Bollen K A. Structural equations with latent variables[M]. New York, NY: Wiley, 1989.

[146]Fornell C, Larcker D F. Evaluating structural equation models with unobservable variables and measurement error[J]. Journal of marketing research, 1981,18(1): 39-50.

[147]Bagozzi R, Yi Y. On the evaluation of structural equation models[J]. Journal of the academy of marketing sciences, 1988(16): 74-94.

[148]Diamantopoulos A, Siguaw J A. Introducing LISREL[M]. London: Sage Publications, 2000.

[149]Netemeyer R G, Bearden W O, Sharma S. Scaling procedures: issues and applications[M]. London: Sage Publications, 2003.

[150]Sethi V, King W R. Development of measures to assess the extent to which an information technology application provides competitive advantage[J]. Management science,1994(12): 1601-1626.

[151]MacKinnon D P, Lockwood C M, Williams J. Confidence limits for the indirect effect: distribution of the product and resampling methods[J]. Multivariate behavioral research, 2004,39(1): 99-128.

[152]Brammer S, Millington A, Rayton B. The contribution of corporation social

responsibility to organizational commitment[J]. Int. J. Hum. Res. Manag, 2007,18(10):1701 –1719.

[153]King A, Lenox M. Does it really pay to be green? [J]. Journal of industrial ecology, 2001(5): 105 –116.

[154]Hu L T, Bentler P M. Cutoff criteria for fit indexes in covariance structure analysis: conventional criteria versus new alternatives[J]. Structural equation modeling, 1999,6(1): 1 –55.

[155]Judd C M, Kenny D A. Estimating the effects of social interventions[M]. Cambridge, England: Cambridge University Press, 1981.

[156]Baron R M, Kenny D A. The moderator-mediator variable distinction in social psychological research: conceptual, strategic, and statistical considerations[J]. Journal of personality and social psychology,1986,51(6): 1173 –1182.

[157]Freedman L S, Schatzkin A. Sample size for studying intermediate endpoints within intervention trials of observational studies[J]. American Journal of Epidemiology, 1992(136): 1148 –1159.

[158]Olkin I, Finn J D. Correlation redux[J]. Psychological bulletin, 1995(118): 155 –164.

[159]Bollen K A. Total direct and indirect effects in structural equation models[A]. In C. C. Clogg (Ed.). Sociological methodology. Washington, DC: American Sociological Association, 1987:37 –69.

[160]Sobel M E. Asymptotic confidence intervals for indirect effects in structural equation models[A]. In S. Leinhardt (Ed.). Sociological methodology. Washington, DC: American Sociological Association, 1982:290 –312.

[161]Aroian L A. The probability function of the product of two normally distributed variables[J]. Annals of mathematical statistics, 1944(18): 265 –271.

[162]Goodman L A. On the exact variance of products[J]. Journal of the American statistical association, 1960(55): 708 –713.

[163]Sampson C B, Breunig H L. Some statistical aspects of pharmaceutical content uniformity[J]. Journal of quality technology, 1971(3): 170 –178.

[164]MacKinnon D P, Lockwood C, Hoffman J. A new method to test for mediation [C]. Paper presented at the annual meeting of the society for prevention research, Park City, UT, 1998.

[165]Meeker W Q, Cornwell L W, Aroian L A. Selected tables in mathematical statistics, Vol. VII: the product of two normally distributed random variables[M]. Providence, RI: American Mathematical Society,1981.

[166]MacKinnon D P, Fritz M S, Williams J, Lockwood C M. Distribution of the product confidence limits for the indirect effect: program Prodlin[J]. Behavior research methods, 2007(39): 384 -389.

[167]Berlin M, Mester L. Debt covenants and renegotiation[J]. Journal of financial intermediation, 1992(2): 95 -133.

[168]Fama E. What's different about banks? [J]. Journal of monetary economics, 1985(15): 29 -39.

[169]Deng Xin, Kang Jun - koo, Buen Sin Low. Corporate social responsibility and stakeholder value maximization: evidence from mergers[J]. Journal of financial economics, 2013(110): 87 -109.

[170]于良,孙健,孙嘉琦. 中小企业履行社会责任与企业可持续发展关系研究:基于企业声誉资本传导机制的视角[J].现代管理科学,2016(7):15 -17.

[171]Michael C J, Meckling W H. Theory of the firm: managerial behavior, agency costs and capital structure[J]. Journal of financial economics, 1976(3): 305 -60.

[172]Servaes H, Tamayo A. The impact of corporate social responsibility on firm value: the role of customer awareness[J]. Management science, 2013(59): 1045 -1061.

[173]Bebchuk L A, Fried J. Executive compensation as an agency problem[J]. Journal of economic perspective, 2003(17): 71 -92.

[174]张庆一. 中小企业履行社会责任的优势及其社会效应[J]. 现代财经, 2008,28(1):75 -78.

[175]杨春方. 中小企业社会责任缺失的非道德解读:资源基础与背景依赖的视角[J]. 江西财经大学学报,2015(1):32 -42.

[176]温素彬,方苑. 企业社会责任与财务绩效关系的实证研究:利益相关者视

角的面板数据分析[J]. 中国工业经济,2008(10):150－160.

[177]黄珺,郭志娇. 社会责任履行与企业价值提升[J]. 华东经济管理,2015,29(3):29－34.

[178]Jensen M C. Agency costs of free cash flow, corporate finance, and takeovers [J]. American economic review, 1986,76(2): 323－329.

[179]Lehn K, Poulsen A. Free cash flow and stock holder gains in going private transactions[J]. Journal of finance, 1986, 44(3): 771－787.

[180]Gul F A, Judy S L T. A test of the free cash flow and debt monitoring hypotheses: evidence from audit pricing[J]. Journal of accounting and economics, 1998,24(2): 219－237.

[181] Gul F A, Judy S L T. Free cash flow, debt monitoring, and audit pricing: further evidence on the role of director equity ownership[J]. Journal of practice and theory, 2001,20(2): 71－84.

[182]Singh M, Davidson W N. Agency costs, ownership structure and corporate governance mechanisms[J]. Journal of banking & finance, 2003(27): 793－816.

[183]McConnell J J, Servaes H. Additional evidence on equity ownership and corporate value[J]. Journal of financial economics, 1990(27): 595－612.

[184]Doukas J, Kim C, Pantzalis C. Security analysis, agency costs and company characteristics[J]. Financial analysts journal, 2002(56): 54－63.

[185]George Yungchi Wang. The impacts of free cash flows and agency costs on firm performance[J]. Journal of service science & management, 2010(3): 408－418.

[186]Flannery M, Rangan K. Partial adjustment towards target capital structures [J]. Journal of financial economics, 2006(79): 459－506.

[187]Kutner, Nachtsheim, Neter. Applied linear regression models[M]. 4th ed [M]. Irwin: McGraw-Hill, 2004.

[188]李刚,李随成,杨洵. 企业社会责任、创新投入对企业声誉的影响:基于中国上市公司的实证研究[J]. 社会科学家,2015(5):70－73.

[189] Nick L H, Igor B. The link between (not) practicing CSR and corporate reputation: psychological foundations and managerial implications[J]. Journal of business

ethics, 2018, 150 (1): 185 – 198.

[190]陈莞,孙瑞云,桂海兰.创业板上市企业社会责任履行对创新绩效的影响[J].科技进步与对策,2017,34(19):28 – 35.

[191]黄珺, 朱攀. 社会责任信息披露、管理层信任度与投资者决策[J].软科学, 2015, 29(5): 68 – 72.

[192]王诗雨,汪官镇,陈志斌. 企业社会责任披露与投资者响应[J].南开管理评论,2019,22(1):151 – 165.

[193]Verrecchia R. Essays on disclosure[J]. Journal of accounting and economics, 2001,32(1):97 – 180.

[194]Godfrey P C. The relationship between corporate philanthropy and shareholder wealth: a risk management perspective[J]. Academy of management review, 2005,30 (4) : 777 – 798.

[195] Lins K V, Servaes H,Tamayo A. Social capital,trust,and firm performance: the value of corporate social responsibility during the financial crisis[J]. The journal of finance,2017,72(4) : 1785 – 1824.

[196]李姝,谢晓嫣.民营企业的社会责任、政治关联与债务融资:来自中国资本市场的经验证据[J].南开管理评论,2014(6):30 – 49,95.

[197]沈艳,蔡剑. 企业社会责任意识与企业融资关系研究[J]. 金融研究, 2009(12):127 – 136.

[198]冷建飞,高云. 融资约束下企业社会责任信息披露质量与创新持续性:中小板企业数据分析[J].科技进步与对策,2019,36(11):77 – 84.

[199]Sadok E G, Omrane G. Does corporate social responsibility affect the cost of capital? [J]. Journal of banking & finance, 2010,35(9): 2388 – 2406.

[200]Sankar S, Bhattacharya C B. Does doing good always lead to doing better? Consumer reactions to corporate social responsibility [J]. Journal of marketing research, 2001, 38(2): 225 – 243.

[201]孙芝慧. CSR 信息披露对企业融资约束的非单调作用机制:基于和讯网企业社会责任评级数据的分析[J].绿色财会,2016(4):16 – 23.

[202]Lee D D, Faff R W. Corporate sustainability performance and idiosyncratic

risk: a global perspective[J]. Financial review, 2009, 44(2): 213 – 237.

[203]阮刚铭,魏宇,方舟,等.慈善捐赠、社会资本与融资约束[J].会计与经济研究,2019,33(3):79 – 91.

[204]谢洋,罗娟.履行企业社会责任,中小企业不能置身事外[N].中国青年报,2007 – 05 – 08(10).

[205]Mason C, Simmons J. Embedding corporate social responsibility in corporate governance: A stakeholder systems approach[J]. Journal of business ethics,2014,119(1):77 – 86.

[206]Lehn K M, Patro S, Zhao M. Determinants of the size and composition of US corporate boards: 1935 – 2000[J]. Financia management, 2009, 38(4):747 – 780.

[207]Meng E.加州通过新法律 总部设在该州的公司董事会将至少得有一名女性[EB/OL].(2018 – 10 – 3)[2020 – 8 – 1].https://stock.qq.com/a/2018/003100088/.htm.

[208]Singh V, Terjesen S, Vinnicombe S. Newly appointed directors in the boardroom: How do women and men differ[J]. European management journal, 2008(26): 48 – 58.

[209]Kulik C. Women on boards: Glass ceiling or glass cliff?[M]. Adelaide: UniSA business, 2011.

[210]Adams R B. Ferreira D. Women in the boardroom and their impact on governance and performance[J]. Journal of financial economics, 2009(94): 291 – 309.

[211]Vinnicombe S V, Burke R J, Bilimoria D, et al.. Women on corporate boards of directors: international research and practice[M]. London: Elgar, 2008.

[212]王筱萍.女性高管、股权制衡与中小企业社会责任绩效[J].嘉兴学院学报,2018(5):114 – 125.

[213]Sturmer S, Snyder M, Omoto A M. Prosocial emotions and helping: the moderating role of group membership[J]. Journal of rersonality and social psychology, 2005, 88(3): 532 – 546.

[214]Hoffman M L. Empathy and moral development: implications for caring and justice[M]. Cambridge: Cambridge University Press, 2000.

[215]Eagly A H, Johannesen S M C, Van Engen M L. Transformational, transactional, and laissez-faire leadership styles: a meta-analysis comparing women and men

[J]. Psychological bulletin, 2003, 129 (4):569 - 591.

[216]Zelechowski S, Bilimoria D. Characteristics of CEOs and boards with women inside drectors[J]. Corporate board: roles, duties and composition, 2006(2): 14 - 21.

[217]Huse M, Nielsen S T, Hagen I M. Women and employee-elected board members, and their contributions to board control tasks[J]. Journal of business ethics, 2009 (89): 581 - 597.

[218]Eagly A. Sex differences in social behaviour: a social role interpretation[M]. Hillsdale: Erlbaum,1987.

[219]Bear S, Rahman N, Post C. The impact of board diversity and gender composition on corporate social responsibility and firm reputation[J]. Journal of business ethics, 2010(97): 207 - 221.

[220]Bernardi R A, Threadgill V H. Women directors and corporate social responsibility[J]. Electronic journal of business ethics and organizational studies, 2010(15): 15 - 21.

[221]Konrad A M, Kramer V, Erkut S. Critical mass: the impact of three or more women on corporate boards[J]. Organizational dynamics, 2008(37): 145 - 164.

[222] Kruger P. Corporate social responsibility and the board of directors [Z]. Working paper (Job Market Paper). Toulouse: Toulouse School of Economics,2010.

[223]Harjoto M, Laksmana I,Lee R. Board diversity and corporate social responsibility[J]. Journal of business ethics, 2015,132(4): 641 - 660.

[224]Galbreath J. Are there gender-related influences on corporate sustainability? A study of women on boards of directors[J]. Journal of management & organization, 2011 (17): 17 - 38.

[225]Manner H M. The impact of CEE:characteristics on corporate social performance[J]. Journal of business ethics,2010,93(1): 53 - 72.

[226]王士红. 所有权性质、高管背景特征与企业社会责任披露[J]. 会计研究,2016(11):53 - 60.

[227]徐细雄,李摇琴,林丁健. 女性高管与企业慈善捐赠:基于产权性质与制度环境的分析[J]. 华东经济管理,2015,29(10):8 - 14.

[228]周泽将，刘中燕，胡瑞. CEO vs CFO:女性高管能否抑制财务舞弊行为[J]. 上海财经大学学报,2016(1):50－63.

[229]冯丽丽,赵思敏. 产权性质、高管性别与企业社会责任履行[J]. 经济管理,2017(6):79－83.

[230]朱文莉,邓蕾. 女性高管真的可以促进企业社会责任履行吗?:基于中国A股上市公司的经验证据[J]. 中国经济问题,2017(4):119－135.

[231]孙建国,胡朝霞. 中小企业板上市公司股权结构、公司治理与企业绩效:基于随机前沿生产函数的分析[J]. 投资研究,2012(1):110－122.

[232]董斌,张振. 股权结构、董事会特征与公司绩效:内生性视角[J]. 大连理工大学学报(社会科学版),2015(10):13－22.

[233]关鑫,齐晓飞. 上市公司股东间合作机制构建研究[J]. 中国工业经济,2015(2):115－127.

[234]周芬. 股权集中模式影响公司绩效了吗?:基于直接持股与关联持股视角的分析[J]. 东南大学学报(哲学社会科学版),2016,18(4):67－77.

[235]施东晖. 股权结构、公司治理与绩效表现[J]. 世界经济,2000(12):37－44.

[236]Bennedsen M, Wolfenzon D. The balance of power in closely held corporations [J]. Journal of financial economics, 2000, 58(1):113－139.

[237]陈信元,汪辉. 股东制衡与公司价值:模型及经验证据[J]. 数量经济技术经济研究,2004,21(11):102－110.

[238]吴育辉,吴世农. 股权集中、大股东掏空与管理层自利行为[J]. 管理科学学报,2011,14(8):34－44.

[239]朱红军,汪辉. "股权制衡"可以改善公司治理吗?:宏智科技股份有限公司控制权之争的案例研究[J]. 管理世界,2004(10):114－123.

[240]Davis K. The case for and against business assumption of social responsibilities[J]. Academy of management journal, 1973,16(2): 312－323.

[241]Barnett M. Stakeholder influence capacity and the variability of financial returns to corporate social responsibility[J]. Academy of management review, 2007,32(3): 794－816.

[242]Mattingly J, Berman S. Measurement of corporate social action: discovering

taxonomy in the kinder lyndenberg domini ratings data[J]. Business & society, 2006,45(1): 20-46.

[243]Elzahar H, Hussainey K. Determinants of narrative risk disclosures in UK interim reports[J]. Journal of risk finance, 2012,13(2): 133-147.

[244]Majeed S, Aziz T, Saleem S. The effect of corporate governance elements on corporate social responsibility (CSR) disclosure: an empirical evidence from listed companies at KSE pakistan[J]. International journal of financial studies, 2015, 3(4):530-556.

[245]Chen J, Roberts R. Toward a more coherent understanding of the organization-society relationship: theoretical considerations for social and environmental accounting research[J]. Journal of business ethics, 2010,97(4): 651-665.

[246]Margolis J D, Walsh J P. People and profit: the search for a link between a company's social and financial performance[M]. New Jersey: Lawrence Erlbaum Associates, Inc,2001.

[247]Griffin J J, Mahon J F. The corporate social performance and corporate financial performance debate[J]. Business and society, 1997(36): 5-31.

[248]McWilliams A, Siegel D. Corporate social responsibility and financial performance: correlation or misspecification? [J]. Strategic management journal, 2000,21(5): 603-609.

[249]杨林. 公司股权结构、高管团队认知多样性与创业战略导向关系研究[J]. 科研管理,2014,35(5):93-106.

[250]Benson B W, Davidson W N I, Wang H, et al.. Deviations from expected stakeholder management, firm value, and corporate governance[J]. Financial management, 2011,40(1): 39-81.

[251]Harjoto M, Laksmana I, Lee R. Board diversity and corporate social responsibility[J]. Journal of business ethics, 2015(132): 641-660.

[252]Wooldridge J M. Introductory econometrics:a modern approach[M]. Boston: South-Western, Cengage Learning, 2012.

[253]Blundell R W, Bond S. Initial conditions and moment restrictions in dynamic panel data models[J]. Journal of econometrics, 1998(87): 115-143.

[254]夏雨,方磊,魏明侠.供应链金融:理论演进及其内在逻辑[J].管理评论,2019,31(12):26-39.

[255]Laeequddin M, Sahay B S, Sahay V, et al.. Trust building in supply chain partners relationship: an integrated conceptual model[J]. Journal of management development, 2012,31(6):550-564.

[256]Hans-Christian P, Moritz Gomm. Supply chain finance: optimizing financial flows in supply chains[J]. Logist. Res, 2009(1):149-161.

[257]Knox A. Electronic payment: the missing link in supply chain efficiency[J]. Journal of financial transformation-market imperfection, 2005(14):16-18.

[258]宋洪林.供应链金融与产业集群发展的关系研究[J].华北金融,2012(1):22-25.

[259]Fawcett S E, Magnan G M, Mccarter M W. Benefits, barriers, and bridges to effective supply chain management[J]. Supply chain management: an international journal, 2008,13(1):35-48.

[260]More D, Basu P. Challenges of supply chain finance[J]. Business process management journal, 2013, 19(4):624-647.

[261] Altenburg T. Promoting ancillary industries in developing countries[J]. Small enterprise development, 1997,8(2):24-33.

[262]Meyer-Stamer. From industrial policy to regional and local locational policy: experience from Santa Catarina /Brazil[J]. Bulletin of Latin American research, 1999, 18(4): 451-468.

[263]肖斌卿,刘晓桐,权小锋.基于团体贷款的小微企业集群融资:理论与实证[J].中国经济问题,2016(2):68-81.

[264] Bealey T, Coate S. Group lending, repayment incentives and social collateral [J]. Journal of development economics, 1995(46):1-19.

[265]Morduch J. The role of subsidies in microfinance: evidence from the Grameen Bank[J]. Journal of development economics, 1999(60):229-248.

[266]章元.对横向监督理论的一个述评[J].世界经济文汇,2003(4):71-80.

[267] Abbink K, Irlenbusch B, Renner E. Group size and social ties in microfinance institutions[J]. Economic inquiry, 2006(44): 614 -628 .

[268] Thierry V B, Howard L . Trust in lending: social capital and joint liability seed loans in Southern Zambia[J]. World development, 2006,34(10):1788 -1807.

[269]张琦. 中小企业集群共生融资机制及创新研究[D]. 长沙: 中南大学,2009.

[270]潘永明,桑韬. 集群内中小企业团体融资影响因素分析[J]. 大连理工大学学报(社会科学版),2019,40(1):31 -38.

[271]张卫国,冉晖. 中小企业团体贷款研究综述与分析[J]. 经济学动态,2010(5):81 -84.

[272] Winborg, Joakim. Financing small businesses, developing our understanding of financial bootstrapping behavior[Z]. Scandinavian institute for research in entrepreneurship (SIRE), 2000.

[273] Spadavecchia A. State subsidies and the sources of company finance in Italian industrial districts,1951—1991. A Private Venture? [J]. Business history, 2005, 47(4): 569 -593.

[274] Wonglimpiyarat J . Technology foresight: creating the future of Thailand's industries[J]. Foresight, 2006, 8(4): 23 -33.

[275]蒋晓薇. 中小企业集群融资问题及发展对策研究[J]. 商业经济研究,2019(17):161 -164.

[276]庄永强. 基于产业集群模式的中小企业债务融资探讨[J]. 乡镇经济,2004(5):16 -18.

[277]古赞歌. 基于产业集群的中小企业融资问题研究[J]. 商业研究,2006(22):132 -135.

[278]李渝萍,甘寿国. 中小企业集群理论研究评述[J]. 学术研究,2007(7):49 -53.

[279]高连和. 中小企业集群融资:模式创新、融资边界与竞争优势[J]. 经济社会体制比较,2007(3):92 -97.

[280]彭佳,吴小瑾. 社会资本、信用合作组织与中小企业集群融资创新:以湖

南省汨罗市为案例[J]. 经济体制改革,2008(3):139－142.

[281]何杨英. 泉州产业集群模式下中小企业融资模式探讨[J]. 企业家天地,2008(6):263－264.

[282]王晓杰. 依托互助担保协会(公司)化解集群内中小企业融资难题[J]. 统计与决策,2008(7):186－188.

[283]黄真真. 中小企业集群融资模式探析[J]. 网络财富,2008(11):104－105.

[284]李日新. 企业互助担保与中小企业集群融资[J]. 税务与经济,2009(6):47－51.

[285]罗正英. 中小企业集群信贷融资:优势、条件与对策[J]. 财贸经济,2010(2):31－36.

[286]张卫国,冉晖. 中小企业团体贷款研究综述与分析[J]. 经济学动态,2010(5):81－84.

[287]孙海涛,李衍霖. 中小企业集群融资模式创新研究[J]. 会计之友,2015(19):16－20.

[288]马毅,左小明,李迟芳. 高新技术中小企业知识产权集群互助担保融资研究:基于集群创新网络与融资创新视角[J]. 金融理论与实践,2016(3):49－54.

[289]张雯. 商业银行供应链金融模式创新研究[J]. 金融理论与实践,2018(9):28－32.

[290]Timme S G, Williams-Timme C. The financial－SCM connection[J]. Supply chain management review, 2000,4(3):33－40.

[291]Stemmler G. Introduction: autonomic psychophysiology[A]. Davidson R J, Scherer K R, Goldsmith H H. Handbook of affective sciences. New York: Oxford University Press,2003:131－134.

[292]张路. 博弈视角下区块链驱动供应链金融创新研究[J]. 经济问题,2019(4):48－54.

[293]宋华,杨璇. 供应链金融如何助力中小企业融资:供应链网络嵌入性视角[J]. 研究与发展管理,2018(3):22－33.

[294]Hofmann E. The flow of financial resources in the supply chain: creating

shareholder value through collaborative cash flow management[A]. Kotzab H. Brussels: Eighth ELA Doctorate Workshop, 2003:67 -94.

[295]Klapper L F, Love I. Corporate governance, investor protection, and performance in emerging markets[J]. Journal of corporate finance, 2004,10(5):703 -728.

[296]Allen N, Berger, Gregory F, et al.. A more complete conceptual framework for SME finance[C]. World Bank Conference on Small and Medium Enterprises: Overcoming growth constraints, 2004:14 -15.

[297]Hofmann E. Supply chain finance: some conceptual insights[A]. Lasch R, Janker G G. Logistik management-innovative logistikkonzepte. Wiesbaden,2005: 203 -214.

[298]Lamoureux M. A supply chain finance prime[J]. Supply chain finance,2007(4):34 -48.

[299]Klapper L. The role of reverse factoring in supplier financing of small and medium sized enterprises[Z]. Working paper, World Bank, 2005.

[300]Guillen G, Badell M. A holistic framework for short-term supply chain management integrating production and corporate financial planning[J]. Production economics, 2006,(7):25 -27.

[301]Camerinelli E. Supply chain finance[J]. Journal of payments strategy & systems, 2009(3): 114 -128.

[302]Hans-Christian Pfohl,Moritz Gomm. Supply chain finance:optimizing financial flows in supply chain[J]. Logist,2009(1):149 -161.

[303]Demica. Steady supply, the growing role supply chain finance changing world [R]. Demica report series,2007(8):213 -232.

[304]Chludek, Astrid K. Perceived versus actual cash flow implications of deferred taxes-an analysis of value relevance and reversal under IFRS[J]. Journal of international accounting research, 2011,10(1): 1 -25.

[305]Kerle, Phillip. The necessity for supply chain finance[J]. Credit control, 2010,31(1): 39 -44.

[306]Gomm, Leon M. Supply chain financie: applying finance theory to supply chain management to enhance finance in supply chains[J]. International journal of logis-

tics: research and applications, 2010,13(2): 133 - 142.

[307]宋华,卢强.基于虚拟产业集群的供应链金融模式创新:创捷公司案例分析[J].中国工业经济,2017(5):172 - 192.

[308]付玮琼.核心企业主导的供应链金融模式风险机理研究[J].企业经济,2020(1):136 - 143.

[309]徐鹏杰,吴盛汉.基于"互联网+"背景的供应链金融模式创新与发展研究[J].经济体制改革,2018(5):133 - 138.

[310]郭菊娥,史金召,王智鑫.基于第三方B2B平台的线上供应链金融模式演进与风险管理研究[J].商业经济与管理,2014(1):13 - 22.

[311]闫俊宏,许祥泰.基于供应链金融的中小企业融资模式分析[J].上海金融,2007(2):14 - 16.

[312]宋远方,黄千员.国内供应链金融研究进展[J].中国流通经济,2018(1):47 - 54.

[313]邹宗峰,佐思琪,张鹏.大数据环境下的数据质押供应链融资模式研究[J].科技管理研究,2016(20):201 - 205.

[314]沈爱忠,郭进利.复杂网络理论视角下供应链金融风险分析与控制[J].科技与管理,2013,15(5):107 - 110.

[315]范方志,苏国强,王晓彦.供应链金融模式下中小企业信用风险评价及其风险管理研究[J].中央财经大学学报,2017,37(12):36 - 45.

[316]彭路.农业供应链金融道德风险的放大效应研究[J].金融研究,2018,40(4):92 - 107.

[317]Markusen A. Sticky places in slippery space: a typology of industrial districts [J]. Economic geography, 1996(72): 293 - 313.

[318]Bartholomew D. Supply chains at risk[A]. Industry week, 2006,255(10): 54 - 59.

[319]Liao Nuo, Xu Xuejun. Qualifying the bullwhip effect in a two-level supply chain: the value of demand information sharing[C]. Proceedings of the 6th Wuhan International Conference on E-business, 2007: 494 - 501.

[320]Sheffi Y. Supply chain management under the threat of international terrorism

[J]. International journal of logistics management, 2002,12 (1): 1 – 11.

[321]Busch L. Supply chain finance: flexibilityand ease of implementation[J]. Institutional investor-international edition, 2008(1): 18 – 19.

[322]Blome C, Schoenherr T. Supply chain risk management in financial crises: a multiple case – study approach [J]. International journal of productions Economics, 2011,134(1): 43 – 57.

[323]刁叶光,任建标. 供应链金融下的反向保理模式研究[J]. 上海管理科学, 2010(1):47 – 50.

[324]张晓琦. SVM 算法在高新技术企业财务危机预警模型中的应用研究[J]. 科技管理研究,2010(6):147 – 149.

[325]袁光珮. 第三方物流企业物流金融服务的分析与决策[J]. 统计与决策, 2011(8):69 – 171.

[326]王灵彬. 基于信息共享机制的供应链融资风险管理研究[J]. 特区经济, 2006(10):105 – 106.

[327]熊熊,马佳,赵文杰,等. 供应链金融模式下的信用风险评价[J]. 南开管理评论,2009(4):92 – 98.

[328]陶凌云,胡红星. 风险控制下的供应链金融分析[J]. 企业经济,2009(9):35 – 37.

[329]苟文峰,王金凤,刘杰. 产业集群视角下的中小企业供应链融资探讨[J]. 发展研究,2009(10):71 – 73.

[330]周波. 应收账款融资模式中道德风险的博弈论分析[J]. 边疆经济与文化,2010(1):28 – 29.

[331]芮婧,潘淑娟. 供应链金融业务的信用风险评价系统设计[J]. 郑州航空工业管理学院学报,2010(5):131 – 134.

[332]徐学峰. 刍议供应链金融的信用管理体系建设[J]. 征信,2010(2):24 – 26.

[333]陈志新. 基于动态信用农户供应链融资模式研究[D]. 杭州:浙江大学,2010.

[334]宋华,杨雨东. 现代 ICT 赋能的智慧供应链金融创新与发展[J]. 中国流通经济,2019,33(12):34 – 41.

[335]吴睿,邓金堂. 互联网+供应链金融:中小企业融资新思路[J]. 企业经济,2018 (2):108-114.

[336]Avgouleas, Emilios, Kiayias, et al.. The promise of blockchain technology for global securities and derivatives markets: the new financial ecosystem and the 'holy grail' of systemic risk containment[J]. European business organization law review,2019,20(1):81-110.

[337]Myers J. Abstraction methods for analysis of gene regulatory networks in timed circuit analysis[D]. Salt Lake City: University of Utah, 2002.

[338]Hartley-Urquhart William R. Supply chain financing system and method[P]. Washington DC:WOZ000033220 AI,2000.

[339]陈盛东. 供应链金融与中小企业融资[EB/OL].(2012-2-26)[2015-6-8]. https://doc.mbalib.com/view/68449814cc24a4cd0331dd4212363 fqd.html.

[340]王纹,孙健. SAP 财务管理大全[M]. 北京:清华大学出版社,2005.

[341]王筱萍,刘文华. 农业循环经济分层绿色融资模式研究[J]. 经济问题,2020,486(2):109-117.

[342]Forstater M, Halle M, Zadek S. Green finance for developing countries, needs, concerns and innovations[R]. United nations environment programme, 2016.

[343]鲁政委,方琦. 金融监管与绿色金融发展:实践与研究综述[J]. 金融监管研究,2018(11):1-13.

[344]赵志刚. 中国农村金融抑制与金融深化问题研究[M]. 中国财政经济出版社,2015.

[345]叶前林. 美国推进农业现代化发展的做法及启示[J]. 经济纵横,2014(4):105-108.

[346]王永华,王泽宇. 财政补贴对农业融资影响研究:基于沪深两市 21 家农业上市公司的经验数据[J]. 经济问题,2017(9):53-58.

[347]张红宇. 发挥新型农业经营主体对改革的引领作用[J]. 上海集体经济,2017(4):23-25.

[348]Jane L G, Reay T. Sustaining the family business with minimal financial rewords: how do family farms continue? [J]. Family business review, 2015,28(2): 163-177.

[349]高彦彬. 家庭农场外源融资效率排序及其模式优选[J]. 科学经济社会,2013(4):110-115.

[350]许兆春. 家庭农场的困境与金融支持[J]. 金融理论与实践,2013(8):105-107.

[351]付剑茹,吴程灵. 家庭农场、资金需求紧迫与借贷渠道:基于背景风险和家庭农场特征的实证分析[J]. 金融理论与实践,2019(5):9-17.

[352]宋磊,李俊丽. 农户信贷需求与农村金融市场非均衡态势的实证分析:基于泰安市农户信贷供求现状的调查[J]. 农业经济问题,2006(7):55-61.

[353]王静,段小燕,彭伟. 中国东西部农业资金配置比较研究:基于资金供给和配置效率视角[J]. 统计与信息论坛,2014,29(8):67-73.

[354]赵海燕. 甘肃发展农业循环经济的融资对策[J]. 甘肃金融,2013(10):43-45.

[355]习皓萌,张轶之,高雪萍. 家庭农场借贷渠道选择发生机制研究:基于Probit-ISM模型[J]. 农林经济管理学报,2018,17(6):678-685.

[356]Lerman Z, Parliament C. Financing growth in agricultural cooperatives[J]. Review of agricultural economics, 1993,15(3): 431-441.

[357]Bijman J. Cooperatives and heterogeneous membership: eight propositions for improving organizational efficiency[C]. The EMnet-conference, Hungary: Budapest, 2005: 15-17.

[358]姜松. 农业价值链金融创新的现实困境与化解之策:以重庆为例[J]. 农业经济问题,2018(9):44-54.

[359]王睿,周应恒. 乡村振兴战略视阈下新型农业经营主体金融扶持研究[J]. 经济问题,2019(3):95-103.

[360]刘冬文. 农民专业合作社融资困境:理论解释与案例分析[J]. 农业经济问题,2018(3):78-86.

[361]Simmons P. Overview of smallholder contract farming in developing countries[D]. Armidale: University of New England,2003.

[362]董翀,钟真,孔祥智. 农户参与价值链融资的效果研究:来自三省千余农户的证据[J]. 经济问题,2015(3):85-92.

[363]张焙．农业供应链上“贷投传递”纾解家庭农场融资压力[J]．当代经济，2018(8):28－29.

[364]阮素梅，蔡如雪．内容社交＋众筹模式下农产品众筹绩效影响因素分析：基于京东众筹的实证研究[J]．经济问题，2019(4):55－61.

[365]杨菁，张焙．家庭农场融资模式创新思考[J]．合作经济与科技，2018(6):54－57.

[366]Coenen L, Truffer B. Places and spaces of sustainability transitions: geographical contributions to an emerging research and policy field[J]. European planning studies，2012，20(3): 367－374.

[367]Rennings K, Rammer C. Increasing energy and resource efficiency through innovation: an explorative analysis using innovation survey data[J]. Czech journal of economics and finance，2009(5):442－459.

[368]周淑芬，李妍，王康．绿色金融视角下农业循环经济发展的政策支持研究：以河北省为例[J]．中国农业资源与区划，2017，38(7):200－206.

[369]杨铁军．基于乡村振兴的新型农业经营主体金融服务研究：以黑龙江省为例[J]．商业经济，2018(6):113－116.

[370]中国银行业协会．2014 年度中国银行业社会责任报告[R].2015.

[371]杨林，张健，许鲜．绿色金融服务乡村振兴的实践探索与思考：以四川省为例[J]．金融理论与实践，2019(10):44－50.

[372]Robert K, Waldemar J B. Determinants, financial support mechanisms in green SME areas[J]. Club of economics in miskolc TMP，2015，11(2): 23－30.

[373]刘佳奇．日本农业循环经济的发展及启示[J]．农业经济问题，2015，36(8):105－109.

[374]宋华．互联网供应链金融[M]．北京：中国人民大学出版社，2017.

[375]王颖．为高质量发展注入“金融活水”[N]．青海日报，第 10 版．财经，2020－2－5.

[376]Williamson O E. The economic institutions of capitalism[M]. New York: Free Press, 1985.

[377]Zucker L. Production of trust: institutional sources of economic structure[J].

Research in organizational behavior, 1986, 8(1):53 - 111.

[378]Barbosa E, Moraes C. Determinants of the firm's capital structure: the case of the very small enterprises[Z]. Working paper, 2003: 366 - 378.

[379]陈伟坤,周梅华,陈金波. 集群社会资本对集群内品牌学习关系的影响研究[J]. 软科学,2010(1):19.

[380]Banerjee A V, Besley T, Guinnane T W. The neighbor's keeper: the design of a credit cooperative with theory and a test[J]. Quarterly journal of economics, 1994(109): 491 - 515.

[381]刘丽军,吴江龙. 产业集群下的中小企业供应链融资策略及风险控制[J]. 能源技术与管理,2010(6):142 - 144.

[382]夏喆. 企业风险传导的机理与评价研究[D]. 武汉:武汉理工大学,2007.

[383]杨诚. 中小企业信用担保机构风险管理的策略分析[J]. 统计与决策,2005(2):125 - 126.

[384]Wernerfelt B. A resource-based view of the firm[J]. Strategic management journal, 1984(5): 171 - 180.

[385]雍灏. 基于全面风险管理框架的金融产品创新关键风险研究[D]. 杭州:浙江大学,2008.

[386]王筱萍,王文利. 农村中小企业集群供应链融资:内生风险治理机制与效应[J]. 农业经济问题,2015(10):34 - 42.

[387]Williamson O E. Markets and hierarchies: analysis and antitrust implications[M]. New York:The Free Press, 1975.

[388]Das T K, Teng B. Resource and risk management in the strategic alliance making process[J]. Journal of management,1998(24):21 - 42.

[389]Sah R K, Stiglitz J E. The architecture of economic systems: hierarchies and polyarchies[J]. American economic review, 1986,76(4): 716 - 727.

[390]Bygrave W D. Syndicated investments by venture capital firms: a networking perspective[J]. Journal of business venturing, 1987(2): 139 - 154.

[391]Bygrave W D. The structure of investment networks in the venture capital in-

dustry[J]. Journal of business venturing, 1988(3):137 - 154.

[392]Khanna T, Gulati R, Nohria N. The economic modeling of strategy process: 'clean models' and 'dirty hands'[J]. Strategic management journal, 2000,21(7): 781 - 790.

[393]邹敏. 供应链金融融资模式的风险分析与防范[J]. 物流工程与管理, 2010(6):89 - 91.

[394]闫俊宏,许祥秦. 基于供应链金融的中小企业融资模式分析[J]. 上海金融,2007(2):14 - 16.

[395]Varian H. Goodness-of-fit in optimizing models[J]. Journal of econometrics, 1990(46):125 - 140.

[396]Kumar R, Nti K O. Differential learning and interaction in alliance dynamics: a process and outcome discrepancy model[J]. Organization science, 1998,9(3):356 - 367.

[397]Das T K, Teng B. Trust, control and risk in strategic alliances: an integrated framework [J]. Organization studies, 2001, 22(2): 251 - 283.

[398]Madhok A. Revising multinational firms' tolerance of joint venture: a trust-based approach [J]. Journal of international business studies, 1995,26(1): 117 - 137.

[399]Anderson J C, Narus J A. A model of distributor firm and manufacturer firm working partnerships [J]. Journal of marketing,1990,54(1):42 - 58.

[400]Gilson S. Tansaction cost and capital structure choice: evidences from financially distressed firms[J]. Journal of finance,1997(52):161 - 195.

[401]Amid A, Ghodsypour S H, O'Brien C. A weighted max-min model for fuzzy multi-objective supplier selection in a supply chain[J]. International journal of production economics, 2011,131(1):139 - 145.

[402]郭焱,张世英,郭彬,等. 战略联盟契约风险对策研究[J]. 中国管理科学,2004,12(4):105 - 110.

[403]胡跃飞. 供应链金融:极富潜力的全新领域[J]. 中国金融,2007(22):38 - 39.

[404]Hald K S, Ellegaard C. Supplier evaluation processes: the shaping and reshaping of supplier performance[J]. International journal of operations and production management, 2010,31(8):888 - 910.

[405] Gunasekaran A, Patel C, McGaughey R E. A framework for supply chain performance measurement[J]. International journal of production economics, 2004, 87(3):333 - 347.

[406] Bovaird T. Löffler E. Public management and governance[M]. London: Routledge, 2003.

[407] Leora F K, Laeven L, Rajan R. Trade credit contracts[J]. The review of financial studies, 2012(25):838 - 867.

[408] 谢恩,孙瑾,林立韵. 基于联盟过程的战略联盟控制方式互动关系分析[J]. 科学学与科学技术管理,2009(9):103 - 108.

[409] Basel. International convergence of capital measurement and capital standards: a revised framework[M]. Basel: Bank for international settlements, 2004.

[410] Goldman Sachs co, SBC Warburg Dillon Read. The practice of risk management [M]. London UK: Euromoney Institutional Investor PLC, 1998.

[411] 胡跃飞,黄少卿. 供应链金融:背景、创新与概念界定[J]. 财经问题研究,2009(8):76 - 82.

[412] Sauvee L. Efficiency, effectiveness and the design of network governance [A]. Trienekens J H, Omta S W F. Paradoxes in Food Chains Network. Wageningen: Wageningen Academic Publishers, 2002.

[413] 王燕. 供应链违约风险的研究[D]. 南京:河海大学,2005.

[414] 弯红地. 银企联盟供应链研究[D]. 武汉:华中科技大学,2008.

[415] 王众托. 信息化与管理变革[M]. 大连:大连理工大学出版社,2000.

[416] 陈德铭. 论融资模式的选择对企业治理结构的影响[J]. 中国工业经济,2000(3):11.

[417] 龚坚. 供应链金融的银行信用风险[D]. 成都:西南财经大学,2011.

[418] Hofmann E, Belin O. Supply chain finance solutions[M]. Berlin: Springer, 2011.

[419] 王小丁. 基于违约相依的信用风险度量与传染效应研究[D]. 长沙:中南大学,2010.

[420] Doll W J, Torkzadeh G. The measurement of end-user computing satisfaction

[J]. MIS quarterly, 1988,12(2): 259 -274.

[421]Fornell C, Larcker D F. Evaluating structural equation models with unobservable variables and measurement error[J]. Journal of marketing research,1981,18(1):39 -50.

[422]Bagozzi R P, Yi Y, Phillips L W. Assessing construct validity in organizational research[J]. Administrative science quarterly,1991,36(3): 421 -458.

[423]Bagozzi R P, Yi Y. On the evaluation of structural equation models[J]. Journal of the academy of marketing science, 1988,16(1): 74 -94.

[424]Nunnally J C, Bernstein I H. Psychometric theory[M]. New York: McGraw-Hill, 1994.

[425]Hair J F, Anderson R E, Tatham R L, et al.. Multivariate data analysis with readings [M].4th ed. New Jersey: Prentice-Hall, 1995.

[426]Tanaka J S, Huba G J. A general coefficient of determination for covariance structure models under arbitrary GLS estimation[J]. British journal of mathematical and statistical psychology, 1989,42(2): 233 -239.

[427]Maruyama N, Katsube T, Wada Y, et al.. The roles of the N-linked glycans and extension regions of soybeanb-conglycinin in folding Assembly and structural features [J]. Eur. J. Biochem,1998,(258): 854 -862.

[428]Byrne B M. A primer of LISREL:basic applications and programming for confirmatory factor analysis[M]. New York: Springer-Verlag, 1989.

[429]Karl G J, Sorbom D. Lisrel VI: analysis of linear structural relationships by the method of maximum likelihood[M].3rd ed. Mooresville, IN: Scientific Software, 1984.

[430]Chin W C, Todd P A. On the use, usefulness and ease of use of structural equation modeling in MIS research: a note of caution[J]. MIS quarterly, 1995,19(2): 237 -246.

[431]Hu L, Bentler P M. Cutoff criteria in fix indexes in covariance structure analysis: conventional criteria versus new alternatives [J]. Structural equation modeling, 1999,6(1): 1 -55.

[432]Podsakoff P M, Organ D W. Self-reports in organizational research: problems and prospects[J]. Journal of management, 1986,12(4): 531 -544.

[433]Mossholder K W, Bennett N, Kemery E R, et al.. Relationships between bases of power and work reactions: the mediational role of procedural justice[J]. Journal of management, 1998(24): 533 -552.

[434]Tanaka J S, Huba G J. Confirmatory hierarchical factor analyses of psychological distress measures[J]. Journal of personality and social psychology, 1984,46(3): 621 -635.

[435]Baron R M, Kenny D A. The moderator-mediator variable distinction in social psychological research: conceptual, strategic, and statistical considerations[J]. Journal of personality and social psychology, 1986,51(6): 1173 -1182.

[436]Sobel M E. Asymptotic intervals for indirect effects in structural equations models[A]. In S. Leinhart (Ed.), sociological methodology. San Francisco: Jossey - Bass, 1982:290 -312.

[437]Aroian L A. The probability function of the product of two normally distributed variables[J]. Annals of mathematical statistics,1944(18): 265 -271.

[438]Goodman L A. On the exact variance of products[J]. Journal of the American statistical association, 1960(55): 708 -713.

[439]冯福亮. 事后控制不如事中控制,事中控制不如事前控制[J]. 企业管理,2011(7):75.

附录　调查问卷

附录1　中小企业履行社会责任和融资现状调查问卷

尊敬的女士/先生：

您好！基于对中小企业跨界互联网经营中履行社会责任和解决融资难题研究的需要，了解您所在企业存在问题的现状和您的看法，我们特开展此次问卷调查。

问卷中的问题仅代表您个人对我们给您所提供情景的看法和意见，您所提供的意见和观点将有助于探索解决中小企业融资难题的方法和实现中小企业可持续发展，同时为政府采取有关措施、制定合理政策来促进中小企业发展提供参考。

请根据您的判断认真填写，在括号内写上所选择答案的序号。谢谢您的帮助和支持！

课题组

2016年6月20日

一、被调查者基本信息

1. 您的性别（　　）。

①男　②女

2. 您的教育水平（　　）。

①初中及以下　②高中　③大专　④本科　⑤硕士　⑥博士

3. 您的职位（　　）。

①普通职员　②车间主管　③财务主管　④财务经理　⑤经理　⑥其他________

二、被调查者所在企业基本信息

4. 您所在公司的主营业务是（　　）。

①农、林、牧、渔业　②工业　③批发业零售　④运输业　⑤物流公司　⑥餐饮业　⑦其他________

5. 您所在公司成立的时间（　　）。

①不到 1 年　②1 ~ 3 年　③3 ~ 5 年　④5 ~ 10 年　⑤10 ~ 15 年　⑥15 ~ 20 年　⑦20 年以上

6. 您所在公司电子商务业务较为繁荣，请选择（　　）。

①非常不同意　②不同意　③有些不同意　④一般　⑤有些同意　⑥同意　⑦非常同意

7. 您所在公司跨地区业务和交易较多，请选择（　　）。

①非常不同意　②不同意　③有些不同意　④一般　⑤有些同意　⑥同意　⑦非常同意

8. 您所在公司注重开拓跨行业的业务和交易，请选择（　　）。

①非常不同意　②不同意　③有些不同意　④一般　⑤有些同意　⑥同意　⑦非常同意

三、企业社会责任

（一）企业社会责任履行基本情况

9. 您对“企业社会责任”这个词较熟悉，请选择（　　）。

①非常不同意　②不同意　③有些不同意　④一般　⑤有些同意　⑥同意　⑦非常同意

10. 您认为企业社会责任应该包括以下哪几个方面（可多选）（　　）。

①对企业所有者的责任　②对员工的责任　③对保护环境的责任

④对供应商、客户及消费者的责任　⑤慈善和帮助社区等社会公益活动

11. 您所在企业注重履行社会责任，请选择（　　）。

①非常不同意　②不同意　③有些不同意　④一般　⑤有些同意　⑥同意　⑦非常同意

12. 以下因素影响您所在中小企业履行社会责任，请选择。代码的含义：

①非常不同意　②不同意　③有些不同意　④一般　⑤有些同意　⑥同

意　⑦非常同意

影响因素	①	②	③	④	⑤	⑥	⑦
老板不重视							
没有时间							
缺少资金							
和公司经营无关							
规模小难以承担							
缺少从事这方面工作的专业人才							

（二）中小企业社会责任内容

●客户关系，您所在基于电子商务的中小企业对顾客的责任包括以下活动：

13. 企业严格按产品质量标准生产产品，请选择（　　）。

①非常不同意　②不同意　③有些不同意　④一般　⑤有些同意　⑥同意　⑦非常同意

14. 企业及时解决顾客网上购物过程中产生的问题并反馈顾客信息，请选择（　　）。

①非常不同意　②不同意　③有些不同意　④一般　⑤有些同意　⑥同意　⑦非常同意

15. 企业选择与资质和信誉较高的物流公司合作（而不是成本至上），请选择（　　）。

①非常不同意　②不同意　③有些不同意　④一般　⑤有些同意　⑥同意　⑦非常同意

16. 企业与供应链合作伙伴保持良好、长期、稳定的合作关系，请选择（　　）。

①非常不同意　②不同意　③有些不同意　④一般　⑤有些同意　⑥同意　⑦非常同意

●员工关系，您所在基于电子商务的中小企业对员工的责任包括以下活动：

17. 保障员工工资不低于当地平均水平，并且有相应的奖励惩罚机制，请选择（　　）。

①非常不同意 ②不同意 ③有些不同意 ④一般 ⑤有些同意 ⑥同意 ⑦非常同意

18. 企业注重员工的持续新技能培训和职业升迁，请选择（　　）。

①非常不同意 ②不同意 ③有些不同意 ④一般 ⑤有些同意 ⑥同意 ⑦非常同意

19. 企业有制度保障不同岗位员工公平对待，没有歧视存在，请选择（　　）。

①非常不同意 ②不同意 ③有些不同意 ④一般 ⑤有些同意 ⑥同意 ⑦非常同意

20. 企业重视和保障员工的身体健康和工作安全，请选择（　　）。

①非常不同意 ②不同意 ③有些不同意 ④一般 ⑤有些同意 ⑥同意 ⑦非常同意

21. 企业有制度保障员工工作和生活的平衡，请选择（　　）。

①非常不同意 ②不同意 ③有些不同意 ④一般 ⑤有些同意 ⑥同意 ⑦非常同意

●环境保护：

22. 您所在中小企业从事以下环境保护活动，请选择。代码的含义：

①非常不同意 ②不同意 ③有些不同意 ④一般 ⑤有些同意 ⑥同意 ⑦非常同意

环境保护内容	①	②	③	④	⑤	⑥	⑦
减少废物排放							
发展循环经济							
减少资源浪费							
招募从事这方面工作的专业人才							

●社会公益，您所在基于电子商务的中小企业对社会公益责任从事以下活动：

23. 管理层基于公司利益的考虑，有自愿从事社会公益活动的意识，请选择（　　）。

①非常不同意 ②不同意 ③有些不同意 ④一般 ⑤有些同意 ⑥同意 ⑦非常同意

24. 企业致力于社区公益项目和慈善活动，请选择（ ）。

①非常不同意 ②不同意 ③有些不同意 ④一般 ⑤有些同意 ⑥同意 ⑦非常同意

25. 企业采购计划事先考虑就地取材以支持地方公益事业，请选择（ ）。

①非常不同意 ②不同意 ③有些不同意 ④一般 ⑤有些同意 ⑥同意 ⑦非常同意

26. 企业有优先招募当地员工以解决当地就业问题，请选择（ ）。

①非常不同意 ②不同意 ③有些不同意 ④一般 ⑤有些同意 ⑥同意 ⑦非常同意

四、履责效果和回报

27. 您所在中小企业（或者您认为企业）由于履行社会责任得到的回报有以下方面，请选择。代码的含义：

①非常不同意 ②不同意 ③有些不同意 ④一般 ⑤有些同意 ⑥同意 ⑦非常同意

回报	①	②	③	④	⑤	⑥	⑦
网站店铺不仅能留住老顾客，还能吸引新顾客							
与供应链伙伴保持稳定、良好的合作关系							
雇员离职率下降，吸引了更多的新员工加入							
激发了员工的工作积极性							
提高了社会对企业的认可度							
增强了公司对外形象，提高了企业知名度							

续表

回报	①	②	③	④	⑤	⑥	⑦
增加了销售额，降低了成本，使利润率不断提高							
企业价值（股票市价）提高							
供应商给予企业的信用额度提高							
资产利用率提高							
整体费用率下降							
与债权人、投资人的关系改善							
企业较容易从银行或其他金融机构取得贷款							
较容易获得低成本民间借贷							
许多投资者愿意将资金投给企业							
贷款容易获得担保公司认可							

—本问卷到此结束—

再次感谢您的热心支持和合作！祝愿您身体健康、万事如意！

附录2　中小企业集群供应链融资调查问卷

尊敬的先生/女士：

您好！

首先，感谢您能抽出时间参与本次问卷调查。问卷调查的主要目的是探索中小企业集群可以利用的新型的金融产品，了解社会资本影响中小企业集群成员融资可得性、中小企业与供应链金融中其他企业的合作关系，重点了解供应链金融模式下商业银行对中小企业授信的甄别机制和风险控制机制。本次调查完全出于学术目的，并向您承诺调查的结果将严格保密，绝不用于任何商业用途，本问卷并不涉及银行内部机密，请您凭个人信贷工作经验填写即可。问卷所得数据纯属科学研究之用。本次问卷不记名，不会泄露您的个人信息。感谢您的支持和帮助！感谢您的配合！

一、调查对象及所在单位基本情况

1. 您所在企业的性质类型（　　）。

①民营企业　②集体企业　③国有企业

2. 您所在企业是否处于产业集群链条之中（　　）。

①是　②否

3. 您目前在所在企业的任职情况（　　）。

①企业主管　②财务人员　③一般信贷人员　④客户经理　⑤普通员工

二、供应链金融与中小企业集群融资对接的内生风险治理机制及效应情况调查

（一）事前甄别

4. 中小企业集群成员供应链融资合作各方历史交易关系越稳定，合作基础越好（　　）。

①非常不同意　②不同意　③有些不同意　④一般　⑤有些同意　⑥同意　⑦非常同意

5. 中小企业集群成员供应链融资合作各方历史信用记录越好，合作基础

越好（　　）。

①非常不同意　②不同意　③有些不同意　④一般　⑤有些同意　⑥同意　⑦非常同意

6. 中小企业集群成员供应链融资合作各方初始相互信任度越高，合作基础越好（　　）。

①非常不同意　②不同意　③有些不同意　④一般　⑤有些同意　⑥同意　⑦非常同意

7. 中小企业集群成员供应链融资合作各方遇事协商意愿越高，合作基础越好（　　）。

①非常不同意　②不同意　③有些不同意　④一般　⑤有些同意　⑥同意　⑦非常同意

8. 中小企业集群成员供应链融资合作各方管理信息化程度越高，合作基础越好（　　）。

①非常不同意　②不同意　③有些不同意　④一般　⑤有些同意　⑥同意　⑦非常同意

9. 中小企业集群成员供应链融资合作各方经营和财务状况越好，获得授信的可能性越高（　　）。

①非常不同意　②不同意　③有些不同意　④一般　⑤有些同意　⑥同意　⑦非常同意

10. 中小企业集群成员供应链融资依赖的交易项目越可靠，获得授信的可能性越高（　　）。

①非常不同意　②不同意　③有些不同意　④一般　⑤有些同意　⑥同意　⑦非常同意

11. 中小企业集群成员信誉度越高，获得供应链融资授信的可能性越高（　　）。

①非常不同意　②不同意　③有些不同意　④一般　⑤有些同意　⑥同意　⑦非常同意

（二）过程控制

12. 融资主体互联网交易数据越丰富和可靠，供应链金融过程监控越有效

（　　）。

①非常不同意　②不同意　③有些不同意　④一般　⑤有些同意　⑥同意　⑦非常同意

13. 中小企业供应链融资信息共享和沟通程度越高，供应链金融过程监控越有效（　　）。

①非常不同意　②不同意　③有些不同意　④一般　⑤有些同意　⑥同意　⑦非常同意

14. 供应链金融制定的对融资主体进行监督的相关措施越完善，供应链金融过程监控越有效（　　）。

①非常不同意　②不同意　③有些不同意　④一般　⑤有些同意　⑥同意　⑦非常同意

15. 中小企业集群成员供应链融资激励约束机制越合理，供应链金融过程监控越有效（　　）。

①非常不同意　②不同意　③有些不同意　④一般　⑤有些同意　⑥同意　⑦非常同意

16. 中小企业集群成员供应链融资违约，核心企业承担连带责任，信用捆绑机制越有效（　　）。

①非常不同意　②不同意　③有些不同意　④一般　⑤有些同意　⑥同意　⑦非常同意

17. 中小企业集群供应链融资所有参与主体建立的信用捆绑机制越有效（　　）。

①非常不同意　②不同意　③有些不同意　④一般　⑤有些同意　⑥同意　⑦非常同意

18. 中小企业集群成员供应链融资信用与利益的关联度越高，信用捆绑机制越有效（　　）。

①非常不同意　②不同意　③有些不同意　④一般　⑤有些同意　⑥同意　⑦非常同意

19. 中小企业供应链融资交易各方对融资主体债务连偿责任越高，信用捆绑机制越有效（　　）。

①非常不同意　②不同意　③有些不同意　④一般　⑤有些同意　⑥同意　⑦非常同意

（三）治理效应

20. 中小企业集群供应链融资实现长期成功的融资合作，风险治理越有效（　　）。

①非常不同意　②不同意　③有些不同意　④一般　⑤有些同意　⑥同意　⑦非常同意

21. 中小企业集群供应链融资各参与方能够均衡共享收益，风险治理越有效（　　）。

①非常不同意　②不同意　③有些不同意　④一般　⑤有些同意　⑥同意　⑦非常同意

22. 中小企业集群供应链融资各参与方实现共担风险，风险治理越有效（　　）。

①非常不同意　②不同意　③有些不同意　④一般　⑤有些同意　⑥同意　⑦非常同意

三、中小企业集群供应链融资环境分析

23. 您所在企业的供应链融资环境因素包括哪几个方面（可多选）（　　）。

①国家法律、法规　②政府金融政策　③产业集群内部制度　④自然资源与环境

24. 请您分别就以上所选内容，加以说明

* 贵产业集群融资所涉及的国家法律、法规有哪些：____________

* 贵产业集群融资所涉及的政府金融政策有哪些：____________

* 贵企业集群融资所涉及的产业集群内部制度有哪些：____________

* 贵企业融资所涉及的自然资源与环境有哪些：____________

—本问卷到此结束—

再次感谢您的热心支持和合作！祝愿您身体健康、万事如意！